基层工会会计实务

祝映兰◎著

ACCOUNTING

中国工人出版社

图书在版编目（CIP）数据

基层工会会计实务 / 祝映兰著 . —北京：中国工人出版社，2022.6

ISBN 978-7-5008-7932-9

Ⅰ . ①基…　Ⅱ . ①祝…　Ⅲ . ①工会 - 会计制度 - 中国

Ⅳ . ① D412.67

中国版本图书馆 CIP 数据核字（2022）第 091393 号

基层工会会计实务

出版人	董　宽
责任编辑	安　静　周子欣
责任校对	张　彦
责任印制	栾征宇
出版发行	中国工人出版社
地　　址	北京市东城区鼓楼外大街45号　邮编：100120
网　　址	http://www.wp-china.com
电　　话	（010）62005043（总编室）（010）62005039（印制管理中心） （010）62382916（工会与劳动关系分社）
发行热线	（010）82029051　62383056
经　　销	各地书店
印　　刷	三河市国英印务有限公司
开　　本	710毫米×1000毫米　1/16
印　　张	21.25
字　　数	350千字
版　　次	2022年9月第1版　2025年12月第5次印刷
定　　价	66.00元

前　言

会计作为一门国际通用的商业语言，其重要作用自是不言而喻，正所谓“天下未乱计先乱，天下欲治计乃治”。财政部修订发布了新《工会会计制度》（财会〔2021〕7号），自2022年1月1日起实施。新制度在会计科目、收支核算、资产核算以及结转结余核算等方面都发生了较大的变化。为了引导和帮助广大基层工会财务人员全面理解、准确掌握新制度的意蕴，促进工会会计信息质量的不断提高和财务管理水平的不断提升，做好做实基层工会财务工作，笔者继2009年撰写《工会会计实务》一书后，编写了《基层工会会计实务》一书，力求通过清晰的阐释和大量丰富的案例，为广大基层工会财务同人提供工作的参考。

本书具有如下鲜明特点：

1. 着眼于基层工会会计工作。新《工会会计制度》适用于包括基层工会及县级以上工会的各级工会组织。有统计数据显示全国99.8%的工会组织是业务简单的基层工会，县级以上工会业务相对复杂。如何在新《工会会计制度》里找到适用于本级工会的内容是每个工会财务人员都需要做的功课。删繁就简，为广大又基本都是兼职的基层工会财务人员写本会计实务图书就是笔者的初心。

2. 图文并茂，简洁明晰。一图胜千言，基于人们对文字和图表接受程度的显著差异，本书采用“文字+图表”的表达形式。用严谨文字阐述的同时，在诸多地方，尤其是账户结构、核算内容、账务处理等方面均采用图表的形式，让读者能够轻松把握重点内容。

3. 新旧对比，纵览变化。所谓“知其然，知其所以然”，唯有通过新旧制度对比，才能知晓制度变化在哪，进而思考为什么要变，方能更好更准确地将新制度用于工会财务实践中。本书主要在会计制度正文、会计科目、会计科目的使用说明以及账务处理四个方面通过表格的形式进行了新旧制度对比。

4. 内容完整，实用性强。本书以新《工会会计制度》为标准，以会计核算为核心，在阐述了工会会计基本理论的基础上，围绕五个工会会计要素（资产、负债、净资产、收入和支出）的经济业务和事项账务处理逐章展开，最后直至工会财务报表。本书不仅对基层工会可能涉及的每一种经济业务和事项进行了充分的阐释，还配以大量丰富的案例便于读者理解和掌握，具有较强的实操指导性；在重点关注工会会计核算的同时，还融入了相关的工会财务管理要求，以期和各位同人共同努力成长为业务全面的工会财务人，为扎实推进工会财务工作高质量发展贡献绵薄之力。

笔者长期致力于工会财务与经审等相关领域的研究和教学工作，曾挂职青岛市总工会财务部，熟悉各级工会财务工作实务，也深感财务工作的严谨性。在撰写本书时满怀虔诚之心，力求全面、精准地阐释，以供基层工会财务实际工作所需。但因时间仓促和能力所限，对制度精髓的把握和实务理解可能存在偏差，书中难免有不妥之处，欢迎广大读者批评指正并将意见和建议反馈到 lanny317@ 126. com。

本书在撰写过程中，得到了中华全国总工会有关部门和中国工人出版社的大力支持，在此深表感谢！

编　者

2022 年 7 月

目录

Contents

第一章 工会会计基本理论

第一节　工会会计概述

一、工会会计的概念

会计是以货币为主要计量单位，采用专门的方法和程序，对各种组织的经济活动进行完整、连续、全面、系统的核算和监督的一种经济管理活动。

从功能的角度划分，各种组织可以分为“营利组织”和“非营利组织”两大类。与之对应的会计核算体系也分为“营利组织会计”和“非营利组织会计”。

工会会计属于会计的一个分支，是适用于工会组织的一门专业会计。《工会会计制度》第三条指出：“工会会计是核算、反映、监督工会预算执行和经济活动的专业会计。工会依法建立独立的会计核算管理体系，与工会预算管理体制相适应。”

《中华人民共和国工会法》（以下简称《工会法》）第二条指出：“工会是中国共产党领导的职工自愿结合的工人阶级群众组织，是中国共产党联系职工群众的桥梁和纽带。中华全国总工会及其各工会组织代表职工的利益，依法维护职工的合法权益。”因而，工会会计的特殊性就在于其服务对象的不同，是各级工会组织核算和监督工会预算资金的取得、使用及其结果以提高社会效益的一种非营利组织会计。

二、工会会计的职能

会计职能，是指会计在经济管理过程中所具有的功能，是会计应发挥的作用。会计具有核算和监督两项基本职能，还具有预测经济前景、参与经济决策、评价经营业绩等拓展职能。

工会会计作为会计的一个分支体系，也应具有核算和监督的基本职能。

1. 核算职能

工会会计的核算职能，也称反映职能，是会计最基本的职能，是指会计以货币为主要计量单位，对工会组织的经济活动进行确认、计量、记录和报告，从数量上反映工会组织已经发生或完成的经济活动，为运行管理提供可靠的经济信息。同时，通过核算，对工会预算执行过程的预算收入、支出和资金活动连续、全面、系统地记录下来，提供真实预算信息，反映预算的执行结果。

工会会计的核算职能贯穿于经济活动的全过程，核算的内容具体表现为工会组织运行过程中的各种经济业务，主要包括：(1) 款项和有价证券的收付；(2) 财物的收发、增减和使用；(3) 债权、债务的发生和结算；(4) 净资产、基金的增减；(5) 收入和支出的计算；(6) 财务成果的计算和处理；(7) 其他需要办理会计手续、进行会计核算的事项。

2. 监督职能

工会会计的监督职能，也称控制职能，是指对工会组织经济活动和相关会计核算的真实性、合法性和合理性进行审查。即按照一定的标准和要求，利用会计核算所提供的信息，对工会组织的运行活动进行有效的指导、控制和调节，以达到预期的目的。工会会计监督是按照工会预算收支计划，按照国家财经纪律的相关规定和工会有关文件、政策，对经济业务进行严格的审查、核对，以保证每一笔经济业务的合法性、合理性和有效性，从而达到用好、管好工会经费的目的。工会会计监督是一个过程，分为事前监督、事中监督和事后监督。

工会会计监督的内容主要包括：(1) 监督经济业务的真实性；(2) 监督财务收支的合法性；(3) 监督各项财产的完整性。

三、工会会计的目标

《工会会计制度》第三条规定："工会会计是核算、反映、监督工会预算执行和经济活动的专业会计。工会依法建立独立的会计核算管理体系，与工会预算管理体制相适应。"第十六条规定："工会提供的会计信息应当符合工会管理工作的要求，满足会计信息使用者的需要，满足本级工会加强财务管理的需要。"第六十条规定："工会财务报表是反映各级工会财务状况、业务活动和预算执行结果的书面文件。工会财务报表是各级工会领导、上级工会及其他财务报表使用者了解情况、掌握政策、指导工作的重要资料。"

不难看出，工会会计的目标是为工会信息使用者提供工会组织的财务状况、业务活动和预算执行情况等有关会计信息，从而满足他们管理、监督和决策的需要。

工会会计的目标框架如图 1-1 所示。

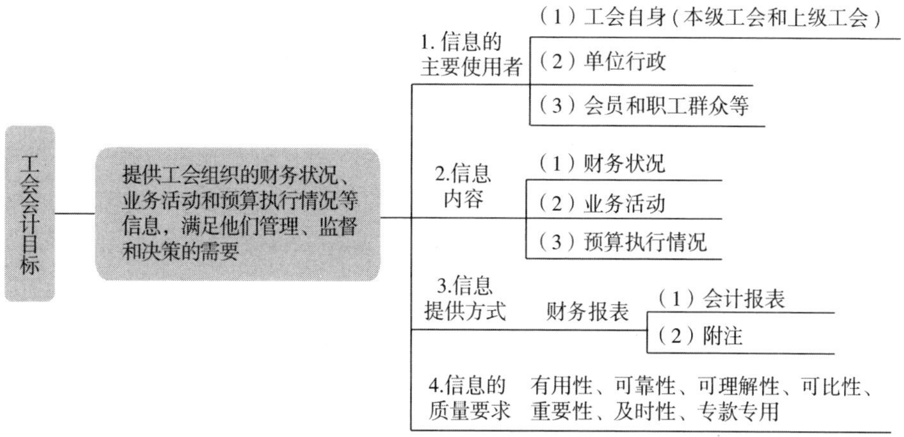

图 1-1　工会会计的目标框架

首先，工会会计信息的主要使用者不仅包括本级工会和上级工会组织自身，还包括单位行政以及广大的会员和职工群众等。

其次，《工会会计制度》要求工会会计核算要满足预算管理和财务管理的双重需求，既要反映工会组织的预算执行情况，也要反映工会组织的财务状况和业务活动。实际上，部分工会经济业务或事项采用“双分录”的会计处理方式，正是由工会会计要满足预算管理和财务管理双重目标所决定的。

最后，《工会会计制度》要求工会组织分别提供会计报表和附注来反映各级工会财务状况、业务活动和预算执行结果。

四、工会会计的特点

如前文所述，工会会计属于非营利组织会计体系，但各级工会组织并不执行《民间非营利组织会计制度》，也不执行《政府会计制度》。这是因为工会组织和其他非营利组织相比，工会的职责和业务活动存在特殊性。《工会法》第六条和《中国工会章程》的总则都明确规定：“维护职工合法权益、竭诚服务职工群众是工会的基本职责。”这就意味着工会组织的经济活动是紧紧围绕中国工会的维权和服务两大职责的，而中国工会又具有鲜明的政治性。

工会会计作为服务于工会组织的专业会计，和其他会计相比较，具有如下特点：

（一）独立自主的经费管理体制

工会财务工作实行独立自主的经费管理体制，表现为：工会经费独立、自行制定工会经费使用管理办法和独立的财务体制三个方面的内容。

1. 工会经费独立

《工会法》第四十五条规定："工会应当根据经费独立原则，建立预算、决算和经费审查监督制度。"这是法律赋予工会组织独立管理工会经费的职责。各级工会应该按照法律规定和全国总工会有关文件的要求，依法做好工会经费独立核算工作。

2. 自行制定工会经费使用管理办法

《工会法》第四十三条规定："经费使用的具体办法由中华全国总工会制定。"这是法律赋予全国总工会制定工会经费使用办法的职责。近年来，全国总工会根据《工会法》《会计法》《预算法》《中国工会章程》和国家有关规定，建立了一整套工会经费使用管理办法。

3. 工会财务体制独立

理解工会财务体制是做好工会财务工作的前提和基础。工会财务体制是各级工会组织在财务上进行权责划分和财力分配的制度，《中国工会章程》第三十九条规定，中国工会实行"统一领导、分级管理"的财务体制。

"统一领导"就是全国总工会对全国各级工会的财务工作实行统一领导。全国总工会通过制定统一的工会财务工作方针政策和财务制度纪律，并实行财务监督，来实现其领导职责。各级工会组织及其所属单位要严格执行，自觉接受全国总工会的统一领导，保证工会组织的完整性和统一性。"统一领导"要求各级工会委员会（常委会）应当对财务工作实行集体领导，涉及财务工作中的重大问题和重大开支项目要经其集体讨论决定。

"分级管理"就是在全国总工会统一制定的财务工作政策、制度、纪律制约下，对地方总工会和按产业系统管理经费的产业工会，确定财务管理层级、经费分成比例以及各层级工会财务管理的职权。各级工会应按照规定，履行自己的职能，独立负责地开展财务管理工作。"分级管理"的内容包括：

按照工会层级，由各级管理本级各项经费；由各级编制本级预决算；按级向本级会员大会或者会员代表大会和上一级工会报告经费收支情况和资产管理情况。《工会会计制度》第十三条明确规定：“各级工会的法定代表人应当对本级工会的会计工作以及会计资料的真实性、完整性负责。”

工会依法建立独立的会计核算管理体系，与工会预算管理体制相适应。《工会会计制度》第十二条规定：“县级以上工会应当设置会计机构，配备专职会计人员。基层工会应当根据会计业务的需要设置会计机构或者在有关机构中设置会计人员并指定会计主管人员；不具备设置条件的，应当委托经批准设立从事代理记账业务的中介机构代理记账。”

目前，全国工会财务管理层级分为五级：全国总工会、省级工会、市级工会、县级工会和基层工会，如图 1-2 所示。

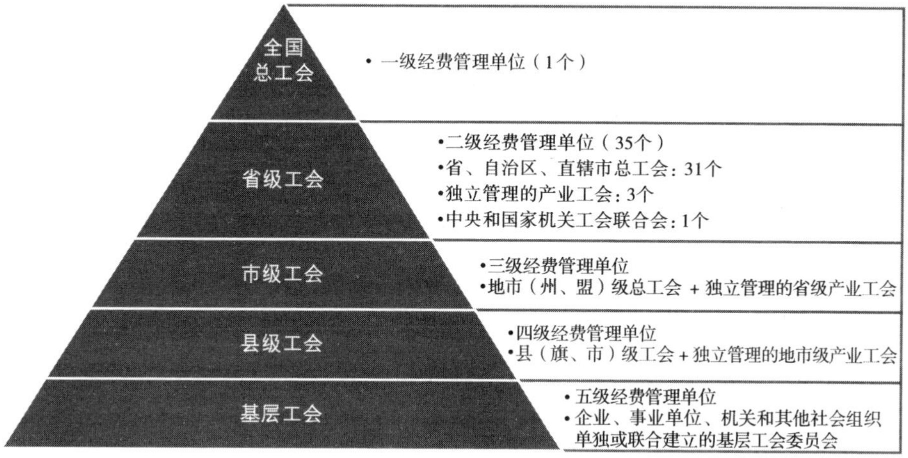

图 1-2　全国工会财务管理层级

（二）法律确定的经费来源

《工会法》第四十三条明确规定了工会经费的来源：一是工会会员缴纳的会费；二是建立工会组织的企业、事业单位、社会组织、机关按每月全部职工工资总额的百分之二向工会拨缴的经费；三是工会所属的企业、事业单位上缴的收入；四是人民政府的补助；五是其他收入。

此外，《工会法》第四十二条规定：“用人单位工会委员会的专职工作人员的工资、奖励、补贴，由所在单位支付。社会保险和其他福利待遇等，享受本单位职工同等待遇。”第四十六条规定：“各级人民政府和用人单位应当为工会办公和开展活动，提供必要的设施和活动场所等物质条件。”第四十九条规定：“县级以上各级工会的离休、退休人员的待遇，与国家机关工作人员同等对待。”

（三）法律明确的工会经费用途

《工会法》第四十三条规定：“工会经费主要用于为职工服务和工会活动。”按照目前的财政预算管理体制，县级以上各级工会在职人员的人员经费由工会经费负担，其余工会经费均用于为职工服务和工会活动。

（四）广泛的群众性

工会财务工作区别于企业、事业、行政财务的最大特点就是广泛的群众性，从工会经费的筹集、管理到使用都有相应的职工群众的参与。

由此可见，工会组织的非营利性有自己的特殊性，已有的非营利组织会计规范难以反映工会业务活动的实质。因此，工会会计属于专业会计，既体现了会计规范应由国家统一制定和管理的制度理念；同时，也兼顾了工会组织自身的业务实际，确保工会会计业务的真实和完整。

五、工会会计制度

会计制度是进行会计工作应遵循的规则、方法和程序的总称。《会计法》第八条规定：“国家实行统一的会计制度。国家统一的会计制度由国务院财政部门根据本法制定并公布。国务院有关部门可以依照本法和国家统一的会计制度制定对会计核算和会计监督有特殊要求的行业实施国家统一的会计制度的具体办法或者补充规定，报国务院财政部门审核批准。”

基于工会组织的独有特点，各级工会组织的会计核算执行《工会会计制度》。《工会会计制度》是财政部依据《会计法》《工会法》等法律法规制定的会计制度。《工会会计制度》第二条规定：“本制度适用于各级工会，包括基层工会及县级以上（含县级，下同）工会。工会所属事业单位、工会所属企业及挂靠工会管理的社会团体，不适用本制度。”按照《政府会计准则制度解释第2号》（财会〔2019〕24号）第十条规定：“县级及以上总工会和基层工会组织应当执行《工会会计制度》（财会〔2009〕7号），工会所属事业单位应当执行政府会计准则制度，工会所属企业应当执行企业类会计准则制度，挂靠工会管理的社会团体应当按规定执行《民间非营利组织会计制度》（财会〔2004〕7号）。”

目前最新的《工会会计制度》是财政部于2021年4月14日修订发布的财会〔2021〕7号，该制度于2022年1月1日正式实施。[①]

第二节　工会会计基本理论

一、工会会计基本假设

会计基本假设，也称会计基本前提或会计前提，是会计确认、计量、记录和报告的必备前提，具体是指对会计核算所处的空间范围、时间范围、基本程序和计量单位等所做出的合理假定。会计基本假设包括会计主体、持续运行、会计分期和货币计量四项内容。《工会会计制度》第四条到第七条分别阐述了会计基本假设的四项内容。

（一）会计主体

《工会会计制度》第四条规定：“工会应当对其自身发生的经济业务或者事项进行会计处理和报告。”这一规定明确界定了工会会计确认、计量、记录和报告的空间范围是工会会计主体，而非单位行政或是其他经济实体。

明确了会计主体，才能划定会计所要处理的各项经济业务或事项的范围。在工会会计工作中，只有那些影响本级工会会计主体本身的各项经济业务或事项才能加以确认、计量、记录和报告，那些不影响本级工会会计主体的各项经济业务或事项则不能加以确认、计量、记录和报告。工会会计工作中通常所讲的工会资产、负债的确认，工会经费收入的实现，工会经费支出的发生等，都是针对特定工会会计主体而言的。

按照法律的规定，会计主体可以是法人，也可以是非法人。法人一定是会计主体，但会计主体不一定都是法人。如工会派驻机构，可以是会计主体，但并不具有法人资格，而只要具有法人资格的各级工会组织，按照规定

---

①　2022年1月1日之前，各级工会组织执行的是《工会会计制度》（财会〔2009〕7号，以下简称为“原制度”）。本书后文《工会会计制度》均指新制度，即“财会〔2021〕7号”。

都是一个会计主体，对其所发生经济业务的会计核算都应按《工会会计制度》的要求进行。

（二）持续运行

持续运行假设是指在可预见的将来，工会组织不会被关停、撤并。《工会会计制度》第五条规定："工会会计处理应当以工会的持续运行为前提。"换句话说，进行会计核算的工会组织必须是持续运行的。该假设的目的是为会计规则的运行提供可持续性的时间环境。

在实际工作中，由于种种原因，一些工会组织，尤其是一些基层工会组织可能会随着所依附的主体变化而发生变化，如企业破产、重组或者改制等。当这些主体发生变化时，相应的工会组织的持续运作也可能面临挑战。如果属于此类情况，《中国工会章程》第四十一条规定："工会组织合并，其经费资产归合并后的工会所有；工会组织撤销或者解散，其经费资产由上级工会处置。"

（三）会计分期

理论上，只要会计主体不终结，经济业务活动就将持续发生，有关经济活动的会计报告在主体终止时才能完成。但会计信息作为决策所需的基本信息，时效性要求极强。为此，《工会会计制度》第六条规定："工会会计处理应当划分会计期间，分期结算账目和编制会计报表。"因此，会计分期的目的就是为确保会计主体能够及时报告与决策有关的会计信息而人为规定的会计报告时间。

会计分期假设是持续运行前提的必要补充。有了会计分期这一前提，才产生了本期与非本期的区别，才有期初、期末的概念，也才使不同类型的会计主体有了记账的基准，进而出现了折旧、摊销等会计处理方法。也只有划清会计分期，才能按会计期间提供各种会计信息资料，才有可能对不同会计期间的会计信息进行比较。

会计期间通常分为年度和中期。《会计法》第十一条规定："会计年度自公历 1 月 1 日起至 12 月 31 日止。"中期是指短于一个完整的会计年度的报告期间（如半年度、季度和月度）。

因此，各级工会组织应按照会计分期的要求，开展年度和中期的会计核算和会计报告工作。在实际工作中，工会会计期间至少分为年度和月度。

（四）货币计量

货币计量假设是指工会发生的所有经济业务只有在可以用货币进行计量时才能纳入会计核算的范围，并按照《工会会计制度》的要求进行相应的确认、计量、记录和报告。

《工会会计制度》第七条规定："工会会计处理应当以货币计量，以人民币作为记账本位币。"

货币计量假设是建立在货币本身的价值稳定不变的基础之上的，除非发生恶性通货膨胀时才对这一假设做某些修正。

将货币作为会计计量标准，主要是基于货币的基本属性。《会计法》第十二条规定："会计核算以人民币为记账本位币；业务收支以人民币以外的货币为主的单位，可以选定其中一种货币作为记账本位币，但是编报的财务会计报告应当折算为人民币。"

就工会会计而言，其记账本位币只能是人民币。而在实际工作中，各级工会可能会发生一些外币业务。按照规定，这些外币业务应在发生时折算为人民币进行记账。如有外币现金的工会，按照折算后的人民币金额记账，并设立辅助账登记外币现金的币种、外币金额、即期汇率、折算后的人民币金额及来源的简要说明等。

二、工会会计基础

会计基础是指会计确认、计量、记录和报告的基础，具体包括权责发生制和收付实现制。

（一）权责发生制

权责发生制又称应计制，是指以取得收取款项的权利或支付款项的义务为标志，来确定本期收入和费用的会计核算基础，而不考虑相关款项在本期是否收到或者支出。即凡是当期已经实现的收入和已经发生的或应当负担的费用，无论款项是否收付，都应当作为当期的收入和费用；凡是不属于当期的收入和费用，即使款项已在当期收付，也不应当作为当期的收入和费用。

在实务中，各会计主体的交易或者事项的发生时间与相关款项收付时间有时并不完全一致。例如，本期款项已经收到，但销售并未实现而不能确认为本期的收入；或者款项已经支付，但与本期的生产经营活动无关而不能确认为本期的费用。

（二）收付实现制

收付实现制是与权责发生制相对应的一种会计基础，也称现金制。是指以现金的实际收付为标志来确定本期收入和费用的会计核算基础，无论该收入或者费用业务是否属于本期。即凡在当期实际收到的现金收入和费用，均应作为当期的收入和费用，而不考虑与现金收支行为相连的经济业务实质上是否发生。或者即使经济业务已经发生，只要当期没有收到或者支付现金，就不应确认为当期的收入或费用，待实际收到或支付时再确认。

（三）会计基础对比及适用范围

收付实现制与权责发生制同为会计核算的基础，对相同的经济事项进行处理可能产生不同的结果，两者主要在以下方面存在本质区别：收付实现制不用考虑预收、预付、应收、应付等问题，同时也不存在未达账项；权责发生制存在跨期问题，需要对特定的费用进行摊销或者预提，因此两者所需设置的会计科目存在较大的差异。

采用收付实现制进行核算比较简单，并且对收入、费用以及利润的核算较为客观且具有可比性，人为操纵的可能性较小，并且长期投资的决策依据是现金流量的回收，但是其最大的缺点在于无法准确及时地反映企业的经营状况和财务成果，因此收付实现制主要应用于行政事业单位以及个体户等，根据《企业会计准则》的规定，一般企业不允许采用该原则进行会计核算。

相比之下，由于权责发生制采用经济业务发生期间的标准进行会计核算，对收入和费用按照受益期间进行归属和配比，其计算出的经营结果较为准确科学合理，但是根据业务实际发生的期间核算必然会涉及将费用或收入分摊到不同的会计期间当中，需要对如折旧方法、折旧期限、资产计价方法等具体的会计处理方法进行人为估计和职业判断，使得其在客观性和可比性方面有所丧失，并且可能会造成企业账上存在盈余却难以维持企业资金健康运转从而遭遇财务困境的情况。

《企业会计准则——基本准则》第九条规定："企业应当以权责发生制为基础进行会计确认、计量和报告。"

《政府会计准则——基本准则》第三条规定："政府会计由预算会计和财务会计构成。预算会计实行收付实现制，国务院另有规定的，依照其规定。财务会计实行权责发生制。"

《民间非营利组织会计制度》第七条规定："会计核算应当以权责发生制为基础。"

（四）工会会计基础

《工会会计制度》第八条规定："工会会计处理一般采用收付实现制，部分经济业务或者事项应当按照本制度的规定采用权责发生制。"

这就要求各级工会组织在经济业务和事项发生后，一般情况下应按照是否收到或支付款项作为会计核算的基础。如会费收入、行政补助收入、政府补助收入、附属单位上缴收入、投资收益和其他收入等，在实际收到款项时确认为收入；职工活动支出、职工活动组织支出、职工服务支出、维权支出、资本性支出等，在实际支付款项时确认为支出。

也有例外，如拨缴经费收入，平时需按照收付实现制来确认，年末如果存在应收未收的拨缴经费，尽管相关的现金尚未收到，但因这种收入具有明确的法律保障，与之相关的收款权利或付款义务较为明确。因此，《工会会计制度》规定，对年末应收但未收到款项的拨缴经费，各级工会应根据权责发生制按照下级工会经费收缴报告表（或上级工会经费转拨通知）中的金额确认为年末的拨缴经费收入。

又如，对于县级以上工会专用基金的提取应按照权责发生制在计提时而非实际支付款项使用时确认为相应的维权支出或其他支出；各级工会应承担的房产税等纳税义务也应该按照权责发生制在产生纳税义务时而非实际缴纳税款时确认为相应的支出。

特别需要提醒的是，究竟对于哪些经济业务或者事项采用权责发生制，不是取决于会计人员的职业判断，而是应当遵照《工会会计制度》中的规定。

三、工会会计信息质量要求

工会会计处理的一般原则是指对工会会计主体提供会计信息的质量要求。《工会会计制度》第二章一般原则中规定，工会会计处理的一般原则包括有用性、可靠性、可理解性、可比性、重要性、及时性、专款专用等原则。

（一）有用性原则

《工会会计制度》第十六条规定："工会提供的会计信息应当符合工会管理工作的要求，满足会计信息使用者的需要，满足本级工会加强财务管理的需要。"

1. 符合工会管理工作的要求

和西方国家的工会不同，中国工会具有组织上的唯一性。在中国，只有中华全国总工会及各级工会组织才能代表职工的利益，依法维护职工的合法权益。作为职工权益的"代言人"，表达和维护职工权益是其一切工作的出发点和落脚点。要实现这一基本职能，工会应从宏观层面统筹各项资源，寻求党政和社会各界的支持，积极寻求国际交往，不断彰显中国工会在市场经济改革和各项社会改革中的作用。

会计信息作为记录和反映工会业务活动的综合结果，应当符合工会管理工作的要求，这就要求各级工会做到：

（1）工会所有业务活动应以工会的职能实现为前提；

（2）工会业务活动必须符合全国工会"一盘棋"的客观需要；

（3）工会的业务活动应该体现和维护工会组织的统一性和团结性，有利于职工权益的维护和工运事业的发展。

因此，各级工会，尤其是工会干部，应"常怀忧会之心、恪尽兴会之责"，做好工会会计工作，确保工会管理工作职能的实现。

2. 满足会计信息使用者的需要

就工会组织而言，其会计信息使用者是一切对工会有利益诉求的相关主体，包括工会、党政、企业、职工和社会等。随着工会改革的不断深化，工会在社会中的影响力正在不断扩大。社会各界尤其是各级党政对工会职能的发挥给予了极高的期望，并逐步将更多的资源配置给工会。对这些资源，工会如何使用，效率和效果如何显然已经不是工会自身的事情，作为资源供给者的相关利益主体也需要对这些资源的使用绩效进行评价，并以此为基础决定是否继续提供资源。

《工会会计制度》中将资金区分为财政拨款资金和工会资金，在工会经费收入中将“政府补助收入”和“行政补助收入”分列，在工会经费支出中专列“职工服务支出”“维权支出”项目等，其基本的目的就是满足工会相关利益主体在决策中对会计信息的需要。

3. 满足本级工会加强财务管理的需要

各级工会作为会计信息的提供主体，除了要对会计信息的真实性、完整性和合法性承担责任外，还需要对其所拥有的资源进行有效配置。就工会组织而言，经济学意义上的“资源稀缺性”假设仍然是存在的，如何将有限的资源配置在能够产生最大效益的地方，不仅考验各级工会的财务管理能力，也是彰显工会素质的重要体现。所以，工会提供的会计信息不仅要与工会宏观管理相符合，满足相关利益主体需要，还应有利于促进本级工会财务工作的提升。这就要求各级工会做到：

（1）建立和完善与工会会计信息相关的内部控制制度，确保会计行为规范、会计信息质量较高；

（2）建立和完善与工会会计工作相关的机构，在条件允许时应配置具有专业胜任能力的财务人员；

（3）在本级工会内部，逐步建立和完善工会会计信息分析制度，并以此为基础，建立和完善工会会计工作的绩效考评制度，确保收好、用好和管好工会经费，在充分实现工会职能的同时，不断提升工会资产的营运效率和效果，实现工会资产的增值，促进工运事业的统筹协调和可持续发展。

（二）可靠性原则

《工会会计制度》第十七条规定：“工会应当以实际发生的经济业务或者事项为依据进行会计处理，如实反映工会财务状况和收支情况等信息，保证会计信息真实可靠、内容完整。”

工会会计信息要有用，必须以可靠为基础。只有真实可靠的会计信息才能确保会计目标的实现，才能发挥会计信息在资源配置和绩效考核中的重要作用。

1. 明确工会会计主体

《工会会计制度》第四条规定："工会应当对其自身发生的经济业务或者事项进行会计处理和报告。"这说明，工会提供的会计信息只能是与本级工会会计主体相关的业务活动，超出本级工会以外的业务，如上下级工会或是单位行政会计主体所发生的经济业务，不应纳入本级工会的会计核算范围。

2. 以实际发生的经济业务或者事项为依据

会计是通过记录和反映来描述单位的经济活动，这种描述的基本前提是相关的业务已经发生并完成，与业务相关的结果能够准确计量。因此，基于会计信息真实、完整的需要，要求工会会计主体应当以实际发生的经济业务或者事项为依据进行确认、计量、记录和报告，如实反映符合确认和计量要求的各项会计要素及其他相关信息。不得虚构经济业务，不得伪造、编造业务单据。与此同时，对正在发生或将要发生的业务活动，按制度的规定是不允许纳入核算范围的。如果工会会计主体以虚假的业务或事项进行确认、计量、记录和报告，属于违法行为，不仅会严重损害会计信息质量，而且会误导会计信息使用者，导致会计秩序混乱。

（三）可理解性原则

《工会会计制度》第十八条规定："工会提供的会计信息应当清晰明了，便于理解和使用。"

各级工会会计主体编制财务报表、提供会计信息的目的在于使用。要让使用者有效地使用会计信息，应当让其了解会计信息的内涵，弄懂会计信息的内容，这就要求工会财务报表所提供的会计信息应当清晰明了，易于理解。只有这样，才能提高会计信息的有用性，满足向信息使用者提供有用信息的要求。会计信息使用者通过阅读、分析、使用工会会计信息，能够了解工会会计主体的过去和现状，以及工会会计主体净资产或价值的变化过程，预测未来发展趋势，从而作出科学决策。

但会计信息毕竟是一种专业性较强的信息产品，会计信息的使用者不一定都是会计专家，如果提供的会计信息过于专业化，这些信息可能无法得到很好的理解，也就无法实现帮助会计信息使用者实现其决策目的的目标。就工会会计信息而言，实现这一目标，需要做到严格按照《工会会计制度》的要求开展会计核算，统一会计科目、统一报表项目，尽可能减少信息使用者的成本。

（四）可比性原则

《工会会计制度》第十九条规定："工会会计处理应当采用规定的会计政策，前后各期一致，不得随意变更，以确保会计信息口径一致，相互可比。"

可比性原则要求工会提供的会计信息应当相互可比，主要包括两层含义：

1. 同一工会会计主体不同时期可比

同一工会会计主体在不同时期发生的相同或者相似的经济业务或者事项，应当采用一致的会计政策，不得随意变更。如果按照规定或者在会计政策变更后能够提供更可靠、更相关的会计信息，工会会计主体可以变更会计政策，但应当将变更的内容、理由和对单位财务状况及预算执行的影响在会计报表附注中予以说明。

2. 不同工会会计主体相同会计期间可比

不同工会会计主体在同一会计期间发生的相同或者相似的经济业务或者事项，应当采用统一的会计政策，确保会计信息口径一致、相互可比，以使不同工会会计主体按照一致的确认、计量、记录和报告要求提供有关会计信息。

（五）重要性原则

《工会会计制度》第二十条规定："工会会计处理应当遵循重要性原则。对于重要的经济业务或者事项，应当单独反映。"

重要性原则要求工会提供的会计信息应当反映与其财务状况、收支情况等有关的所有重要交易或者事项。凡对资产、负债、净资产等有较大影响，进而影响会计信息使用者做出合理判断的重要会计事项，必须按规定的会计方法和程序进行处理，并在财务报表中单独予以充分披露；而对于次要的会计事项，在不影响会计信息真实性和不至于误导信息使用者做出正确判断的前提下，可适当合并、简化处理。重要性原则与会计信息的成本效益直接相关。

在实务中，如果某项会计信息的省略或者错报会影响会计信息使用者据此作出决策，该信息就具有重要性。在评价某项目的重要性时，很大程度上取决于会计人员的职业判断。工会应当根据其所处环境和实际情况，从项目的性质和金额大小两方面加以判断。例如，工会发生的某些支出金额较小，从支出的受益期来看，可能需要在若干会计期间进行分摊，但根据重要性要求，可以一次性计入当期损益。

（六）及时性原则

《工会会计制度》第二十一条规定："工会应当对已经发生的经济业务或者事项及时进行会计处理和报告，不得提前或者延后。"

会计信息的价值在于帮助信息使用者做出经济决策，具有时效性。即使是可靠、相关的会计信息，如果不及时提供，就失去时效性，对于使用者的效用就大大降低，甚至不再具有实际意义，而误导会计信息使用者。工会会计主体在会计核算过程中应坚持及时性原则，一是要求及时收集会计信息，即在经济业务或者事项发生后，及时收集整理各种原始单据；二是要求及时处理会计信息，即按照《工会会计制度》的规定及时进行会计处理和报告；三是及时传递会计信息，即按照国家和全国总工会规定的有关时限，及时将编制的财务报表传递给会计信息使用者，便于其及时使用和决策。

（七）专款专用原则

《工会会计制度》第二十二条规定："工会应当对指定用途的资金按规定的用途专款专用，并单独反映。"

中国工会的性质决定其在日常职能的履行过程中，受党政之托办理相关事务，与相关事务有关的经费也应由委托人提供。对工会管理并使用的专项资金，各级工会必须严格按委托人的意图办理，专款专用，不得挪作他用，否则将违反财经纪律。与此同时，为反映工会受托责任的履行情况，会计核算时应对工会经管的专项资金进行单独核算、单独反映和单独报告。

专款专用是工会会计核算的一项重要内容，也是检验工会财经纪律执行情况的重要标准，各级工会在实际工作中一定要树立专款专用的意识，按照预算批复的项目和额度进行使用。

四、工会会计政策变更、会计估计变更和会计差错更正

（一）会计政策、会计估计和会计差错

1. 会计政策变更

会计政策指工会在会计核算时所遵循的特定原则、基础以及所采用的具体会计处理方法。

工会会计主体采用的会计政策，在某一会计期间和前后各期应当保持一致。但是满足下列条件之一的，可以变更会计政策：

（1）法律、行政法规或者《工会会计制度》等要求变更。

（2）会计政策变更能够提供有关工会会计主体财务状况、运行情况等更可靠、更相关的会计信息。

需要注意的是，对于本期发生的经济业务或者事项与以前相比具有本质差别而采用新的会计政策，或是对初次发生的或者不重要的经济业务或事项采用新的会计政策，两种情形均不属于会计政策变更。

2. 会计估计变更

由于工会会计主体在运行过程中存在不确定因素，有些会计报表项目不能准确地计量，只能进行估计。估计毕竟是就现有资料对未来所作的判断，随着时间的推移，如果赖以进行估计的基础发生变化，或者取得了新的信息、积累了更多的经验或后来的发展变化，可能不得不对估计进行修正。如固定资产、无形资产的预计使用年限等。

会计估计变更，是指由于资产和负债的当前状况及预期经济利益和义务发生了变化，从而对资产或负债的账面价值或者资产的定期消耗金额进行调整。

3. 会计差错更正

会计差错，是指工会在进行会计核算时，在确认、计量、记录和报告等方面出现的错误，通常包括计算或记录错误、应用会计政策错误、疏忽或曲解事实产生的错误、财务舞弊等。

（二）未来适用法

《工会会计制度》新增第二十三条规定："工会在发生会计政策变更、

会计估计变更和会计差错更正时，除本制度另有规定外，一般采用未来适用法进行会计处理。”

未来适用法，是指将变更后的会计政策应用于变更当期及以后各期发生的经济业务或事项，或者在会计估计变更当期和未来期间确认会计估计变更的影响的方法。

1. 对于会计政策变更

采用未来适用法处理会计政策变更时，工会会计主体不需要计算会计政策变更产生的影响或者累积的影响，也无须调整工会财务报表相关项目的期初数和比较财务报表相关项目的金额。即不因会计政策变更而改变以前年度的既定结果，而是在现有金额的基础上再按新的会计政策进行核算。

2. 对于会计估计变更

工会会计主体对会计估计变更应当采用未来适用法处理，即在会计估计变更当期及以后期间，采用新的会计估计，不改变以前期间的会计估计，也不调整以前期间的报告结果。

对于会计估计变更仅影响变更当期的，其影响应当在变更当期予以确认；对于会计估计变更既影响变更当期又影响未来期间的，其影响应当在变更当期和未来期间分别予以确认。

3. 对于会计差错更正

采用未来适用法处理会计差错更正时，各级工会会计主体应注意：

（1）本期发现的与本期相关的会计差错，直接调整本期报表相关项目即可。

（2）本期发现的前期差错，不需调整财务报表相关项目的期初数，但应调整发现当期与前期相同的相关项目。属于不影响工会经费收支的，应将其影响数直接调整为相关项目的本期数即可；属于影响工会经费收支的，不能直接冲销相应的收支，而应通过本期与上期相同的资金结转结余项目来调整。

第三节　工会会计要素和会计等式

一、工会会计要素

会计要素是会计对象的构成要素，是根据交易或者事项的经济特征所确定的财务会计对象及其基本分类。

《工会会计制度》第九条规定：“工会会计要素包括：资产、负债、净资产、收入和支出。”

（一）资产

工会资产是指工会过去的经济业务或者事项形成的，由工会控制的，预期能够产生服务潜力或者带来经济利益流入的经济资源。

基层工会的资产通常包括流动资产、固定资产和长期待摊费用等。

（二）负债

负债是指工会过去的经济业务或者事项形成的，预期会导致经济资源流出的现时义务。

基层工会的负债通常包括应付上级经费、其他应付款和代管经费等。

（三）净资产

净资产是指工会的资产减去负债后的余额。

基层工会的净资产包括资产基金、工会资金结转和工会资金结余三项内容。

（四）收入

收入是指工会根据《工会法》以及有关政策规定开展业务活动所取得的非偿还性资金。

基层工会的收入按照来源分为会费收入、拨缴经费收入、上级补助收入、行政补助收入和其他收入等。

（五）支出

支出是指工会为开展各项工作和活动所发生的各项资金耗费和损失。

基层工会的支出按照功能分为职工活动支出、职工服务支出、维权支出、业务支出、资本性支出和其他支出等。

不管业务怎样变化，在会计核算时都可以将业务划归到五大要素中的一个或多个进行记录和反映。如工会组织会员看电影，花 500 元钱购买电影票，该项业务发生后，涉及资产（即库存现金）的减少，而与资产同时变化的是支出的增加。

会计要素的划分在会计核算中具有重要作用，它是对会计对象进行科学分类和设置会计科目的基本依据，并构成会计报表的基本框架。即会计要素仅仅是对工会经济业务的初次分类，在具体的会计核算时，还应在不同要素下确认更加准确的明细项目（即“会计科目”），以清晰、直观反映工会各项经济业务或事项的变化。因此，实务工作中的会计核算应遵循的逻辑顺序是：经济业务→会计要素→会计科目，最终形成会计报表。

工会五大会计要素中，资产、负债和净资产三个要素构成一组，属于静态会计要素，是在某一特定时点（一般指每个会计期间的最后一日）工会财务状况的具体表现，也是资产负债表的构成要素；收入和支出两个要素构成一组，属于动态会计要素，是在某一会计期间工会运行成果的动态表现，同时也是收入支出表的构成要素。

二、工会会计等式

会计等式又称会计恒等式、会计方程式或会计平衡公式，是反映会计要素之间平衡关系的计算公式，它是各种会计核算方法的理论基础。

如前文所述，工会五大会计要素分别反映了工会资金运动的静态和动态两个方面，不仅在内容上具有紧密的相关性，在数量上也存在特定的平衡关系。工会会计等式为：资产=负债+净资产。

对工会会计等式应从以下三个方面来理解。

1. 工会会计等式实质上是体现了同一资金的两个不同方面，即：资源=来源。一方面，等式的左边表明：工会要开展各项业务活动，必须拥有一定数量和质量的经济资源，具体则表现为不同存在形态的货币资金、固定资产、无形资产等资产。另一方面，等式右边的负债和净资产说明了经济资源的来源渠道，即是谁提供了这些经济资源。

2. 在数量上，任何工会组织的资产都等于其负债和净资产之和。因为一定数额的资产必然是由一定数额的负债和净资产提供的；反之，有一定数额的负债和净资产，也必然会形成一定数额的资产。也就是说，工会在运行过程中，每天都会发生多种多样、错综复杂的经济业务，从而引起各会计要素的增减变动。但不管经济业务如何变化，都不会影响资产与负债和净资产的平衡关系。因此，会计等式是检验会计核算是否正确的手段。

3. 工会资产会随着工会负债或净资产的增加而增加，也会随着工会负债或净资产的减少而减少。工会收入表现为资产的增加或负债的减少，最终导致工会组织的净资产增加；工会支出则表现为资产的流出、消耗或负债的增加，最终引起净资产的减少。所以，工会一定时期的收入和支出相抵形成结转结余资金，结转结余资金转化为下一年度的净资产，这样会计恒等式就演化为“资产=负债+净资产+（收入-支出）”。因而，对工会这一特殊的非营利组织而言，比较理想的财务状况是：在负债总额一定的情况下，通过净资产的增加而导致资产的增加，而净资产增加的主要路径需要工会在支出一定时，广开财源，这也是为什么各级工会组织需要将经费收缴作为年度重点工作的原因。

可见，会计等式不仅反映了会计要素之间的基本数量关系，同时也是设置会计科目、开设账户、复式记账和编制资产负债表及收入支出表的理论依据。会计等式、会计要素和会计报表之间的关系如图 1-3 所示。

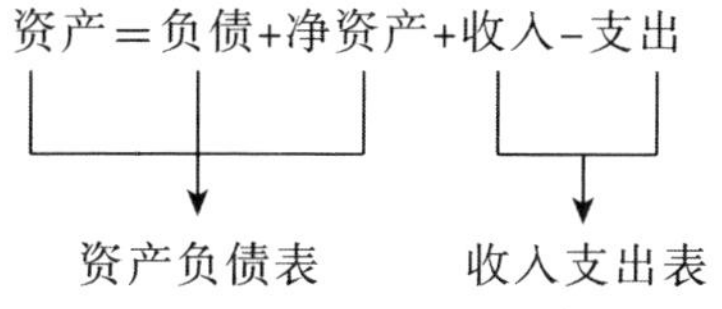

图 1-3　会计等式、会计要素和会计报表之间的关系

第四节　会计科目、账户和借贷记账法

一、会计科目

会计科目，简称科目，是对会计要素具体内容进行分类核算的项目，是进行会计核算和提供会计信息的基本单元。会计科目可以按其反映的经济内容（即所属会计要素）、所提供信息的详细程度及其统驭关系分类。

（一）按反映的经济内容分类

会计科目按其反映的经济内容不同，可分为资产类科目、负债类科目、净资产类科目、收入类科目和支出类科目。每一类会计科目可按一定标准再分为若干具体科目。

《工会会计制度》“附录1：工会会计科目和财务报表”，列示了如表1-1所示的五类24个基层工会主要会计科目名称和编号。同时，也明确了“对于本表未列出的会计科目，基层工会可以根据实际需要按照县级以上工会的会计科目进行账务处理。”

表1-1 基层工会主要会计科目名称和编号

序号	科目编号	名称
一、资产类		
1	101	库存现金
2	102	银行存款
3	131	应收上级经费
4	135	其他应收款
5	141	库存物品
6	162	固定资产
7	163	累计折旧
8	182	待处理财产损溢
二、负债类		
9	211	应付上级经费
10	215	其他应付款
三、净资产类		
11	301	资产基金
12	321	工会资金结转
13	322	工会资金结余
四、收入类		
14	401	会费收入
15	402	拨缴经费收入

续表

序号	科目编号	名称
16	403	上级补助收入
17	405	行政补助收入
18	408	其他收入
五、支出类		
19	501	职工活动支出
20	503	职工服务支出
21	504	维权支出
22	505	业务支出
23	507	资本性支出
24	510	其他支出

（二）按所提供信息的详细程度及其统驭关系分类

会计科目按所提供信息的详细程度及其统驭关系，可分为总分类科目和明细分类科目。

总分类科目，又称总账科目或一级科目，是对会计要素的具体内容进行总括分类提供总括信息的会计科目。

明细分类科目，又称明细科目，是对总分类科目作进一步分类，提供更为详细和具体的会计信息的科目。如果某一总分类科目所辖的明细分类科目较多，可在总分类科目下设置二级明细科目，在二级明细科目下设置三级明细科目，以此类推。二级明细科目是对总分类科目进一步分类的科目，三级明细科目是对二级明细科目进一步分类的科目。

《工会会计制度》“附录1：工会会计科目和财务报表”明确规定，对于制度已规定的一级科目，不得减并、自行增设；本制度已规定的明细科目，不得减并，不得擅自更改科目名称，不需要的科目可以不用。各省级工会可以根据需要自行增设未规定的明细科目，或将相应权限授权给所属下级工会。

二、账户

账户是根据会计科目设置的，具有一定格式和结构，用于分类核算会计要素增减变动情况及其结果的载体。

会计科目仅仅是对会计要素的具体内容进行分类核算的项目，它不能反映交易或事项发生所引起的会计要素各项目的增减变动情况和结果。各项核算指标的具体数据资料，只有通过账户记录才能取得。因此，在设置会计科目后，还必须根据会计科目开设相应的账户，以便对交易或事项进行系统、连续的记录，向有关各方提供有用的会计信息。

同会计科目分类相对应，账户可以根据其核算的经济内容、提供信息的详细程度及其统驭关系进行分类。按核算的经济内容分类，账户分为资产类账户、负债类账户、净资产类账户、收入类账户和支出类账户；按提供信息的详细程度及其统驭关系分类，账户分为总分类账户和明细分类账户。

账户是用来连续、系统、完整地记录工会组织经济活动的，因此必须具有一定的结构。由于经济业务发生所引起的各项会计要素的变动，从数量上看不外乎为增加和减少两种情况。因此，账户的结构相应地分为两个基本部分，即左右两方，分别用来记录会计要素的增加和减少。一方登记增加，另一方登记减少。至于账户左右两方的名称，用哪一方登记增加、哪一方登记减少，要取决于所采用的记账方法和该账户所记录的经济内容。

账户的期初余额、期末余额、本期增加发生额、本期减少发生额统称为账户的四个金额要素。四个金额要素之间的关系如下列公式所示：

期末余额=期初余额+本期增加发生额-本期减少发生额

三、借贷记账法

复式记账法是指对于每一笔经济业务，都必须用相等的金额在两个或两个以上相互联系的账户中进行登记，全面、系统地反映会计要素增减变化的一种记账方法。复式记账法分为借贷记账法、增减记账法、收付记账法等。《工会会计制度》第十条规定：“工会会计处理应当采用借贷记账法记账。”第十一条规定：“工会会计记录的文字应当使用中文。在民族自治地方，会计记录可以同时使用当地通用的一种民族文字。”借贷记账法，是以“借”和“贷”作为记账符号的一种复式记账法。

（一）借贷记账法的账户结构

借贷记账法下，账户的左方称为借方，右方称为贷方。所有账户的借方和贷方按相反方向记录增加数和减少数，即一方登记增加额，另一方就登记减少额。至于“借”表示增加（或减少），还是“贷”表示增加（或减少），取决于账户的性质与所记录经济内容的性质。

通常情况下，资产类和支出类账户的增加记“借”方，减少记“贷”方；负债类、净资产类和收入类账户的增加记“贷”方，减少记“借”方。

1. 资产类和支出类账户的结构

在借贷记账法下，资产类和支出类账户的借方登记增加额；贷方登记减少额；期末余额一般在借方。其余额计算公式为：

期末借方余额=期初借方余额+本期借方发生额-本期贷方发生额

资产类和支出类账户用T字形账户表示，如图1-4所示。

借方	资产类和支出类账户		贷方
期初余额：	×××		
本期增加额：	×××	本期减少额：	×××
	×××		×××
	……		……
本期借方发生额合计：	×××	本期贷方发生额合计：	×××
期末余额：	×××		

图1-4　资产类和支出类账户结构①

2. 负债类、净资产类和收入类账户的结构

借贷记账法下，负债类、净资产类和收入类账户的借方登记减少额；贷方登记增加额；期末余额一般在贷方。其余额计算公式为：

期末贷方余额=期初贷方余额+本期贷方发生额-本期借方发生额

负债类、净资产类和收入类账户用T字形账户表示，如图1-5所示。

① 支出类账户通常无期末余额。

借方	负债类、净资产类和收入类账户		贷方
		期初余额：	×××
本期减少额：	×××	本期增加额：	×××
	×××		×××
	……		……
本期借方发生额合计：	×××	本期贷方发生额合计：	×××
		期末余额：	×××

图 1-5　负债类、净资产类和收入类账户结构①

（二）借贷记账法的规则和会计分录

借贷记账法的记账规则是“有借必有贷，借贷必相等”。即：对于每一笔经济业务都要在两个或两个以上相互联系的账户中进行登记，在一个（或几个）账户中记借方，必须同时在一个（或几个）账户中记贷方，记入借方的金额等于记入贷方的金额。如果涉及多个账户，记入借方账户金额的合计数等于记入贷方账户金额的合计数。

会计分录，简称分录，是对每项经济业务列示出应借、应贷的账户名称（科目）及其金额的一种记录。会计分录由应借应贷方向、相互对应的科目及其金额三个要素构成。在我国，会计分录记载于记账凭证中。

按照所涉及账户的多少，会计分录分为简单会计分录和复合会计分录。简单会计分录，是指涉及一个账户借方和另一个账户贷方的会计分录，即一借一贷的会计分录。复合会计分录，是指由两个以上（不含两个）对应账户组成的会计分录，即一借多贷、多借一贷或多借多贷的会计分录。复合会计分录实际上是由若干简单会计分录复合而成的，但为了保持账户对应关系清晰，一般不应把不同经济业务合并在一起，编制多借多贷的会计分录。

（三）借贷记账法下的试算平衡

试算平衡是根据“资产+支出=负债+净资产+收入”的平衡关系，按照“有借必有贷，借贷必相等”的记账规则要求，通过对所有账户的发生额和余额的汇总计算和比较，来检查账户记录是否正确的一种方法。

经济业务发生后，按照借贷记账法的记账规则来记账，每一笔经济业务

① 收入类账户通常无期末余额。

的借贷发生额相等，工会在一定时期内所发生的全部经济业务的借贷双方合计数也相等。

1. 试算平衡的分类

（1）发生额试算平衡

发生额试算平衡，是指全部账户本期借方发生额合计与全部账户本期贷方发生额合计保持平衡，即：

全部账户本期借方发生额合计=全部账户本期贷方发生额合计

发生额试算平衡的直接依据是借贷记账法的记账规则，即“有借必有贷，借贷必相等”。

（2）余额试算平衡

余额试算平衡，是指全部账户借方期末（初）余额合计与全部账户贷方期末（初）余额合计保持平衡，即：

全部账户借方期末（初）余额合计=全部账户贷方期末（初）余额合计

余额试算平衡的直接依据是财务状况等式，即：资产=负债+净资产。

2. 试算平衡表的编制

试算平衡是通过编制试算平衡表进行的。试算平衡表通常是在期末结出各账户的本期发生额合计和期末余额后编制的，试算平衡表中一般应设置“期初余额”“本期发生额”“期末余额”三大栏目，其下分设“借方”和“贷方”两个小栏目。各大栏中的借方合计与贷方合计应该平衡相等，否则便存在记账错误。为了简化表格，试算平衡表也可以只根据各个账户的本期发生额编制，不填列各账户的期初余额和期末余额。

试算平衡表的格式，如表1-2所示。

表1-2　总分类账户试算平衡表

202×年1月31日　　单位：元

账户名称	期初余额		本期发生额		期末余额	
	借方	贷方	借方	贷方	借方	贷方
库存现金						
银行存款						
……						
合计						

试算平衡只是通过借贷金额是否平衡来检查账户记录是否正确的一种方法。如果借贷双方发生额或余额相等，表明账户记录基本正确，但有些错误并不影响借贷双方的平衡，因此试算不平衡，表示记账一定有错误，但试算平衡时，不能表明记账一定正确。

不影响借贷双方平衡关系的错误通常有：(1) 漏记某项经济业务，使本期借贷双方的发生额等额减少，借贷仍然平衡；(2) 重记某项经济业务，使本期借贷双方的发生额等额虚增，借贷仍然平衡；(3) 某项经济业务记录的应借、应贷科目正确，但借贷双方金额同时多记或少记，且金额一致，借贷仍然平衡；(4) 某项经济业务记错有关账户，借贷仍然平衡；(5) 某项经济业务在账户记录中颠倒了记账方向，借贷仍然平衡；(6) 某借方或贷方发生额中，偶然发生多记和少记并相互抵销，借贷仍然平衡。

由于账户记录可能存在上述不能由试算平衡表发现的错误，所以需要对一切会计记录进行日常或定期的复核，以保证账户记录的正确性。

第五节　会计凭证、会计账簿与账务处理程序

一、会计凭证

(一) 会计凭证概述

会计凭证，是指记录经济业务发生或者完成情况的书面证明，是登记账簿的依据，包括纸质会计凭证和电子会计凭证两种形式。基层工会必须按一定的程序填制和审核会计凭证，根据审核无误的会计凭证进行账簿登记，如实反映工会的经济业务。

会计凭证按照填制程序和用途可分为原始凭证和记账凭证。

原始凭证，又称单据，是指在经济业务发生或完成时取得或填制的，用以记录或证明经济业务的发生或完成情况的原始凭据。原始凭证的作用主要是记载经济业务的发生过程和具体内容。常用的原始凭证有现金收据、发货票、增值税专用（或普通）发票、差旅费报销单、产品入库单、领料单等。

记账凭证，又称记账凭单，是指会计人员根据审核无误的原始凭证，按照经济业务的内容加以归类，并据以确定会计分录后填制的会计凭证，作为登记

账簿的直接依据。记账凭证的作用主要是确定会计分录，进行账簿登记，反映经济业务的发生或完成情况，监督工会的经济活动，明确相关人员的责任。

（二）原始凭证

1. 原始凭证的种类

原始凭证可以按照取得来源、格式、填制的手续和内容进行分类。

（1）按取得来源分类

原始凭证按照取得来源，可分为自制原始凭证和外来原始凭证。

自制原始凭证，是指由本单位有关部门和人员，在执行或完成某项经济业务时填制的原始凭证，如领料单、产品入库单、借款单等。

外来原始凭证，是指在经济业务发生或完成时，从其他单位或个人直接取得的原始凭证，如购买慰问品取得的发票、职工出差报销的飞机票、火车票和餐饮费发票等。

（2）按格式分类

原始凭证按照格式的不同，可分为通用凭证和专用凭证。

通用凭证，是指由有关部门统一印制、在一定范围内使用的具有统一格式和使用方法的原始凭证。通用凭证的使用范围因制作部门的不同而有所差异，可以分地区、分行业使用，也可以全国通用，如某省（市）印制的在该省（市）通用的发票、收据等；由中国人民银行制作的在全国通用的银行转账结算凭证、由国家税务总局统一印制的全国通用的增值税专用发票等。

专用凭证，是指由单位自行印制的原始凭证，如领料单、差旅费报销单、折旧计算表等。

（3）按填制的手续和内容分类

原始凭证按照填制的手续和内容，可分为一次凭证、累计凭证和汇总凭证。

一次凭证，是指一次填制完成，只记录一笔经济业务且仅一次有效的原始凭证，如收据、收料单、发货票、银行结算凭证等。

累计凭证，是指在一定时期内多次记录发生的同类经济业务且多次有效的原始凭证，如限额领料单。累计凭证的特点是在一张凭证内可以连续登记相同性质的经济业务，随时结出累计数和结余数，并按照费用限额进行费用控制，期末按实际发生额记账。

汇总凭证，是指在一定时期内反映经济业务内容相同的若干张原始凭证，按照一定标准综合填制的原始凭证。汇总原始凭证合并了同类经济业务，简化了凭证编制和记账。

2. 原始凭证的基本内容

原始凭证的格式和内容因经济业务和经营管理的不同而有所差异，但原始凭证应当具备以下基本内容（也称为原始凭证要素）：（1）凭证的名称；（2）填制凭证的日期；（3）填制凭证单位名称和填制人姓名；（4）经办人员的签名或者盖章；（5）接受凭证单位名称；（6）经济业务内容；（7）数量、单价和金额。

3. 原始凭证的填制要求

（1）原始凭证填制的基本要求

①记录真实。原始凭证所填列经济业务的内容和数字，必须真实可靠，符合实际情况。

②内容完整。原始凭证所要求填列的项目必须逐项填列齐全，不得遗漏或省略。原始凭证中的年、月、日要按照填制原始凭证的实际日期填写；名称要齐全，不能简化；品名或用途要填写明确，不能含糊不清；有关人员的签章必须齐全。

③手续完备。单位自制的原始凭证必须有经办单位相关负责人的签名盖章；对外开出的原始凭证必须加盖本单位公章或者财务专用章；从外部取得的原始凭证，必须盖有填制单位的公章或者财务专用章；从个人取得的原始凭证，必须有填制人员的签名或盖章。

④书写清楚、规范。原始凭证要按规定填写，文字要简明，字迹要清楚，易于辨认，不得使用未经国务院公布的简化汉字。大小写金额必须符合填写规范，小写金额用阿拉伯数字逐个书写，不得写连笔字。在金额前要填写人民币符号“¥”（使用外币时填写相应符号），且与阿拉伯数字之间不得留有空白。金额数字一律填写到角、分，无角无分的，写“00”或符号“-”；有角无分的，分位写“0”，不得用符号“-”。大写金额用汉字壹、贰、叁、肆、伍、陆、柒、捌、玖、拾、佰、仟、万、亿、元、角、分、零整等，一律用正楷或行书字书写。大写金额前未印有“人民币”字样的，应加写“人民币”三个字且和大写金额之间不得留有空白。大写金额到元或角

为止的，后面要写“整”或“正”字；有分的，不写“整”或“正”字，如小写金额为￥1 009.00，大写金额应写成“壹仟零玖元整”。

⑤编号连续。各种凭证要连续编号，以便检查。如果凭证已预先印定编号，如发票、支票等重要凭证，因错作废时，应加盖“作废”戳记，妥善保管，不得撕毁。

⑥不得涂改、刮擦、挖补。原始凭证金额有错误的，应当由出具单位重开，不得在原始凭证上更正。原始凭证有其他错误的，应当由出具单位重开或更正，更正处应当加出具单位印章。

⑦填制及时。各种原始凭证一定要及时填写，并按规定的程序及时送交会计机构审核。

（2）自制原始凭证填制的基本要求

一次凭证，应在经济业务发生或完成时，由相关业务人员一次填制完成。该凭证往往只能反映一项经济业务，或者同时反映若干项同一性质的经济业务。一次凭证有些是自制的原始凭证，如收料单、领料单、工资结算表、制造费用分配表等；有些是外来的原始凭证，如增值税专用发票、税收缴款书、各种银行结算凭证等。

累计凭证，应在每次经济业务完成后，由相关人员在同一张凭证上重复填制完成。该凭证能在一定时期内不断重复地反映同类经济业务的完成情况。

汇总凭证，应由相关人员在汇总一定时期内反映同类经济业务的原始凭证后填制完成。该凭证只能将类型相同的经济业务进行汇总，不能汇总两类或两类以上的经济业务。

4. 原始凭证的审核

为了如实反映经济业务的发生和完成情况，充分发挥会计的监督职能，保证会计信息的真实、完整，会计人员必须对原始凭证进行严格审核。审核的内容主要包括：

（1）审核原始凭证的真实性。真实性的审核包括凭证日期是否真实、业务内容是否真实、数据是否真实等。对外来原始凭证，必须有填制单位公章或财务专用章和填制人员签章；对自制原始凭证，必须有经办部门和经办人员的签名或盖章。此外，对通用原始凭证，还应审核凭证本身的真实性，以防作假。

(2) 审核原始凭证的合法性、合理性。审核原始凭证所记录经济业务是否符合国家法律法规，是否履行了规定的凭证传递和审核程序；审核原始凭证所记录经济业务是否符合企业经济活动的需要，是否符合有关的计划和预算等。

(3) 审核原始凭证的完整性。审核原始凭证各项基本要素是否齐全，是否有漏项情况，日期是否完整，数字是否清晰，文字是否工整，有关人员签章是否齐全，凭证联次是否正确等。

(4) 审核原始凭证的正确性。审核原始凭证记载的各项内容是否正确，包括：①接受原始凭证单位的名称是否正确。②金额的填写和计算是否正确。阿拉伯数字分位填写，不得连写。小写金额前要标明“￥”字样，中间不能留有空位。大写金额前要加“人民币”字样，大写金额与小写金额要相符。③更正是否正确。原始凭证记载的各项内容均不得涂改、刮擦和挖补。

(三) 记账凭证

1. 记账凭证的种类

记账凭证按照其反映的经济业务的内容来划分，通常可分为收款凭证、付款凭证和转账凭证。对于经济业务不多的工会，可以不区分收款凭证、付款凭证和转账凭证，而只用一种通用的记账凭证来记录各种经济业务。

2. 记账凭证的基本内容

记账凭证是登记账簿的依据，为了保证账簿记录的正确性，记账凭证必须具备以下基本内容：(1) 填制凭证的日期；(2) 凭证编号；(3) 经济业务摘要；(4) 应借应贷会计科目；(5) 金额；(6) 所附原始凭证张数；(7) 填制凭证人员、稽核人员、记账人员、会计机构负责人、会计主管人员签名或者盖章。

3. 记账凭证的填制要求

记账凭证的填制除了要做到内容完整、书写清楚和规范外，还必须符合下列要求：

(1) 除结账和更正错账可以不附原始凭证外，其他记账凭证必须附原始凭证。

(2) 记账凭证可以根据每一张原始凭证填制，或根据若干张同类原始凭证汇总填制，也可以根据原始凭证汇总表填制；但不得将不同内容和类别的原始凭证汇总填制在一张记账凭证上。

（3）记账凭证应连续编号。凭证应由主管该项业务的会计人员，按业务发生的顺序并按不同种类的记账凭证采用“字号编号法”连续编号，如银收字 1 号、现收字 2 号、现付字 1 号、银付字 2 号。如果一笔经济业务需要填制两张以上（含两张）记账凭证的可以采用“分数编号法”编号，如转字 $4\frac{1}{3}$号、转字 $4\frac{2}{3}$号、转字 $4\frac{3}{3}$号。为便于监督，反映付款业务的会计凭证不得由出纳人员编号。

（4）填制记账凭证时若发生错误，应当重新填制。已经登记入账的记账凭证在当年内发现填写错误时，可以用红字填写一张与原内容相同的记账凭证，在摘要栏注明“注销某月某日某号凭证”字样，同时再用蓝字重新填制一张正确的记账凭证，注明“订正某月某日某号凭证”字样。如果会计科目没有错误，只是金额错误，也可以将正确数字与错误数字之间的差额另编一张调整的记账凭证，调增金额用蓝字，调减金额用红字。发现以前年度记账凭证有错误的，应当用蓝字填制一张更正的记账凭证。

（5）记账凭证填制完成后，如有空行，应当自金额栏最后一笔金额数字下的空行处至合计数上的空行处划线注销。

4. 记账凭证的审核

为了保证会计信息的质量，在记账之前应由有关稽核人员对记账凭证进行严格的审核。审核的内容主要包括：

（1）从政策、法令、制度方面审核其合法性、真实性。记账凭证记录的内容是否与所附凭证相符，所列会计分录是否符合制度规定，对于不符合制度规定的记账凭证应及时纠正。

（2）从业务技术方面审核其完整性、准确性。包括：记账凭证是否有原始凭证为依据，所附原始凭证或原始凭证汇总表的内容与记账凭证的内容是否一致；记账凭证各项目的填写是否齐全，如日期、凭证编号、摘要、会计科目、金额、所附原始凭证张数及有关人员签章等；记账凭证的应借、应贷科目以及对应关系是否正确；记账凭证所记录的金额与原始凭证的有关金额是否一致，计算是否正确；记账凭证中的记录是否文字工整、数字清晰，是否按规定进行更正等。如发现错误，应查明原因，加以更正。

（四）会计凭证的传递与保管

会计凭证的传递，是指从经济业务发生，取得原始凭证开始，直到会计凭证归档保管位置的传递程序。会计凭证能否及时传递并进行处理，直接关系到会计核算工作的正确、及时。各级工会的会计凭证的传递程序应当科学、合理，具体办法由各单位根据各级会计业务需要自行规定。

会计凭证的保管，是指会计凭证记账后的整理、装订、归档和存查工作。会计凭证作为记账的依据，是重要的会计档案和经济资料。任何单位在完成经济业务手续和记账后，必须将会计凭证按规定的立卷归档制度形成会计档案，妥善保管，防止丢失，不得任意销毁，以便日后随时查阅。

二、会计账簿

（一）会计账簿概述

会计账簿，简称账簿，是指由一定格式的账页组成的，以经过审核的会计凭证为依据，全面、系统、连续地记录各项经济业务和会计事项的簿记。

1. 会计账簿的作用

（1）账簿是连续、系统、全面、完整地登记各项经济业务的依据。通过设置和登记账簿，能把会计凭证所提供的大量分散的核算资料，按照一定的程序，分门别类地登记到各个账户中去，以便取得完整的核算资料。

（2）账簿资料是编制财务报表的主要依据。通过设置和登记账簿，可以为管理工作提供比较系统、完整的会计核算资料；账簿中总分类核算和明细分类核算的资料，是编制财务报表的主要依据。

（3）账簿资料是检查、分析经济活动的依据。通过账簿的设置与登记可以确定收入及支出的形成，提供收入与支出形成的详细内容，为工会进行相关决策提供依据，还可以检查、分析经济活动，考核收入和支出的执行情况。

2. 会计账簿的基本内容

在实际工作中，由于各种会计账簿所记录的经济业务不同，账簿的格式也多种多样，但各种账簿都应具备以下基本内容：

（1）封面，主要用来标明账簿的名称，如总分类账、各种明细分类账、现金日记账、银行存款日记账等。

（2）扉页，主要用来列明会计账簿的使用信息，如科目索引、账簿启用和经管人员一览表等。

（3）账页，是账簿用来记录经济业务的主要载体，包括账户的名称、日期栏、凭证种类和编号栏、摘要栏、金额栏，以及总页次和分户页次等基本内容。

3. 会计账簿的种类

会计账簿可以按照用途、账页格式、外形特征等进行分类。

（1）按用途分类

会计账簿按照用途，可以分为序时账簿、分类账簿和备查账簿。

序时账簿，又称日记账，是按照经济业务发生时间的先后顺序逐日、逐笔登记的账簿。现金日记账和银行存款日记账是应用比较广泛的日记账。

分类账簿，是指按照分类账户设置登记的账簿。分类账簿是会计账簿的主体，也是编制财务报表的主要依据。分类账簿按其反映经济业务的详略程度，可分为总分类账簿和明细分类账簿。其中，总分类账簿，简称总账，是根据总分类账户设置的，总括地反映某类经济活动。总分类账簿主要为编制财务报表提供直接数据资料，通常采用的格式是三栏式明细账。明细分类账簿，简称明细账，是根据明细分类账户设置的，用来提供明细的核算资料。明细分类账簿可采用的格式主要有三栏式明细账、多栏式明细账、数量金额式明细账等。

备查账簿，又称辅助登记簿或补充登记簿，是对某些在序时账簿和分类账簿中未能记载或记载不全的经济业务进行补充登记的账簿，例如，反映工会租入固定资产的“租入固定资产登记簿”等。备查账簿只是对其他账簿记录的一种补充，与其他账簿之间不存在严密的依存和勾稽关系。备查账簿根据工会的实际需要设置，没有固定的格式要求。

（2）按账页格式分类

会计账簿按照账页格式，主要分为三栏式账簿、多栏式账簿、数量金额式账簿。

三栏式账簿，是设有借方、贷方和余额三个金额栏目的账簿。各种日记账、总账及资本、债权、债务明细账都可采用三栏式账簿。

多栏式账簿，是在账簿的两个金额栏目（借方和贷方）按需要分设若干专栏的账簿。

数量金额式账簿，是在账簿的借方、贷方和余额三个栏目内，每个栏目下再分设数量单价和金额三小栏，借以反映财产物资的实物数量和价值量的账簿。库存物品等明细账一般采用数量金额式账簿。

(3) 按外形特征分类

会计账簿按照外形特征，可以分为订本式账簿、活页式账簿、卡片式账簿。

订本式账簿，简称订本账，是在启用前将编有顺序页码的一定数量账页装订成册的账簿。订本账的优点是能避免账页散失和防止抽换账页；缺点是不能准确为各账户预留账页。订本式账簿一般适用于重要的和具有统驭性的总分类账、现金日记账和银行存款日记账。

活页式账簿，简称活页账，是将一定数量的账页置于活页夹内，可根据记账内容的变化随时增加或减少部分账页的账簿。活页式账簿的优点是记账时可以根据实际需要，随时将空白账页装入账簿，或抽去不需要的账页，便于分工记账；缺点是如果管理不善，可能会造成账页散失或故意抽换账页。活页式账簿一般适用于明细分类账。

卡片式账簿，简称卡片账，是将一定数量的卡片式账页存放于专设的卡片箱中，可以根据需要随时增添账页的账簿。基层工会一般只对固定资产的核算采用卡片账形式。

（二）会计账簿的启用、登记要求和更换

1. 会计账簿的启用

启用会计账簿时，应当在账簿封面上写明单位名称和账簿名称，并在账簿扉页上附启用表。启用表内容包括：启用日期、账簿页数、记账人员、会计机构负责人和主管会计人员签章并加盖公章。记账人员或者会计机构负责人和会计主管人员变动时，应注明交接日期和接办人员的姓名或监督交接人员的姓名，并由交接人双方签名或盖章。启用订本式账簿应当从第一页到最后一页顺序编定页数，不得跳页、缺号。使用活页式账簿应当按账户顺序编号，并须定期装订成册，装订后再按实际使用的账页顺序编定页码，另加目

录以便于记明每个账户的名称和页码。

2. 登记账簿的要求

为了保证账簿记录的正确性，必须根据审核无误的会计凭证登记会计账簿，并符合有关法律、行政法规和国家统一的会计制度的规定。

（1）登记会计账簿时，应当将会计凭证日期、编号、业务内容摘要、金额和其他有关资料逐项记入账内。账簿记录中的日期，应该填写记账凭证上的日期；以自制原始凭证（如收料单、领料单等）作为记账依据的，账簿记录中的日期应按有关自制凭证上的日期填列。

（2）为了保持账簿记录的持久性，防止涂改，登记账簿必须使用蓝黑墨水或碳素水书写，不得使用圆珠笔（银行的复写账簿除外）或者铅笔书写。

（3）会计账簿应当按照连续编号的页码顺序登记。记账时发生错误或者隔页、缺跳行的，应在空页、空行处用红色墨水画对角线注销，或者注明“此页空白”或“此行空白”字样，并由记账人员和会计机构负责人（会计主管人员）在更正处签章。

（4）凡需要结出余额的账户，结出余额后，应当在“借或贷”栏目内注明“借”或“贷”字样，以示余额的方向；对于没有余额的账户，应在“借或贷”栏内写“平”字，并在“余额”栏“元”位处用“θ”表示。现金日记账和银行存款日记账必须逐日结出余额。

（5）每一账页登记完毕时，应当结出本页发生额合计及余额，在该账页最末一行“摘要”栏注明“转次页”或“过次页”，并将这一金额记入下一页第一行有关金额栏内，在该行“摘要”栏注明“承前页”，以保持账簿记录的连续性，便于对账和结账。

（6）账簿记录发生错误时，不得刮擦、挖补或用褪色药水更改字迹，而应采用规定的方法更正。

3. 账簿的更换

总账、日记账和大部分明细账每年更换一次，但有些明细账不需要更换，如固定资产明细账或固定资产卡片账等，可以跨年度连续使用，只在账户的最后余额下面画一道红线，表示已经结账，从而简化核算工作。年度终了、需要更换新账的，对有余额的账户，其余额可直接记入下年新账，在新账第一行“摘要”栏内注明“上年结转”字样，在余额栏内记入上年余额数。

（三）对账与结账

1. 对账

对账是对账簿记录所进行的核对，也就是核对账目。对账工作一般在记账之后、结账之前，即在月末进行。对账一般分为账证核对、账账核对、账实核对。

（1）账证核对

账证核对是指将账簿记录与会计凭证核对，核对账簿记录与原始凭证、记账凭证的时间、凭证字号、内容、金额等是否一致，记账方向是否相符，做到账证相符。

（2）账账核对

账账核对的内容主要包括总账与有关账户的余额核对、总账与明细账核对、总账与日记账核对、会计部门的财产物资明细账与财产物资保管和使用部门的有关明细账核对等。

（3）账实核对

账实核对是指各项财产物资、债权债务等账面余额与实有数额之间的核对。主要包括：①现金日记账账面余额与库存现金实际库存数逐日核对是否相符。②银行存款日记账账面余额与银行对账单余额定期核对是否相符。③各项财产物资明细账账面余额与财产物资实有数额定期核对是否相符。④有关债权债务明细账账面余额与对方单位债权债务账面记录核对是否相符等。

2. 结账

结账是将一定时期内所发生的各项经济业务，全部登记入账，并结出本期发生额和余额。基层工会应按照《工会会计制度》要求，定期结账，具体包括月结、季结和年结。

结账的内容通常包括两个方面：一是结清各种收入支出类账户，据以计算确定结转结余；二是结出各资产负债和净资产账户的本期发生额合计和期末余额。结账的要点主要有：

（1）结账前，应当结出每个账户的期末余额和本期内所发生的各项经济业务。

（2）结账时，应当结出每个账户的期末余额。需要结出当月发生额的，应当在摘要栏内注明“本月合计”字样，并在下面通栏画单红线；需要结出本年累计发生额的，应当在摘要栏内注明“本年累计”字样，并在下面通栏画单红线、12 月末的“本年累计”就是全年累计发生额，全年累计发生额下面应当通栏画双红线，年度终了结账时，所有总账账户都应当结出全年发生额和年末余额。

（3）年度终了，要把各账户的余额结转到下一会计年度，并在摘要栏注明“结转下年”字样；在下一会计年度新建有关会计账簿的第一行余额栏内填写上年结转的余额，并在摘要栏注明“上年结转”字样。

三、账务处理程序

账务处理程序是指从填制和审核原始凭证、记账凭证，登记各种账簿到编制财务报表的全过程。

常用的账务处理程序，主要有记账凭证账务处理程序、汇总记账凭证账务处理程序和科目汇总表账务处理程序，它们之间的主要区别是登记总分类账的依据和方法不同。工会一般采用记账凭证账务处理程序或科目汇总表账务处理程序。

（一）记账凭证账务处理程序

记账凭证账务处理程序，是指对发生的经济业务，先根据原始凭证或汇总原始凭证填制记账凭证，再根据记账凭证登记总分类账的一种账务处理程序。

记账凭证账务处理程序的一般步骤如图 1-6 所示，具体包括：

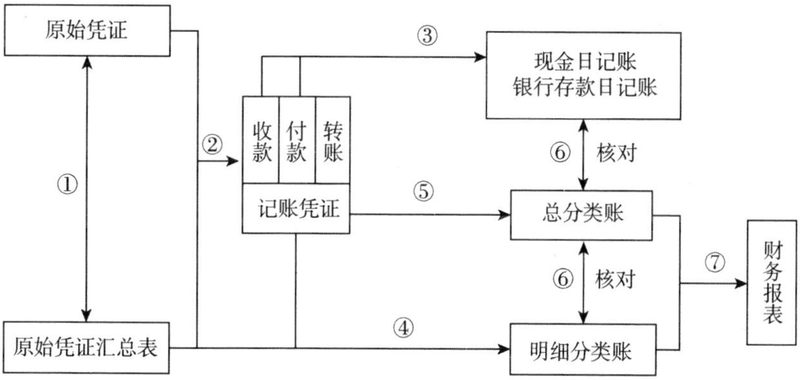

图 1-6　记账凭证账务处理程序示意图

（1）根据原始凭证填制记账凭证或原始凭证汇总表；

（2）根据原始凭证或原始凭证汇总表，填制收款凭证、付款凭证和转账凭证，也可以填制通用记账凭证；

（3）根据收款凭证和付款凭证逐笔登记现金日记账和银行存款日记账；

（4）根据原始凭证、原始凭证汇总表和记账凭证，登记各种明细分类账；

（5）根据记账凭证逐笔登记总分类账；

（6）期末，将现金日记账、银行存款日记账和明细分类账的余额与有关总分类账的余额核对相符；

（7）期末，根据总分类账和明细分类账的记录，编制财务报表。

记账凭证账务处理程序的主要特点是直接根据记账凭证逐笔登记总分类账。其优点是简单明了、易于理解，总分类账可以反映经济业务的详细情况；缺点是登记总分类账的工作量较大。所以，记账凭证账务处理程序适用于规模较小、经济业务量较少的工会。

（二）科目汇总表账务处理程序

科目汇总表账务处理程序，又称记账凭证汇总表账务处理程序，是指根据记账凭证定期编制科目汇总表，再根据科目汇总表登记总分类账的一种账务处理程序。科目汇总表，又称记账凭证汇总表，是工会组织定期对全部记账凭证进行汇总后，按照不同的会计科目分别列示各账户借方发生额和贷方发生额的一种汇总凭证。

科目汇总表账务处理程序的一般步骤如图 1-7 所示，具体包括：

（1）根据原始凭证填制原始凭证汇总表；

（2）根据原始凭证或原始凭证汇总表填制记账凭证；

（3）根据收款凭证、付款凭证逐笔登记现金日记账和银行存款日记账；

（4）根据原始凭证、原始凭证汇总表和记账凭证登记各种明细分类账；

（5）根据各种记账凭证编制记账凭证汇总表；

（6）根据记账凭证汇总表登记总分类账；

（7）期末，将现金日记账、银行存款日记账和明细分类账的余额同有关总分类账的余额核对相符；

（8）期末，根据总分类账和明细分类账的记录，编制财务报表。

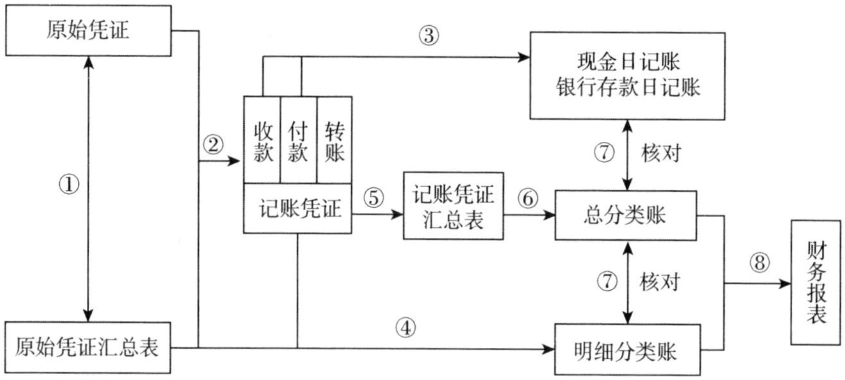

图 1-7　科目汇总表账务处理程序示意图

科目汇总表账务处理程序的主要特点是先将所有记账凭证汇总编制成科目汇总表，再根据科目汇总表登记总分类账。其优点是减轻了登记总分类账的工作量，并且科目汇总表可以起到试算平衡的作用；缺点是科目汇总表不能反映各个账户之间的对应关系，不利于对账目进行检查。所以，科目汇总表账务处理程序适用于经济业务较多的工会。

第六节　财产清查

一、财产清查概述

财产清查，是指通过对货币资金、实物资产和往来款项等财产物资进行盘点或核对，确定其实存数，查明账存数与实存数是否相符的一种专门方法。

（一）财产清查的种类

财产清查按照清查范围，分为全面清查和局部清查；按照清查时间，分为定期清查和不定期清查；按照清查的执行系统，分为内部清查和外部清查。

1. 按照清查范围分类

全面清查，是指对所有的财产进行全面的盘点和核对。基层工会需要进行全面清查的情况通常有：(1) 年终决算前；(2) 在合并、撤销或改变隶属关系前；(3) 开展全面的资产评估、清产核资前；(4) 工会主席调离工作前等。

局部清查，是指根据需要只对部分财产进行盘点和核对。局部清查的范围和对象，应根据业务需要和相关具体情况而定。一般而言，对于流动性较大的财产物资，如库存物品，应根据需要随时轮流盘点或重点抽查；对于贵重财产物资，每月都要进行清查盘点；对于库存现金，每日终了，应由出纳人员进行清点核对；对于银行存款，基层工会至少每月同银行核对一次；对债权、债务，基层工会应每年至少同债权人、债务人核对一至两次。

2. 按照清查时间分类

定期清查，是指按照预先计划安排的时间对财产进行的盘点和核对。定期清查一般在年末、季末、月末进行。

不定期清查，是指事前不规定清查日期，而是根据特殊需要临时进行的盘点和核对。不定期清查主要在以下情况下进行：(1) 财产物资、库存现金保管人员更换时，要对有关人员保管的财产物资、库存现金进行清查，以分清经济责任，便于办理交接手续；(2) 发生自然灾害和意外损失时，要对受损失的财产物资进行清查，以查明损失情况；(3) 上级工会对本级工会进行会计检查，应按检查的要求和范围对财产物资进行清查，以验证会计资料的可靠性；(4) 开展临时性清产核资时，要对本级工会的财产物资进行清查，以便摸清家底。

3. 按照清查的执行系统分类

内部清查，是指由本级工会内部自行组织清查工作小组所进行的财产清查工作。大多数财产清查都是内部清查。

外部清查，是指由上级工会等根据国家有关规定或情况需要对本级工会进行的财产清查。一般来讲，进行外部清查时应有本级工会相关人员参加。

(二) 财产清查的一般程序

财产清查既是会计核算的一种专门方法，又是财产物资管理的一项重要制度。基层工会必须有计划、有组织地进行财产清查。

财产清查的一般程序为：(1) 建立财产清查组织；(2) 组织清查人员学习有关政策规定，掌握有关法律、法规和相关业务知识，以保证财产清查工作的质量；（3）确定清查对象、范围，明确清查任务；（4）制定清查方案，具体安排清查内容、时间、步骤方法，以及必要的清查前准备；（5）清查时本着先清查数量、核对有关账簿记录等，后认定质量的原则进行；（6）填制盘存清单；（7）根据盘存清单，填制实物、往来账项清查结果报告表。

二、财产清查的方法与处理

（一）财产清查的方法

1. 财产清查的方法与货币资金的清查方法

（1）库存现金的清查

库存现金的清查是采用实地盘点法确定库存现金的实存数，然后与现金日记账的账面余额相核对，确定账实是否相符。库存现金清查一般由主管会计或财务负责人和出纳人员共同清点出各种纸币的张数和硬币的个数，并填制库存现金盘点报告表。

对库存现金进行盘点时，出纳人员必须在场，有关业务必须在现金日记账中全部登记完毕。盘点时，一方面要注意账实是否相符，另一方面还要检查现金管理制度的遵守情况，如库存现金有无超过其限额，有无白条抵库、挪用舞弊等情况。盘点结束后应填制“库存现金盘点报告表”，作为重要原始凭证。

（2）银行存款的清查

银行存款的清查是采用与开户银行核对账目的方法进行的，即将本单位银行存款日记账的账簿记录与开户银行转来的对账单逐笔进行核对，查明银行存款的实有数额。银行存款的清查一般在月末进行。将截至清查日所有银行存款的收付业务都登记入账后，对发生的错账、漏账应及时查清更正，再与银行的对账单逐笔核对。如果二者余额相符，通常说明没有错误；如果二者余额不相符，可能是工会组织或银行一方或双方记账过程有错误或者存在未达账项。

银行存款日记账余额与银行对账单余额不符，必须查明原因。在会计实务中银行存款调节后余额平衡关系是作出这一判断的主要依据。如果调节后余额一致，表明账户内结存额计算无误；如果调节后余额仍不一致，表明账户内结存额计算肯定有误，应立即查明错误所在。

2. 实物资产的清查方法

基层工会的实物资产主要包括固定资产、库存物品等。实物资产的清查就是对实物资产数量和质量进行的清查。通常采用以下两种清查方法：

（1）实地盘点法。通过点数、过磅、量尺等方法来确定实物资产的实有数量。实地盘点法适用范围较广，在多数财产物资清查中都可以采用。

（2）技术推算法。利用一定的技术方法对财产物资的实存数进行推算，故又称估推法。采用这种方法，对于财产物资不是逐一清点计数，而是通过量方、计尺等技术推算财产物资的结存数量。技术推算法只适用于成堆量大而价值不高、逐一清点的工作量和难度较大的财产物资的清查。

在实物清查过程中，实物保管人员和盘点人员必须同时在场。对于盘点结果，应如实登记盘存单，并由盘点人和实物保管人签字或盖章，以明确经济责任。盘存单既是记录盘点结果的书面证明，也是反映财产物资实存数的原始凭证。如为了查明实存数与账存数是否一致，确定盘盈或盘亏情况，应根据盘存单和有关账簿记录，编制实存账存对比表。实存账存对比表是用以调整账簿记录的重要原始凭证，也是分析产生差异的原因、明确经济责任的依据。

3. 往来款项的清查方法

基层工会的往来款项主要包括应收上级经费、其他应收款等。往来款项的清查一般采用发函询证的方法进行核对。基层工会应在其各种往来款项记录准确的基础上，按每笔经济往来单位填制“往来款项对账单”一式两联，其中一联送交对方单位核对账目，另一联作为回单联。对方单位经过核对相符后，在回单联上加盖公章退回，表示已核对。如有数字不符，对方单位应在对账单中注明情况退回本单位，基层工会进一步查明原因，再行核对。

往来款项清查以后，将清查结果编制“往来款项清查报告单”，填列各项债权、债务的余额。对于有争执的款项以及无法收回的款项，应在报告单上详细列明情况，并及时采取措施，避免或减少坏账损失。

（二）财产清查结果的处理

对于财产清查中发现的问题，如财产物资的盘盈、盘亏、毁损或其他各种损失应核实情况，调查分析产生的原因，根据“清查结果报告表”“盘点报告表”等，填制记账凭证，记入有关账簿，使账簿记录与实际盘存数相符，同时根据管理权限，将处理建议报工会委员会、经审委员会和上级工会批准。

财产清查产生的损溢，基层工会应于期末前查明原因，并根据财产管理的相关文件规定及管理权限，报经批准后，在期末结账前处理完毕。如果在期末结账前尚未经批准，在对外提供财务报表时，先按相关规定进行相应账务处理并在会计报表附注中作出说明。

第二章

资　产

第一节　资产概述

一、新旧会计制度资产的比较

(一) 内容比较

新旧会计制度正文关于资产的比较如表 2-1 所示。

表 2-1　新旧会计制度“资产”的比较①

新制度：21 条（新增 17 条）	原制度：4 条	比较
第二十四条　资产是工会过去的经济业务或者事项形成的，由工会控制的，预期能够产生服务潜力或者带来经济利益流入的经济资源。 工会的资产包括流动资产、在建工程、固定资产、无形资产、投资和长期待摊费用等。	**第二十二条**　资产是工会拥有或控制的能以货币计量的经济资源。 包括流动资产、投资和固定资产等。	1. 调整了资产的定义 2. 增加了资产的内容：在建工程、无形资产和长期待摊费用
第二十五条　工会对符合本制度第二十四条规定的资产定义的经济资源，在同时满足以下条件时，应当确认为资产……		新增：资产的确认条件
第二十六条　工会的资产按照国家有关规定依法确认为国有资产的，应当作为国有资产登记入账……		新增：资产按资金来源的分类：国有资产和工会资产
第二十七条　…… 对于工会接受捐赠、无偿调入的非现金资产……		新增：未支付对价资产的成本确定方法

① 本书关于新旧会计制度会计要素和会计科目的比较表格中，为了凸显变化内容及考虑到表格的美观，更多内容以“……”替代。

续表

新制度：21 条（新增 17 条）	原制度：4 条	比较
第二十八条 流动资产是指……主要包括货币资金、应收款项和库存物品等。	**第二十三条** 流动资产是指……主要包括货币资金、借出款、应收款项、库存物品等。	删除：借出款
第二十九条 货币资金包括…… 工会发生外币业务的……作为汇兑损益计入当期支出。	（一）货币资金包括…… 工会发生外币业务时…… （二）借出款……	1. 新增：外币汇兑损益作为当期支出 2. 删除：借出款及其管理要求
第三十条 应收款项包括……	（三）应收款项包括……	——
第三十一条 库存物品指…… ……工会接受捐赠、无偿调入的库存物品按照本制度第二十七条规定所确定的成本入账…… 工会盘盈的库存物品应当按照确定的成本入账，报经批准后相应增加资产基金； 盘亏的库存物品，应当冲减其账面余额，报经批准后相应减少资产基金。 对于报废、毁损的库存物品，工会应当冲减其账面余额，报经批准后相应减少资产基金……	（四）库存物品指…… ……无偿调拨、接受捐赠的库存物品以其公允价值或者有关凭据注明的金额（加上相关费用）记账。 …… 盘盈的库存物品按照其公允价值入账，并计入当期收入； 盘亏的库存物品，将其账面余额计入当期支出。 报废、毁损的库存物品，先扣除残料价值、可以收回的保险赔偿和责任人赔偿等，将净损失计入当期支出。	1. 调整了无偿调入、接受捐赠的库存物品成本确定方法 2. 调整了盘盈库存物品的成本确定方法 3. 调整了盘盈盘亏、报废毁损库存物品的账务处理
第三十二条 固定资产是指……一般包括：房屋及构筑物；专用设备；通用设备；文物和陈列品；图书、档案；家具、用具、装具及动植物。 通用设备单位价值在 1000 元以上，专用设备单位价值在 1500 元以上，应当确认为固定资产……	**第二十五条** 固定资产是指……包括房屋及建筑物、专用设备、一般设备、文物和陈列品、图书、其他固定资产。 （一）一般设备单位价值在 500 元以上，专用设备单位价值在 800 元以上，为固定资产……	1. 调整了固定资产的分类 2. 调增了固定资产的价值标准

续表

新制度：21 条（新增 17 条）	原制度：4 条	比较
第三十三条　……按照其实际成本入账 …… 工会自行建造的固定资产，其成本包括该项资产至交付使用前所发生的全部必要支出。 工会接受捐赠、无偿调入的固定资产，按照本制度第二十七条规定所确定的成本入账。 工会在原有固定资产基础上进行改建、扩建、大型修缮后的固定资产，其成本按照原固定资产账面价值加上改建、扩建、大型修缮发生的支出，再扣除固定资产被替换部分的账面价值后的金额确定。	（二）……按照其实际成本入账 …… 自行建造的固定资产，以建造过程中实际发生的全部必要支出记账。 无偿调入、接受捐赠的固定资产，以其公允价值或者有关凭据注明的金额（加上相关费用）记账。 对固定资产进行改建、扩建，其净增值部分，应当计入固定资产价值。固定资产修理费用直接计入当期支出。	1. 自行建造固定资产成本确定方法表述更为准确 2. 调整了无偿调入、接受捐赠固定资产的成本确定方法 3. 改扩建、大型修缮固定资产成本确定方法的表述更为清晰
第三十四条　在建工程是……		新增：在建工程
第三十五条　工会应当对固定资产计提折旧……		新增：固定资产需计提折旧
第三十六条　工会处置（出售）固定资产时，应当冲减其账面价值并相应减少资产基金……	（三）处置（出售）固定资产时，冲减其账面余额并相应减少固定基金……	“固定基金”调整为“资产基金”
第三十七条　工会应当定期对固定资产进行清查盘点…… 工会盘盈的固定资产，应当按照确定的成本入账，报经批准后相应增加资产基金； 盘亏的固定资产……	（四）工会应当定期对固定资产进行清查盘点…… 盘盈的固定资产按照其公允价值入账，并相应增加固定基金； 盘亏的……	调整了盘盈固定资产的成本确定方法
第三十八条—第四十二条　无形资产是……		新增：无形资产
第四十三条　投资……	**第二十四条**　投资……	——
第四十四条　长期待摊费用是……		新增：长期待摊费用

（二）资产类会计科目的比较

相较于原制度，新制度针对基层工会和县级以上工会分别设置了“基层工会主要会计科目名称和编号”和“县级以上工会主要会计科目名称和编号”。新旧制度资产类会计科目对照表如表 2-2 所示。

表 2-2　新旧制度资产类会计科目对照表

新制度资产类会计科目（基层工会）			原制度资产类会计科目		
1	101	库存现金	1	101	库存现金
2	102	银行存款	2	102	银行存款
3	131	应收上级经费	3	111	零余额账户用款额度
4	135	其他应收款	4	112	财政应返还额度
5	141	库存物品	5	121	借出款
6	162	固定资产	6	131	应收上级经费
7	163	累计折旧	7	132	应收下级经费
8	182	待处理财产损溢	8	135	其他应收款
新制度资产类会计科目（县级以上工会）			9	141	库存物品
1	101	库存现金	10	151	投资
2	102	银行存款	11	161	在建工程
3	111	零余额账户用款额度	12	162	固定资产
4	121	财政应返还额度			
5	131	应收上级经费			
6	132	应收下级经费			
7	135	其他应收款			
8	141	库存物品			
9	151	投资			
10	161	在建工程			
11	162	固定资产			
12	163	累计折旧			
13	171	无形资产			

续表

新制度资产类会计科目（县级以上工会）			原制度资产类会计科目		
14	172	累计摊销			
15	181	长期待摊费用			
16	182	待处理财产损溢			

由表2-2可知，就基层工会而言，一共设置了八个资产类一级会计科目。新制度删除了“借出款”科目，新增了“累计折旧”和“待处理财产损溢”等会计科目。但新制度同时也明确了“对于本表未列出的会计科目，基层工会可以根据实际需要按照县级以上工会的会计科目进行账务处理”。结合部分基层工会的业务特点，通常还会使用“无形资产”“累计摊销”和“长期待摊费用”3个会计科目。

二、资产的定义及分类

（一）资产的定义

新制度借鉴了《政府会计准则——基本准则》中资产的定义。《工会会计制度》第二十四条将资产界定为“工会过去的经济业务或者事项形成的，由工会控制的，预期能够产生服务潜力或者带来经济利益流入的经济资源”。其中：

服务潜力是指工会利用资产提供公共产品和服务以履行工会职能的潜在能力。

经济利益流入表现为现金及现金等价物的流入，或者现金及现金等价物流出的减少。

在理解资产定义时，需把握三个要点：

1. 资产的本质是一种经济资源

资产必须是一种经济资源。这种经济资源具有使用价值，能够为工会开展活动提供或创造客观条件，并预期能够产生服务潜力或者带来经济利益。

2. 资产必须是工会占有或使用的经济资源

一般而言，某种经济资源被确认为工会资产，该工会必须对其拥有所有权，从而能够获得经济利益。有时，有些资产并不为工会所有，但该工会能够支配、控制这些资产，并且能够在资产的使用过程中获得经济利益，该工会也应将其确认为资产。

3. 资产必须是能以货币计量的经济资源

工会组织所拥有的各项经济资源，如房屋或库存物品等，其实物形态是各不相同的，采用的计量方式也是多种多样的。如果归属于工会组织的某项经济资源，不能通过货币获得反映和计量，则该项经济资源就不能纳入工会资产的范围。

（二）工会资产的分类

对工会资产进行科学分类，是加强工会资产管理的重要内容，也是优化工会资产配置和结构、正确发挥工会资产功能作用的必要前提。根据不同的分类标准，工会资产具体可以分为如图 2-1 所示的不同类型。

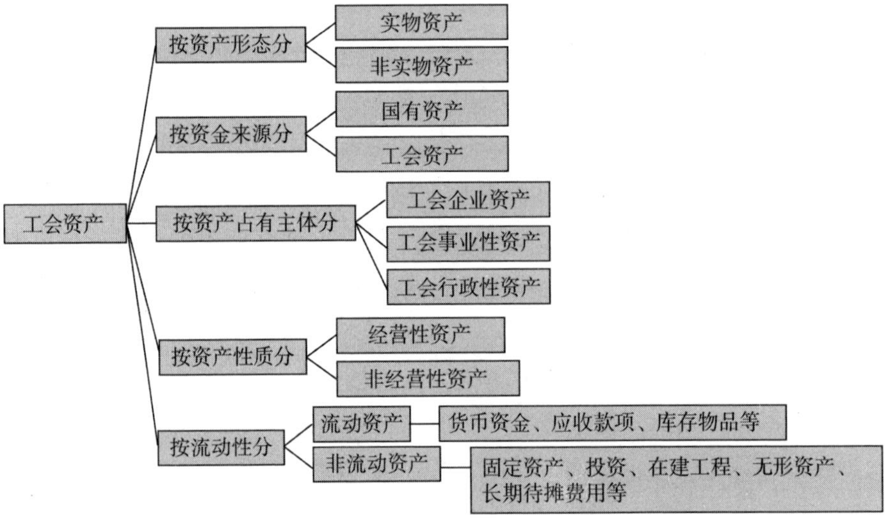

图 2-1　工会资产分类

会计核算时，一般采用按流动性对资产进行划分。流动资产是指预计在一年内（含一年）变现或者耗用的资产。工会流动资产主要包括货币资金、应收款项和库存物品等。非流动资产是指流动资产以外的资产，工会非流动资产包括固定资产、投资、在建工程、无形资产和长期待摊费用等。

会计上采用按流动性划分资产的主要目的是为会计报表使用者判断报告主体的资产结构及支付能力。就特定的会计主体而言，在实际的经济活动中可能会产生一些债务，而债务的偿还一般需要现金支付，如果债务到期又没有足够的现金支付，就可能产生财务危机，这在营利组织会计体系中尤其重要。由于工会属于非营利组织，日常经济活动的风险相对较低，债务规模和债务风险也相对可控，发生财务危机的概率较小，但作为具有独立民事责任的工会组织，也应在日常的财务管理中重视资产结构与债务结构的管理，确保工会职能能够正常行使，最大限度避免和防范财务风险对工会正常工作的不利影响。

三、工会资产的特征

工会资产是受国家法律保护，通过多种渠道形成的、由工会享有所有权或使用权的动产与不动产，是工会组织发展壮大的重要条件，是工会开展活动的物质基础，也是工会成为社团法人的前提条件。它具有以下特征：

（一）受国家法律保护

《工会法》第四十六条、第四十七条规定，“各级人民政府和用人单位应当为工会办公和开展活动，提供必要的设施和活动场所等物质条件”，“工会的财产、经费和国家拨给工会使用的不动产，任何组织和个人不得侵占、挪用和任意调拨”。

《民法典》和《工会法》的有关规定是界定工会资产性质的准则。《民法典》的第二编第二分编“所有权”的有关条款，明确地提出了财产所有权的内容、财产所有权的转移、财产所有权的类别以及对社团财产的保护等问题，是界定工会资产性质的法律根据。除此之外，政府部门与工会联合发布的行政法规也是应当遵循的法律文件。

由于我国县级以上工会享有行政单位或事业单位编制，工会资产在受到国家有关法律保护的同时，也要遵循财政部门关于行政事业单位资产管理的相关规定。

（二）多种渠道形成

根据《工会法》第四十三条的规定，工会经费的来源有五个方面：

1. 工会会员缴纳的会费；

2. 建立工会组织的企业、事业单位、社会组织、机关按每月全部职工工资总额的百分之二向工会拨缴的经费；

3. 工会所属的企业、事业单位上缴的收入；

4. 人民政府的补助；

5. 其他收入。

多渠道工会经费形成的资产汇合起来，由工会统一使用与支配。

（三）具有公益性和服务性

工会是为广大职工服务，因此，工会的资产主要用于为职工、会员服务和工会组织自身的运行和活动，具有非经营性。实务中，有些工会利用部分资金和实物资产对外投资，兴办附属企业，这部分资产属于经营性资产，但工会对外投资取得投资收益是为了弥补工会经费的不足，仍是用于工运事业，最终目的还是非营利属性的。

四、资产的确认、计量和报告

（一）工会资产的确认

《工会会计制度》第二十五条规定，工会对符合资产定义的经济资源，在同时满足以下条件时，应当确认为资产：

1. 与该经济资源相关的服务潜力很可能实现或者经济利益很可能流入工会；

2. 该经济资源的成本或者价值能够可靠地计量。

（二）资产的计量

资产计量包括取得资产时对资产的初始计量和取得资产后对资产的后续计量。

1. 初始计量

资产的初始计量，是指确定资产初始确认时的入账金额。

《工会会计制度》第二十七条规定："工会的资产在取得时应当按照实际成本计量。除国家另有规定外，工会不得自行调整其账面价值。"

根据资产的不同取得方式，其初始计量也不尽相同。工会资产的取得方式主要包括两类，一是支付对价取得的，如购买、有偿调入等；二是没有支付对价取得的，如接受捐赠、无偿调入、盘盈等。

以支付对价方式取得的资产，应当按照取得资产时实际支付的金额计量。没有支付对价取得的资产，除实际付出的成本（如相关税费、运费等）外，资产自身的价值应当按照下列资产计价顺序确定：有关凭据注明的金额，依法经过资产评估的评估价值，同类或类似资产的市场价格，名义金额人民币 1 元。由于名义金额与资产的确认条件（成本或者价值能够可靠地计量）有一定的矛盾，所以新制度只要求对库存物品、固定资产、无形资产在接受捐赠、无偿调入或是盘盈情况下使用名义金额。

工会资产的初始计量方法如图 2–2 所示。

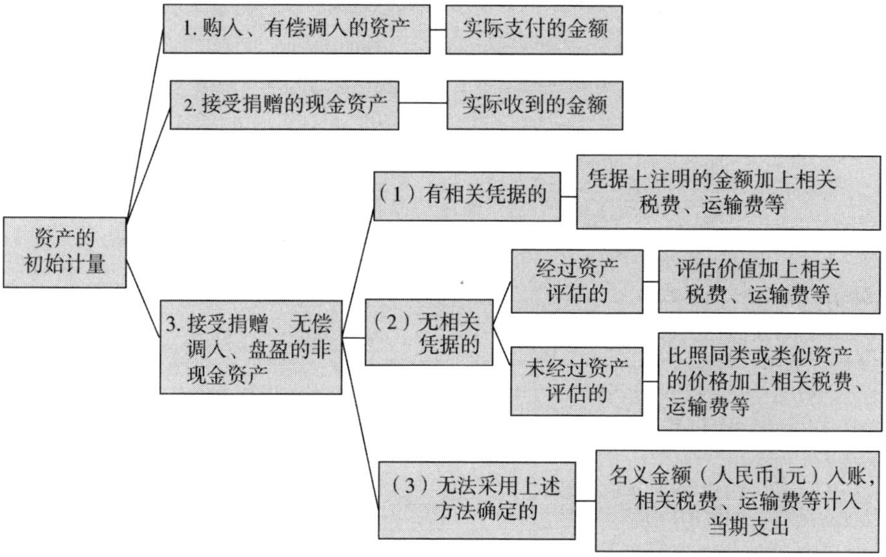

图 2–2 工会资产的初始计量方法

2. 后续计量

资产的后续计量，是指工会资产存续期内的各期末，对资产账面价值重新计价。《工会会计制度》规定的资产的后续计量主要包括折旧摊销以及后续支出等。

《工会会计制度》规定，各级工会需要对固定资产计提折旧、对无形资产和长期待摊费用进行摊销，从而使得固定资产、无形资产和长期待摊费用的账面价值逐步减少，以反映其真实的价值。此外，对于固定资产还存在改建、扩建、大型修缮和日常修理等后续支出。《工会会计制度》明确规定了工会资产以上各项后续支出的计量方法。

(三) 资产的报告

《工会会计制度》第二十五条规定:“符合资产定义并确认的资产项目,应当列入资产负债表。”

同时,对于无法可靠地计量取得价值的资产,不在会计报表内确认,但是要在会计报表附注中披露。

第二节　库存现金

一、新旧会计制度库存现金的比较

新旧会计制度关于库存现金科目使用说明的比较如表 2-3 所示。

表 2-3　新旧会计制度“库存现金”的比较

新制度	原制度	比较
一、本科目核算工会的库存现金。	一、本科目核算工会的库存现金。	——
二、各级工会应当严格按照国家有关现金管理的规定收支现金…… 工会有受托代管资金业务的,应当在本科目下设置“代管经费”明细科目,核算工会受托代管的现金。	二、各级工会应当严格按照国家有关现金管理的规定收支现金。	新增:有受托代管资金业务的,应当在“库存现金”科目下设置“代管经费”明细科目
三、库存现金的主要账务处理如下: (一)从银行等金融机构提取现金…… (二)因支付内部职工出差等原因所需的现金…… (三)因其他业务收到现金…… (四)收到受托代管的现金时……	三、库存现金的主要账务处理如下: (一)从银行提取现金…… (二)因支付内部职工出差等原因所需的现金…… (三)因其他业务收到现金……	新增:受托代管现金的账务处理

续表

新制度	原制度	比较
四、本科目应设置“现金日记账”…… 每日账款核对中发现有待查明原因的现金短缺或溢余的，应当通过“待处理财产损溢”科目核算……	四、本科目应设置“现金日记账”…… 六、每日终了结算现金收支、财产清查等发现的现金短缺或溢余……	现金短缺或溢余的处理调整为应当通过“待处理财产损溢”科目核算
五、有外币现金的工会……	五、有外币现金的工会……	——
六、本科目期末借方余额，反映……	七、本科目期末借方余额，反映……	——

二、库存现金的管理

库存现金是指存放于工会财会部门、由出纳人员经管，供日常零星开支使用的一种货币资金。

库存现金是工会流动性最强的资产，使用方便，收付频繁，容易发生丢失、被挪用或侵占，而且不能随保留时间的推移而增值。因此，各级工会应当严格遵循《现金管理暂行条例》和工会有关现金管理制度，建立健全单位现金内部控制制度，正确进行现金收支的核算，监督现金使用的合法性与合理性。

库存现金的管理包括库存现金的使用范围、限额、日常收支管理以及现金内部控制等。

（一）库存现金的使用范围

根据国家现金结算制度的规定，工会收支的各种款项必须按照国务院颁布的《现金管理暂行条例》的规定办理。工会与其他单位或个人的经济往来，应尽可能减少现金的使用，除在规定范围之内可以使用现金外，必须通过开户银行进行转账结算。

根据《现金管理暂行条例》的规定，库存现金的使用范围主要有：

1. 职工工资、津贴，这里所说的职工工资是指企业、事业单位和机关、团体、部队支付给职工的工资和工资性津贴。

2. 个人劳务报酬，指由于个人向企业、事业单位和机关、团体、部队等提供劳务而由企业、事业单位和机关、团体、部队等向个人支付的劳务报酬。

3. 根据国家制度条例的规定，颁发给个人的科学技术、文化艺术、体育等方面的各种奖金。

4. 各种劳保、福利费用以及国家规定的对个人的其他支出，如退休金、抚恤金、学生助学金、职工困难生活补助。

5. 收购单位向个人收购农副产品和其他物资的价款，如金银、工艺品、废旧物资的价款。

6. 出差人员必须随身携带的差旅费。

7. 结算起点（人民币一千元）以下的零星支出。超过结算起点的应实行银行转账结算，结算起点的调整由中国人民银行确定并报国务院备案。

8. 中国人民银行确定需要用现金支付的其他支出。如采购地点不确定，交换不便，抢险救灾以及其他特殊情况，办理转账结算不够方便，必须使用现金的支出。对于这类支出，现金支取单位应向开户银行提出书面申请，由本单位财会部门负责人签字盖章，开户银行审查批准后予以支付现金。

（二）库存现金的限额

库存现金的限额是指为了保证工会组织日常零星开支的需要，允许工会组织保留的库存现金的最高金额。这一限额一般由工会的开户银行根据工会组织的实际需要，按照《现金管理暂行条例》核定。一般为 3～5 天的零星开支需要量，边远地区和交通不便地区的工会，库存现金限额可以多于 5 天，但不能超过 15 天的日常零星开支量。

工会需要保持一定量的现金以满足其正常业务的需要，但也不能保留过多的现金，过多地保留现金将降低工会资产的获利能力，而且现金流动性非常强，容易成为不法分子偷盗、贪污、挪用的对象。因此，工会组织应当严格遵守核定后的库存现金限额，超出部分应于当日终了前存入开户银行。需要增加或减少库存现金限额的工会，需向开户银行提出申请，由其重新核定。

（三）库存现金日常收支的规定

基层工会组织要严格按照《现金管理暂行条例》的规定办理现金收支

业务。

1. 现金收入应于当日送存开户银行，当日送存确有困难的，由开户银行确定送存时间。

2. 支付现金时可以从工会库存现金限额中支付或从开户银行提取，不得从本级工会的现金收入中直接支付（即不得坐支）。因特殊情况需要坐支现金的，应当事先报经开户银行审查批准，由开户银行核定坐支范围和限额。坐支单位应当定期向开户银行报送坐支金额和使用情况。

3. 开户单位从开户银行提取现金时，应当写明用途，由本单位财会部门负责人签字盖章，经开户银行审核后，予以支付现金。

4. 因采购地点不确定、交通不便、生产或市场急需、抢险救灾及其他特殊情况必须使用现金的，开户单位应向开户银行提出申请，由本单位财会部门负责人签字盖章，经开户银行审核后，予以支付现金。

（四）有关现金业务的内部控制

库存现金具有“极容易发生丢失、短缺和被盗窃”等特点，容易被挤占、挪用和产生舞弊行为，存在较高的控制风险。因此，工会应在严格遵守国家现金管理制度的同时，建立并不断完善现金管理内控制度，以降低现金的控制风险，保护工会财产安全。

工会在建立和实施现金内部控制制度中，至少应当强化对以下关键方面或关键环节的风险控制，并采取相应的控制措施：

1. 职责分工、权限范围和审批程序应当明确，机构设置和人员配备应当科学合理，现金出纳和会计记录工作应该适当分离，出纳工作应由专人负责。

2. 工会应当定期和不定期地进行现金盘点，确保现金账面余额与实际库存相符。发现不符，及时查明原因，作出处理。

库存现金清查一般由主管会计或财务负责人和出纳人员共同清点出各种纸币的张数和硬币的个数，并填制“库存现金盘点报告表”。对库存现金进行盘点时，出纳人员必须在场，有关业务必须在现金日记账中全部登记完毕。盘点时，一方面要注意账实是否相符，另一方面还要检查现金管理制度的遵守情况，如库存现金有无超过其限额，有无白条抵库、挪用舞弊等情况。盘点结束后应填制“库存现金盘点报告表”，作为重要原始凭证。

3. 与现金有关的票据的购买、保管、使用、销毁等应当有完整的记录。

4. 现金日记账应根据经审核合法的收付款凭证序时逐笔登记入账；现金收入应当及时存入银行，不得坐支现金，不得账外设账，严禁收款不入账；现金支出应该符合国家规定的使用范围并经有权审批人批准。

三、会计科目设置和账簿管理

（一）会计科目设置

《工会会计制度》规定，基层工会组织应设置“库存现金”科目，全面记录和反映工会组织的现金收付业务。该科目属于资产类会计科目，借方表示增加，登记收到的现金；贷方表示减少，登记支付的现金。期末余额在借方，反映工会实际持有的库存现金。

“库存现金”科目的账户结构如图 2-3 所示。

借　　库存现金	贷
增加：收到的库存现金	减少：支付的库存现金
余额：实际持有的库存现金	

图 2-3　“库存现金”科目的账户结构

此外，《工会会计制度》规定，工会有受托代管资金业务的，应当在“库存现金”科目下设置“代管经费”明细科目，核算工会受托代管的现金。

（二）现金日记账和现金总账

为了全面、连续地反映和监督库存现金的收支和结存情况，《工会会计制度》规定，各级工会应当设置现金日记账和现金总账，分别进行库存现金的明细分类核算和总分类核算。

现金日记账由出纳人员根据收付款凭证，按照业务发生顺序逐日逐笔登记，日清日结。即每日终了，应当在现金日记账上计算出当日的现金收入合计额、现金支出合计额和余额，并将现金日记账的余额与实际库存现金金额相核对，保证账款相符。月度终了，现金日记账的余额应当与现金总账的余额核对，做到账账相符。

有外币现金的工会，还应按照折算后的人民币金额记账，并设立辅助账登记外币现金的币种、外币金额、即期汇率、折算后的人民币金额及来源简要说明等。

四、主要业务和事项账务处理

基层工会库存现金的主要业务和事项通常包括六种情形：一是存现取现；二是工会内部职工因出差等原因而发生的现金收付业务；三是工会其他业务的现金收付；四是受托代管现金；五是外币业务；六是现金短缺或溢余。

（一）存现取现业务

《工会会计制度》规定，工会从银行等金融机构提取现金时，应按照实际提取的金额，借记“库存现金”科目，贷记“银行存款”科目；将现金存入银行等金融机构时，应按照实际存入的金额，借记“银行存款”科目，贷记“库存现金”科目。

（二）工会内部职工因出差等原因而发生的现金收付业务

基层工会因内部职工出差等原因而发生的现金收付业务主要分为两个阶段：一是职工出差前的借出现金；二是职工出差回来后报销差旅费时的多退少补现金。《工会会计制度》规定，因支付内部职工出差等原因而发生的现金收付业务需通过“其他应收款”科目核算。

1. 职工出差等借出现金

因内部职工出差等原因借出的现金，基层工会应按照实际借出的现金金额，借记“其他应收款”科目，贷记“库存现金”科目。

2. 出差人员报销差旅费

出差人员出差回来报销差旅费时，可能会出现两种情况：

一是职工所借金额超过实际报销的差旅费，职工需交回所剩余现金；基层工会应按实际收回的现金，借记“库存现金”科目，按应报销的金额，借记“业务支出——其他业务支出”等有关科目，按实际借出的现金金额，贷记“其他应收款”科目。

二是职工所借金额不及实际报销的差旅费，基层工会需额外支付现金，给职工补齐差额。基层工会应按实际报销的金额，借记“业务支出——其他业务支出”等有关科目，按实际借出的现金金额，贷记“其他应收款”科目，按实际支付的补齐金额，贷记“库存现金”科目。

（三）工会其他业务的现金收付

《工会会计制度》规定，日常工作中，工会组织因开展其他业务收到现金时，应按照实际收到的金额，借记“库存现金”科目，贷记“会费收入”“其他收入”等有关科目；支出现金时，按照实际支出的金额，借记诸如“职工活动支出”“职工服务支出”等有关科目，贷记“库存现金”科目。

（四）受托代管现金

工会收到受托代管的现金时，按照实际收到的金额，借记“库存现金——代管经费”科目，贷记“代管经费”科目；支付受托代管的现金时，按照实际支付的金额，借记“代管经费”科目，贷记“库存现金——代管经费”科目。

（五）外币业务[①]

《工会会计制度》规定，有外币现金的工会，要按照折算后的人民币金额记账，并设立辅助账登记外币现金的币种、外币金额、即期汇率、折算后的人民币金额及来源的简要说明等。

（六）现金短缺或溢余

和原制度规定对于现金短缺或溢余直接处理不同的是，新制度规定，每日账款核对中发现有待查明原因的现金短缺或溢余的，应当先通过“待处理财产损溢”科目核算，按管理权限经批准后，根据查明原因的不同情况再作相应的账务处理。

1. 现金短缺

（1）转入“待处理财产损溢”

基层工会对发现的现金短缺，应当按照实际短缺的金额，借记“待处理财产损溢”科目，贷记“库存现金”科目。

（2）查明原因后根据不同情况进行不同的账务处理

属于应由责任人等赔偿的现金短缺，基层工会应借记“其他应收款”科目，贷记“待处理财产损溢”科目；属于无法查明原因的现金短缺，报经批

① 有关外币业务更详细的账务处理参见“银行存款”科目的核算。

准核销时，应借记“其他支出”科目，贷记“待处理财产损溢”科目。

2. 现金溢余

（1）转入“待处理财产损溢”

基层工会对发现的现金溢余，应当按照实际溢余的金额，借记“库存现金”科目，贷记“待处理财产损溢”科目。

（2）查明原因后根据不同情况进行不同的账务处理

属于应支付给有关人员或单位的现金溢余，借记“待处理财产损溢”科目，贷记“其他应付款”科目；属于无法查明原因的，报经批准后，借记“待处理财产损溢”科目，贷记“其他收入”科目。

基层工会“库存现金”科目的主要业务和事项的账务处理如表 2-4 所示。

表 2-4　基层工会“库存现金”科目的主要业务和事项的账务处理

主要业务和事项		新制度	原制度
1. 存现取现	（1）取现	借：库存现金 　贷：银行存款	一致
	（2）存现	借：银行存款 　贷：库存现金	一致
2. 工会内部职工因出差等原因而发生的现金收付业务	（1）职工出差等借出现金	借：其他应收款 　贷：库存现金	一致
	（2）出差人员报销差旅费	①实际报销金额<借出金额： 借：业务支出——其他业务支出 　　库存现金 　贷：其他应收款 ②实际报销金额>借出金额： 借：业务支出——其他业务支出 　贷：其他应收款 　　　库存现金	一致
3. 工会其他业务的现金收付	（1）收到现金	借：库存现金 　贷：会费收入/其他收入等	一致
	（2）支出现金	借：职工活动支出/ 　　职工服务支出等 　贷：库存现金	一致

续表

<table>
<tr><th colspan="2">主要业务和事项</th><th>新制度</th><th>原制度</th></tr>
<tr><td rowspan="2">4. 受托代管现金</td><td>(1) 收到受托代管现金</td><td>借：库存现金——代管经费
　贷：代管经费</td><td rowspan="2">未明确</td></tr>
<tr><td>(2) 支付受托代管现金</td><td>借：代管经费
　贷：库存现金——代管经费</td></tr>
<tr><td rowspan="5">5. 现金短缺</td><td>(1) 转入待处理资产</td><td>借：待处理财产损溢
　贷：库存现金</td><td>——</td></tr>
<tr><td rowspan="4">(2) 查明原因后根据不同情况进行不同的账务处理</td><td colspan="2">①属于应由责任人赔偿的部分：</td></tr>
<tr><td>借：其他应收款
　贷：待处理财产损溢
借：库存现金
　贷：其他应收款</td><td>借：其他应收款
　贷：库存现金
借：库存现金
　贷：其他应收款</td></tr>
<tr><td colspan="2">②属于无法查明原因的部分，报经批准后：</td></tr>
<tr><td>借：其他支出
　贷：待处理财产损溢</td><td>借：其他支出
　贷：库存现金</td></tr>
<tr><td rowspan="5">6. 现金溢余</td><td>(1) 转入待处理资产</td><td>借：库存现金
　贷：待处理财产损溢</td><td>——</td></tr>
<tr><td rowspan="4">(2) 查明原因后根据不同情况进行不同的账务处理</td><td colspan="2">①属于应支付给有关人员或单位的部分：</td></tr>
<tr><td>借：待处理财产损溢
　贷：其他应付款
借：其他应付款
　贷：待处理财产损溢</td><td>借：库存现金
　贷：其他应付款
借：其他应付款
　贷：库存现金</td></tr>
<tr><td colspan="2">②属于无法查明原因的部分，报经批准后：</td></tr>
<tr><td>借：待处理财产损溢
　贷：其他收入</td><td>借：库存现金
　贷：其他收入</td></tr>
</table>

五、主要业务和事项账务处理举例

【例 2-1】202×年 1 月 8 日，A 公司工会开出现金支票，从开户行提取现金 2 000 元备用。A 公司工会财务根据现金支票存根和有关提现的审批文件，应编制如下会计分录：

借：库存现金　　2 000

　贷：银行存款　　2 000

【例 2-2】202×年 1 月 12 日，A 公司工会出纳将超过库存现金限额的资金 10 000 元送存开户银行。A 公司工会财务根据银行开具的存款单据，应编制如下会计分录：

借：银行存款　　10 000

　贷：库存现金　　10 000

【例 2-3】202×年 3 月 10 日，A 公司工会小组长张力赴外地慰问去世会员，经批准借用现金 3 000 元。A 公司工会财务根据内部借款审批单据，应编制如下会计分录：

借：其他应收款——张力　　3 000

　贷：库存现金　　3 000

【例 2-4】接【例 2-3】三天后，工会小组长张力出差回来，实际发生的差旅费为 2 800 元，并将剩余的现金交回。A 公司工会财务根据相关凭据，应编制如下会计分录：

借：业务支出——其他业务支出　　2 800

　　库存现金　　200

　贷：其他应收款——张力　　3 000

如果实际发生的差旅费为 3 200 元，则应根据经批准报销的差旅费单据实报实销，并补足现金，应编制如下会计分录：

借：业务支出——其他业务支出　　3 200

　贷：其他应收款——张力　　3 000

　　　库存现金　　200

【例 2-5】A 公司工会清理变卖废旧报纸取得现金 300 元。A 公司工会财务根据相关凭据，应编制如下会计分录：

借：库存现金　　300

　贷：其他收入　　300

【例 2-6】202×年 3 月 31 日，A 公司工会出纳对现金进行盘点，发现现金短缺 210 元。4 月 2 日，经查明，50 元系出纳人员王倩工作失误造成，赔偿现金已收回。剩余 160 元无法查明短缺原因，报经批准后予以核销该损失。

1. 202×年 3 月 31 日，根据现金盘点表，发现现金短缺时应编制如下会计分录：

借：待处理财产损溢　　210

　贷：库存现金　　210

2. 202×年 4 月 2 日，查明原因后根据不同情况进行不同的账务处理：

借：其他应收款——王倩　　50

　　其他支出　　160

　贷：待处理财产损溢　　210

3. 出纳人员王倩交来赔偿款 50 元时：

借：库存现金　　50

　贷：其他应收款——王倩　　50

【例 2-7】202×年 4 月 20 日，A 公司工会出纳对现金进行盘点，账面余额为 2 800 元，盘点数为 4 000 元，多出现金 1 200 元。4 月 22 日，经查明，该款项 1 200 元中的 1 120 元属于本应支付给工会小组长张力的差旅费，其余 80 元属于无法查明原因的。报领导批准后，作无主款处理。

1. 202×年 4 月 20 日，根据现金盘点表，发现现金溢余时应编制如下会计分录：

借：库存现金　　1 200

　贷：待处理财产损溢　　1 200

2. 202×年 4 月 22 日，查明原因后根据不同情况进行不同的账务处理：

借：待处理财产损溢　　1 200

　贷：其他应付款——张力　　1 120

　　　其他收入　　80

3. 将差旅费支付给工会小组长张力时：

借：其他应付款——张力 1 120

贷：库存现金 1 120

第三节 银行存款

一、新旧会计制度银行存款的比较

新旧会计制度关于银行存款科目使用说明的比较如表2-5所示。

表2-5 新旧会计制度“银行存款”的比较

新制度	原制度	比较
一、本科目核算工会存入银行……	一、本科目核算工会存入银行……	——
二、工会应当严格按照国家有关支付结算办法的规定…… 工会可以根据实际情况在本科目下设置经费集中户等明细科目…… 工会有受托代管资金业务的，应当在本科目下设置“代管经费”明细科目，核算工会受托代管的银行存款。	三、工会应当严格按照国家有关支付结算办法的规定…… 二、工会可以根据实际情况在本科目下设置经费集中户等明细科目……	新增：有受托代管资金业务的，需设置“代管经费”明细科目
三、银行存款的主要账务处理如下： （一）将现金存入银行等金融机构…… （二）通过银行转账方式取得工会拨缴经费…… （三）通过银行转账方式支付各项支出…… （四）收到的银行存款利息…… （五）收到受托代管的银行存款时……	四、银行存款的主要账务处理如下： （一）将现金存入银行…… （二）通过银行转账方式取得工会经费…… （三）通过银行转账方式支付各项支出…… （四）收到的银行存款利息……	新增：受托代管银行存款的账务处理

续表

新制度	原制度	比较
四、工会发生外币业务的，主要账务处理如下……		新增：外币业务的账务处理
五、各级工会应当按照开户银行、存款种类分别设置“银行存款日记账”……	五、各级工会应按开户银行、存款种类分别设置“银行存款日记账”……	——
六、本科目期末借方余额……	六、本科目期末借方余额……	——

二、银行存款的管理

银行存款是指工会存入银行或其他金融机构的各种款项，包括活期存款、定期存款等。按照国家有关规定，凡是独立核算的单位都必须在当地银行开设账户。工会在银行开设账户以后，除按规定可以通过现金进行收支结算以外，都必须以银行存款进行收支结算，超过限额的现金也必须存入银行。《工会会计制度》规定，工会应当严格按照国家有关支付结算办法的规定办理银行存款收支业务的结算。

银行存款的管理主要包括银行存款开户管理和银行存款结算管理两个方面。

（一）银行存款开户管理

在我国，单位在银行开立人民币存款账户，必须遵守中国人民银行《银行账户管理办法》的各项规定。

单位开立的账户，依其不同的用途可以分为基本存款账户、一般存款账户、临时存款账户、专用存款账户等。其中，基本存款账户是单位办理日常结算及现金支取的账户，单位发放工资、奖金等需要支取的现金，只能通过基本存款账户办理。一般存款账户是单位为了业务方便在银行或其他金融机构开立的基本存款账户以外的账户，主要用于银行借款的转存以及与开立基本存款账户的单位不在同一地点的附属非独立核算的单位开立的账户。单位可以通过一般存款账户办理转账结算和现金缴存，但不得支取现金。临时存款账户是因单位的临时业务活动需要而开立的暂时性账户，工会可以通过此类账户办理转账结算以及按照现金管理的规定办理现金收付。专用存款账户是工会因特定用途需要开立的具有特定用途的账户。

根据银行账户管理的有关规定，一个单位只能选择一家银行的一个营业机构开立基本存款账户，不得在多家银行机构开立基本存款账户，也不得在同一家银行的几个分支机构开立多个一般存款账户。

（二）银行存款结算管理

现金开支范围以外的各项款项支付，必须通过银行办理转账结算，但不同国家和地区以及不同的经济业务，采用的转账结算方式是有差别的。

工会转账结算办理必须遵守中国人民银行《支付结算办法》的各项规定，账户内必须有足够的资金保证支付，必须以合法、有效的票据和结算凭证为依据，不准签发没有资金保证的票据或远期支票套取银行信用；不准签发、取得和转让没有真实交易和债权债务的票据套取银行及他人资金；不准无理拒付款项任意占用他人资金；不准违反规定开立和使用账户；必须遵守“恪守信用，履约付款；谁的钱进谁的账，谁支配；银行不垫款”的支付结算原则。工会应根据业务特点，采用恰当的结算方式办理各种结算业务。

三、会计科目设置和账簿管理

（一）会计科目设置

对工会在日常活动中发生的涉及银行结算资金业务的核算，《工会会计制度》规定，应设置“银行存款”科目，核算工会存入银行或其他金融机构的各种款项，包括活期存款、定期存款等。该科目属于资产类会计科目，借方表示增加，登记银行存款的增加；贷方表示减少，登记银行存款的减少。期末余额在借方，反映工会实际存放在银行或其他金融机构的款项。

“银行存款”科目的账户结构如图 2-4 所示。

借　　　　银行存款	贷
增加：增加的银行存款	减少：减少的银行存款
余额：实际存放的银行存款金额	

图 2-4　“银行存款”科目的账户结构

在实际工作中，为了便于工会组织在不同级次之间归集和划转工会拨缴经费，《工会会计制度》规定，工会可以根据实际情况在“银行存款”科目下设置经费集中户、基本存款户、定期存款户和其他存款户等二级明细科目。设置经费集中户的工会，应当先在经费集中户中归集工会拨缴经费，再按规定将属于本级工会的经费转入本级工会基本户，属于上级或下级工会的经费上缴上级工会或转拨下级工会。

此外，工会有受托代管资金业务的，应当在“银行存款”科目下设置“代管经费”明细科目，核算工会受托代管的银行存款。

（二）账簿管理

为系统记录和反映各级工会银行资金的收付业务，《工会会计制度》要求，各级工会除了设置“银行存款”科目进行总分类核算以外，还应按开户银行、存款种类分别设置“银行存款日记账”，由出纳人员根据收付款凭证，按照业务的发生顺序逐笔登记，每日终了应结出余额。有外币存款的工会，还应分别按人民币和外币进行明细核算。

为保证银行存款的准确性和完整性，制度同时要求定期对银行存款账簿进行核对。

银行存款账簿的核对包括三项：

一是银行存款日记账与银行存款收、付款凭证相核对，做到账证相符。

二是银行存款日记账与银行存款总账相核对，做到账账相符。

三是银行存款日记账应定期与银行对账，至少每月核对一次，做到账实相符。

（三）银行存款的清查和银行存款余额调节表

1. 银行存款的清查

银行存款同库存现金一样也应该定时或不定时地进行清查，但银行存款不同于库存现金，不能通过实物盘点对期末余额进行账实核对。由于工会在与银行发生款项往来的同时，银行也作了相应的记录，因此工会的“银行存款日记账”可定期（至少每月一次）与银行出具的“银行对账单”逐笔核对，如有差额，应编制“银行存款余额调节表”，以便工会及时了解银行存款核算的正确性和收支动态。

工会进行账单核对时，往往出现银行存款日记账余额与银行对账单余额不符的情况。究其原因主要有：一是记账错误；二是存在未达账项。

其中，记账错误是指工会或银行账目可能发生记录或计算上的错误，如记账漏记、重记、计算金额错误等，这种错误应由双方及时查明原因，予以更正。

未达账项是指由于期末银行结算凭证传递时间的差异，而造成的银行与工会之间一方已经入账，另一方尚未入账的账项。未达账项不外乎四种情况：

1. 工会已经收款入账，银行尚未收款入账的款项。

2. 工会已经付款入账，银行尚未付款入账的款项。

3. 银行已经收款入账，工会尚未收款入账的款项。

4. 银行已经付款入账，工会尚未付款入账的款项。

银行存款的清查按以下步骤进行：

1. 根据经济业务、结算凭证的种类、号码和金额等资料，逐日逐笔核对银行存款日记账和银行对账单，凡双方都有记录的，用铅笔在金额旁打上记号“√”。

2. 找出未达账项（即银行存款日记账和银行对账单中没有打“√”的款项）。

3. 将银行存款日记账和银行对账单的月末余额及找出的未达账项填入“银行存款余额调节表”，并计算出调整后的余额。

4. 将调整平衡的“银行存款余额调节表”，经主管会计签章后，送达开户银行。

2. 银行存款余额调节表

银行存款日记账余额与银行对账单余额不符，必须查明原因。在会计实务中银行存款调节后余额平衡关系是作出这一判断的主要依据。如果调节后余额一致，表明账户内结存额计算无误。如果调节后余额仍不一致，表明账户内结存额计算定有误，应立即查明错误所在。属于银行方面的原因，应及时通知银行更正；属于本单位的原因，应按错账更正办法进行更正。在编制银行存款余额调节表时，一般将所有未核对一致的项目均视为未达账项，对于出现的各种未达账项，应进行认真审核，确属未达账项的，应督促有关人员办理结算手续或记账手续；属于记账错漏的，应予以及时更正。

银行存款余额调节表的编制，是以工会银行存款日记账余额和银行对账单余额为基础各自分别加上对方已收款入账而己方尚未入账的数额，减去对方已付款入账而尚未入账的数额。需要注意的是，“银行存款余额调节表”只是为了核对账目，不能作为调整工会银行存款账面记录的记账依据。

四、主要业务和事项账务处理

工会银行存款的主要业务和事项包括六种情形：一是存现取现；二是取得拨缴经费和其他相关收入；三是支付各项支出；四是银行存款账户业务；五是受托代管银行存款；六是银行存款外币业务。

（一）存现取现

工会将现金存入银行等金融机构，按照实际存入的金额，借记“银行存款”科目，贷记“库存现金”科目。从银行等金融机构提取现金，按照实际提取的金额，借记“库存现金”科目，贷记“银行存款”科目。

（二）取得拨缴经费和其他相关收入

1. 取得拨缴经费

《工会会计制度》规定，工会如果是通过银行转账方式取得拨缴经费，按照实际收到的金额，借记“银行存款”科目，按照应确认为本级工会收入的金额，贷记“拨缴经费收入”，按照应付上下级工会的金额，贷记“应付上级经费”“应付下级经费”科目。

2. 取得其他相关收入

工会通过银行转账方式取得其他相关收入时，按照实际收到的金额，借记“银行存款”科目，按照应确认收入的金额，贷记“上级补助收入”“行政补助收入”等科目。

（三）支付各项支出

基层工会通过银行转账方式支付各项支出时，按照实际支出的金额，借记“职工活动支出”“维权支出”“业务支出”等科目，贷记“银行存款”科目。

（四）银行存款账户业务

《工会会计制度》规定，工会收到银行存款的利息结算单据时，按照实际收到的金额，借记“银行存款”科目，贷记“其他收入”科目。支付银行手续费等时，按照实际支付的金额，基层工会借记“业务支出——其他业务支出”科目，贷记“银行存款”科目。

（五）受托代管银行存款

工会在收到受托代管的银行存款时，按照实际收到的金额，借记“银行存款——代管经费”科目，贷记“代管经费”科目；支付受托代管的银行存款时，按照实际支付的金额，借记“代管经费”科目，贷记“银行存款——代管经费”科目。

（六）银行存款外币业务

《工会会计制度》第二十九条规定：“工会发生外币业务的，应当按照业务发生当日的即期汇率，将外币金额折算为人民币金额记账，并登记外币金额和汇率。期末，各种外币账户的期末余额，应当按照期末的即期汇率折算为人民币，作为外币账户期末人民币余额。调整后的各种外币账户人民币余额与原账面余额的差额，作为汇兑损益计入当期支出。”

银行存款外币业务的账务处理主要包括：以外币购买物资、设备等；以外币收取相关款项等；期末确认汇兑损益等。

1. 以外币购买物资、设备等

工会以外币购买物资、设备等，应按照购入当日的即期汇率将支付的外币折算为人民币金额，借记“职工活动支出”“维权支出”等科目，贷记“银行存款”科目的外币账户；同时，借记“库存物品”等科目，贷记“资产基金”科目。

2. 以外币收取相关款项等

工会以外币收取相关款项等，按照收入确认当日的即期汇率将收取的外币折算为人民币金额，借记“银行存款”科目的外币账户，贷记有关收入科目。

3. 期末确认汇兑损益等

《工会会计制度》规定，会计期末，工会应根据各外币银行存款账户按照期末汇率调整后的人民币余额与原账面人民币余额的差额，作为汇兑损益，借记或贷记“银行存款”科目，贷记或借记“其他支出”科目。

基层工会“银行存款”科目的主要业务和事项的账务处理如表 2-6 所示。

表 2-6　基层工会“银行存款”科目的主要业务和事项的账务处理

<table>
<tr><th colspan="2">主要业务和事项</th><th>新制度</th><th>原制度</th></tr>
<tr><td rowspan="2">1. 存现取现</td><td>（1）存现</td><td>借：银行存款
　贷：库存现金</td><td>一致</td></tr>
<tr><td>（2）取现</td><td>借：库存现金
　贷：银行存款</td><td>一致</td></tr>
<tr><td rowspan="2">2. 取得拨缴经费和其他相关收入</td><td>（1）拨缴经费收入</td><td>借：银行存款
　贷：拨缴经费收入
　　　应付上级经费
　　　应付下级经费——应付下级转拨经费</td><td>一致</td></tr>
<tr><td>（2）其他相关收入</td><td>借：银行存款
　贷：上级补助收入/行政补助收入等</td><td>一致</td></tr>
<tr><td colspan="2">3. 支付各项支出</td><td>借：职工活动支出/维权支出/业务支出等
　贷：银行存款</td><td>一致</td></tr>
<tr><td rowspan="2">4. 银行存款账户业务</td><td>（1）收到银行存款利息</td><td>借：银行存款
　贷：其他收入</td><td>一致</td></tr>
<tr><td>（2）支付银行手续费等</td><td>借：业务支出——其他业务支出
　贷：银行存款</td><td>一致</td></tr>
<tr><td colspan="2" rowspan="2">5. 受托代管银行存款</td><td>（1）收到受托代管的银行存款：
借：银行存款——代管经费
　贷：代管经费</td><td rowspan="2">分录一致，但未规定需设置“代管经费”明细科目</td></tr>
<tr><td>（2）支付受托代管的银行存款：
借：代管经费
　贷：银行存款——代管经费</td></tr>
</table>

续表

<table>
<tr><th colspan="2">主要业务和事项</th><th>新制度</th><th>原制度</th></tr>
<tr><td rowspan="3">6. 银行存款外币业务</td><td>（1）以外币购买物资、设备等</td><td>借：职工活动支出/维权支出等
贷：银行存款（外币账户）
同时：
借：库存物品等
贷：资产基金——库存物品等</td><td rowspan="3">未明确</td></tr>
<tr><td>（2）以外币收取相关款项</td><td>借：银行存款（外币账户）
贷：有关收入科目</td></tr>
<tr><td>（3）期末确认汇兑损益</td><td>① 汇兑损失：借：其他支出
贷：银行存款
② 汇兑收益：借：银行存款
贷：其他支出</td></tr>
</table>

五、主要业务和事项账务处理举例[①]

【例 2-8】 A 公司工会收到单位行政拨付的劳动竞赛补助款 200 000 万元。A 公司工会财务应编制如下会计分录：

借：银行存款　　200 000

　贷：行政补助收入——劳动竞赛　　200 000

【例 2-9】 A 公司工会年末按照合同规定向合作律师事务所支付法律援助费 50 000 元。A 公司工会财务根据合同、银行结算单据和律师事务所出具的收款发票，应编制如下会计分录：

借：维权支出——法律援助支出　　50 000

　贷：银行存款　　50 000

【例 2-10】 月末，A 公司工会收到利息清单显示存款利息为 18 000 元。A 公司工会财务根据相关凭据，应编制如下会计分录：

借：银行存款　　18 000

　贷：其他收入　　18 000

① 更多举例详见收入和支出的核算。

【例 2-11】A 公司工会代管公司职工爱心基金，202×年 4 月 20 日，收到职工爱心基金通过银行转账交来的资金 10 000 元。A 公司工会财务根据相关凭据，应编制如下会计分录：

借：银行存款——代管经费　　10 000

　贷：代管经费——爱心基金　　10 000

第四节　应收款项

工会应收款项包括应收上级经费、应收下级经费和其他应收款等。基层工会的应收款项通常只包括应收上级经费和其他应收款[①]。

一、应收上级经费

（一）新旧会计制度应收上级经费的比较

新旧会计制度关于应收上级经费科目使用说明的比较如表 2-7 所示。

表 2-7　新旧会计制度“应收上级经费”的比较

新制度	原制度	比较
一、本科目核算工会应收未收的上级工会应拨付（或转拨）的工会拨缴经费和补助。	一、本科目核算工会应收未收的上级工会应拨付（或转拨）工会经费、建会筹备金和补助。	删除了建会筹备金：建会筹备金不再作为拨缴经费收入
二、工会可以根据需要在本科目下设置以下明细科目： 13101 应收上级补助…… 13102 应收上级转拨经费……	二、工会可以根据需要在本科目下设置以下明细科目： 13101 应收上级补助…… 13102 应收上级转拨经费…… 13103 应收建会筹备金……	删除了“应收建会筹备金”明细科目

① 《工会会计制度》中规定的基层工会应收款项的主要会计科目仅包括应收上级经费和其他应收款，基于部分集团工会或局工会的实际需要，在此一并介绍应收下级经费。

续表

新制度	原制度	比较
三、应收上级经费的主要账务处理如下： （一）年末，根据上级工会补助通知中的相关金额…… 收到上级工会拨来的补助时…… （二）年末，根据上级工会经费转拨通知中的相关金额…… 收到上级工会转拨的工会经费时……	三、应收上级经费的主要账务处理如下： （一）根据上级工会…… 收到上级工会拨来的…… （二）根据上级工会经费转拨通知中的相关金额…… 收到上级工会转拨的工会经费时…… （三）根据上级工会有关建立筹备金……	1. 强调了仅“年末”时点 2. 删除了“应收建会筹备金”的账务处理
四、本科目期末借方余额，反映工会应收未收的上级拨缴经费和补助。	四、本科目期末借方余额，反映工会应收未收的上级经费、建会筹备金和补助。	删除了“建会筹备金”

（二）会计科目设置

《工会会计制度》第三十条指出，应收上级经费是本级工会应收未收的上级工会应拨付（或转拨）的工会拨缴经费和补助。

基层工会应设置“应收上级经费”科目，专门核算工会应收未收的上级工会应拨付（或转拨）的工会拨缴经费和补助。需要注意的是，和原制度相比，新制度规定，本级工会收到建会筹备金时不再作为工会收入确认，而是作为负债在其他应付款中反映。由此，“应收上级经费”和“应付下级经费”中均不再核算建会筹备金。

“应收上级经费”科目属于资产类会计科目，借方表示增加，登记年末应收未收的上级工会应拨付（或转拨）的工会拨缴经费和补助；贷方表示减少，登记已经收到上级工会拨付（或转拨）的工会拨缴经费和补助。期末余额在借方，反映工会应收未收的上级拨缴经费和补助。

“应收上级经费”科目的账户结构如图 2-5 所示。

借	应收上级经费 贷
增加：年末应收未收的上级工会应拨付（或转拨）的工会拨缴经费和补助	减少：收到上级工会拨付（或转拨）的工会拨缴经费和补助
余额：应收未收的上级拨缴经费和补助	

图 2-5 “应收上级经费”科目的账户结构

基层工会可以根据需要在“应收上级经费”科目下设置如表 2-8 所示的两个明细科目。

表 2-8 “应收上级经费”的明细科目

总账科目	二级明细科目	核算内容
应收上级经费	应收上级补助	上级工会应拨付给本级工会的各项补助收入
	应收上级转拨经费	上级工会采用税务代收、财政划拨的形式收缴工会经费的，收缴的金额中应划转给本级工会的部分

（三）主要业务和事项账务处理

应收上级经费的主要业务和事项包括两种情形：一是应收上级补助；二是应收上级转拨经费。

《工会会计制度》规定，对于拨缴经费收入和上级补助收入，基层工会仅在年末清算时对应收未收的上级补助和上级转拨经费应按权责发生制分别确认为资产和相应的收入。

1. 应收上级补助

《工会会计制度》规定，年末，基层工会应根据上级工会的补助通知中的相关金额，借记“应收上级经费——应收上级补助”科目，贷记“上级补助收入”科目。实际收到上级工会拨来的补助时，按照实际收到的金额，借记“银行存款”科目，贷记“应收上级经费——应收上级补助”科目。

2. 应收上级转拨经费

实行税务代收、财政划拨经费的地区，上级工会应及时将代收本级及以下的经费转拨至本级工会。为了保证收入会计处理与预算执行的一致性，新制度对拨缴经费收入的核算基础进行了部分调整，规定拨缴经费收入仅在年末存在应收未收经费时采用权责发生制，其余时点均按照收付实现制进行会计处理。所以，仅在年末时，各级工会应根据上级工会经费转拨通知中的相关金额，借记“应收上级经费——应收上级转拨经费”科目，按规定属于本级工会的部分，贷记“拨缴经费收入”科目，按规定应转拨下级工会的部分，贷记“应付下级经费——应付下级转拨经费”科目。

基层工会实际收到上级工会转拨的工会经费时，应按照实际收到的金额，借记“银行存款”科目，贷记“应收上级经费——应收上级转拨经费”科目。

基层工会“应收上级经费”科目的主要业务和事项的账务处理如表2-9所示。

表2-9 基层工会“应收上级经费”科目的主要业务和事项的账务处理

主要业务和事项		新制度	原制度
1. 应收上级补助	(1) 年末，根据上级工会补助通知	借：应收上级经费——应收上级补助 贷：上级补助收入	未明确是“年末”时点；分录一致
	(2) 实际收到上级工会补助款时	借：银行存款 贷：应收上级经费——应收上级补助	
2. 应收上级转拨经费	(1) 年末，根据上级工会经费转拨通知	借：应收上级经费——应收上级转拨经费 贷：拨缴经费收入 应付下级经费——应付下级转拨经费	未明确是“年末”时点；分录一致
	(2) 实际收到上级工会转拨的工会经费	借：银行存款 贷：应收上级经费——应收上级转拨经费	

续表

主要业务和事项	新制度	原制度
3. 应收建会筹备金	——①	借：应收上级经费 ——应收建会筹备金 贷：拨缴经费收入 应付下级经费 ——应付建会筹备金 借：银行存款 贷：应收上级经费 ——应收建会筹备金

（四）主要业务和事项账务处理举例

【例 2-12】 应收上级补助

202×年 12 月 10 日，某大型国企工会收到市总工会补助通知，安排两节送温暖资金补助 50 000 元。年末决算前，该款项尚未收到。该国企工会财务部门应根据补助通知的内容和金额，按照权责发生制分别确认为收入和资产，并编制如下会计分录：

借：应收上级经费——应收上级补助　　50 000

　贷：上级补助收入——专项转移支付补助——送温暖　　50 000

次年初，该国企工会实际收到该笔送温暖资金补助款时，应编制如下会计分录：

借：银行存款　　50 000

　贷：应收上级经费——应收上级补助　　50 000

【例 2-13】 应收上级转拨经费

Q 市机关事业单位的工会经费统一由市财政按月统一划拨给 Q 市总工会，然后由市总工会按季再统一转拨给所属的市直工会。Q 市农业农村局工会属于 Q 市总工会直属工会。202×年 12 月 20 日，Q 市农业农村局工会收到市总工会第四季度工会经费转拨通知，通知中显示应转拨金额共计 250 000 元，其中应转拨局工会的金额为 80 000 元，应转拨下属事业单位工会的金额

① 新制度中，本级工会收到建会单位交来的建会筹备金时作为“其他应付款”核算。

为170 000元。局工会于次年1月5日实际收到该转拨经费250 000元。

1. 局工会的账务处理

(1) 202×年末决算前，按照权责发生制分别确认为收入和资产：

借：应收上级经费——应收上级转拨经费 250 000

　贷：拨缴经费收入 80 000

　　应付下级经费——应付下级转拨经费 170 000

(2) 次年1月5日，实际收到该转拨经费250 000元时：

借：银行存款 250 000

　贷：应收上级经费——应收上级转拨经费 250 000

(3) 局工会实际转拨给下属事业单位工会时：

借：应付下级经费——应付下级转拨经费 170 000

　贷：银行存款 170 000

2. 局工会下属事业单位工会的账务处理

(1) 202×年末决算前，按照权责发生制分别确认为收入和资产：

借：应收上级经费——应收上级转拨经费 170 000

　贷：拨缴经费收入 170 000

(2) 次年实际收到局工会转拨的工会经费时：

借：银行存款 170 000

　贷：应收上级经费——应收上级转拨经费 170 000

二、应收下级经费

(一) 新旧会计制度应收下级经费的比较

新旧会计制度关于应收下级经费科目使用说明的比较如表2-10所示。

表2-10 新旧会计制度“应收下级经费”的比较

新制度	原制度	比较
一、本科目核算县级以上工会应收未收的下级工会应上缴的工会拨缴经费。	一、本科目核算工会按规定应收下级工会的上缴工会经费和建会筹备金。	1. 明确了是“县级以上工会” 2. 强调了是“应收未收”的拨缴经费 3. 不再核算“建会筹备金”

续表

新制度	原制度	比较
	二、工会可以根据需要在本科目下设置应收经费、应收建会筹备金等明细科目。	删除了明细科目设置的要求
二、应收下级经费的主要账务处理如下： （一）年末，根据下级工会经费收缴报告表中的相关金额…… （二）收到下级工会的上缴经费时……	三、应收下级经费的主要账务处理如下： （一）根据下级工会经费收缴报告表中的相关金额…… （二）收到下级工会的上缴经费时……	强调了仅“年末”时点
三、本科目期末借方余额，反映县级以上工会应收未收的下级工会应上缴的工会拨缴经费。	四、本科目期末借方余额，反映年末应收未收的下级工会上缴经费。	1. 明确了是“县级以上工会” 2. 删除了“年末”时点

（二）会计科目设置

应收下级经费是指县级以上工会应收未收的下级工会应上缴的工会拨缴经费。《工会会计制度》规定，县级以上工会应设置“应收下级经费”科目，记录和反映县级以上工会与下级工会之间的经费收缴情况。和“应收上级经费”一样，“应收下级经费”中也不再核算建会筹备金。

“应收下级经费”科目属于资产类会计科目，借方表示增加，登记县级以上工会年末应收未收的下级工会应上缴的工会拨缴经费；贷方表示减少，登记已收到的下级工会上缴的经费；期末余额在借方，反映县级以上工会应收未收的下级工会应上缴的工会拨缴经费。“应收下级经费”科目的账户结构如图 2-6 所示。

借　　　　应收下级经费	贷
增加：年末应收未收的下级工会应上缴的工会拨缴经费	减少：已收到的下级工会上缴的经费
余额：应收未收的下级工会应上缴的工会拨缴经费	

图 2-6　“应收下级经费”科目的账户结构

（三）主要业务和事项账务处理

应收下级经费的主要业务和事项包括两种情形：一是年末确认应收未收的下级工会应上缴的工会拨缴经费；二是实际收到下级工会的上缴经费。

1. 年末确认应收未收的下级工会应上缴的工会拨缴经费

年末，对于应收未收的下级工会应上缴的工会拨缴经费，县级以上工会应依据权责发生制原则，按照经费分解比例，分别确认为资产和收入等。即根据下级工会经费收缴报告表中的相关金额，借记“应收下级经费”科目，按规定将属于本级工会的部分，贷记“拨缴经费收入”科目，按规定应上缴上级工会的部分，贷记“应付上级经费”科目。

2. 实际收到下级工会的上缴经费

当县级以上工会实际收到下级工会的上缴经费时，应借记“银行存款”科目，贷记“应收下级经费”科目。

“应收下级经费”科目的主要业务和事项的账务处理如表 2-11 所示。

表 2-11 “应收下级经费”科目的主要业务和事项的账务处理

主要业务和事项	新制度	原制度
1. 年末确认应收未收的下级工会应上缴的工会拨缴经费	借：应收下级经费 贷：拨缴经费收入 应付上级经费	未明确是“年末”时点 借：应收下级经费 贷：拨缴经费收入 应付上级经费
2. 实际收到下级工会的上缴经费	借：银行存款 贷：应收下级经费	借：银行存款 贷：应收下级经费

（四）主要业务和事项账务处理举例

【例 2-14】某产业工会经费采用自主拨缴方式收缴工会经费。ZT 集团工会直属于该产业工会，其经费由所属基层工会一级一级上缴至集团工会，最后由集团工会统一交至产业工会。集团工会对于所属基层工会上缴经费的分成比例为自留 5%，其余上缴产业工会。202×年 12 月 31 日，ZT 集团工会应收所属基层工会上缴经费 900 000 元，截至年末结账时，该笔经费尚未到账。ZT 集团工会应根据权责发生制原则，分别确认资产和收入等，并编制如下会计分录：

借：应收下级经费　　900 000

　贷：拨缴经费收入　　45 000

　　　应付上级经费　　855 000

次年，ZT 集团工会实际收到所属基层工会上缴经费时，应编制如下会计分录：

借：银行存款　　900 000

　贷：应收下级经费　　900 000

三、其他应收款

（一）新旧会计制度其他应收款的比较

新旧会计制度关于其他应收款科目使用说明的比较如表 2-12 所示。

表 2-12　新旧会计制度“其他应收款”的比较

新制度	原制度	比较
一、本科目核算工会除应收上下级经费以外的其他应收及暂付款项。	一、本科目核算工会除应收上下级经费以外的其他应收及暂付款项。	——
二、本科目应当按其他应收款的类别以及债务单位（或个人）设置明细账，进行明细核算。	二、本科目应按债务人设置明细账，进行明细核算。	新增：还需按类别设置明细账
三、其他应收款的主要账务处理如下： （一）发生其他应收及暂付款项…… 结算收回或核销转列支出时…… （二）逾期三年以上、因债务人原因尚未收回的其他应收款…… 转入待处理资产时，按照待核销的其他应收款金额，借记“待处理财产损溢”科目，贷记本科目。 报经批准予以核销时，借记“其他支出”科目，贷记“待处理财产损溢”科目。 ……	三、其他应收款的主要账务处理如下： （一）发生其他应收及暂付款项…… 结算收回或核销转列支出时…… （二）逾期三年以上、因债务人原因尚未收回的其他应收款，报经批准认定确实无法收回的，应作为呆账及时进行账务处理，借记“其他支出”科目，贷记本科目。 ……	调整了其他应收款的核销应通过“待处理财产损溢”科目

续表

新制度	原制度	比较
四、各级工会应对其他应收及暂付款项严格控制，健全手续，及时清理，不得长期挂账。	四、各级工会应对其他应收及暂付款项严格控制，健全手续，及时清理，不得长期挂账。	——
五、本科目期末借方余额……	五、本科目期末借方余额……	——

（二）管理要求

《工会会计制度》第三十条规定，其他应收款是工会除应收上下级经费以外的其他应收及暂付款项。如暂时出借的差旅费、备用金、应收的各种赔款、应向职工收取的各种垫付款项、保证金等。

其他应收款的管理要求主要包括：

1. 建立和完善与其他应收款业务相关的内控制度

基层工会要建立和完善与其他应收款业务相关的内控制度，包括其他应收款的审批权限、支付流程以及支付内容等。其他应收款业务流程如图 2-7 所示。

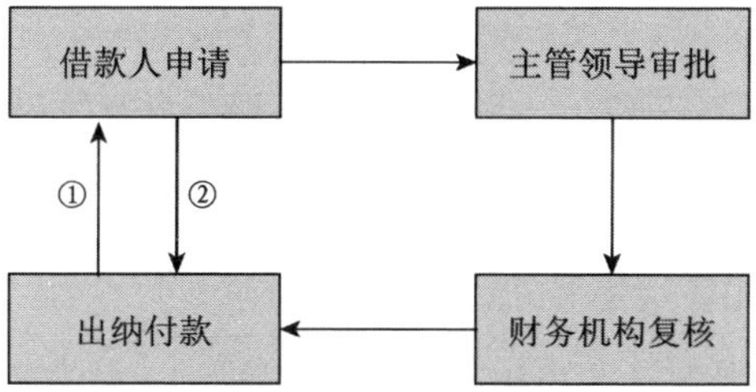

备注：

①出纳根据审批意见向借款人支付资金或开具支票等结算票据

②借款人完成与借款事项相关业务后还回现金或提供单据经批准后报账

图 2-7 其他应收款业务流程

2. 及时结清收回，不得跨年度挂账

基层工会应按照其他应收款内部控制制度的要求，催促借款人必须及时办理报销，并交回多余现金。尚未办理结算清账的，原则上不得再借。年终，借款原则上应全部结清收回，不得跨年度挂账。此外，备用金必须根据事先制定的限额使用，年终全部结清收回，也不得跨年度挂账。

3. 逾期三年以上的且无法收回的，报经批准后予以核销

对于逾期三年以上、因债务人原因尚未收回的其他应收款，基层工会报经批准认定确实无法收回的应予以核销。核销的呆账，同时应在备查簿中保留登记。

（三）会计科目设置

《工会会计制度》规定，基层工会应当设置“其他应收款”科目，核算工会除应收上下级经费以外的其他应收及暂付款项。“其他应收款”科目属于资产类会计科目，借方表示增加，登记其他应收款的增加（如款项借出）；贷方表示减少，登记其他应收款的减少（收回或核销其他应收款等）。期末余额在借方，反映工会尚未收回的其他应收及暂付款项。

“其他应收款”科目的账户结构如图 2-8 所示。

借　　　　其他应收款	贷
增加：增加的其他应收及暂付款项	减少：收回或核销的其他应收及暂付款项
余额：尚未收回的其他应收及暂付款项	

图 2-8　“其他应收款”科目的账户结构

此外，基层工会还应当按其他应收款的类别以及债务单位（或个人）设置明细账，进行明细核算。

（四）主要业务和事项账务处理

其他应收款的主要业务和事项包括三种情形：一是发生其他应收及暂付款项；二是结算收回或核销转列支出；三是逾期三年以上的处理。

1. 发生其他应收及暂付款项

《工会会计制度》规定，基层工会发生其他应收及暂付款项时，应借记“其他应收款”科目，贷记“库存现金”“银行存款”等科目。

2. 结算收回或核销转列支出

基层工会在将“其他应收款”结算收回或核销转列支出时，应按照收回的金额，借记“库存现金”“银行存款”等科目，按照列入支出的金额，借记有关支出科目，按照结算总额，贷记“其他应收款”。

3. 逾期三年以上的处理

《工会会计制度》规定，基层工会对于逾期三年以上、因债务人原因尚未收回的其他应收款，报经批准认定确实无法收回的应予以核销。核销处理的具体流程为，首先应转入待处理资产，按照待核销的其他应收款金额，借记“待处理财产损溢”科目，贷记“其他应收款”；报经批准予以核销时，应借记“其他支出”科目，贷记“待处理财产损溢”科目。核销的呆账，应在备查簿中保留登记。

如果已核销呆账又重新收回的，应按照实际收到的款项，借记“银行存款”科目，贷记“其他收入”科目。

基层工会“其他应收款”科目的主要业务和事项的账务处理如表2-13所示。

表2-13　基层工会“其他应收款”科目的主要业务和事项的账务处理

主要业务和事项		新制度	原制度
1. 发生其他应收及暂付款项		借：其他应收款 　贷：库存现金/银行存款等	一致
2. 结算收回或核销转列支出	（1）需支付部分现金	借：有关支出科目 　贷：其他应收款 　　　库存现金/银行存款等	一致
	（2）收到部分现金	借：有关支出科目 　　库存现金/银行存款等 　贷：其他应收款	一致
3. 逾期三年以上的处理	（1）转入待处理资产	借：待处理财产损溢 　贷：其他应收款	——
	（2）报经批准予以核销	借：其他支出 　贷：待处理财产损溢	借：其他支出 　贷：其他应收款
	（3）已核销呆账又重新收回	借：银行存款 　贷：其他收入	一致

（五）主要业务和事项账务处理举例

【例2-15】 CY工会财务人员陈瑜外出培训学习，预借现金3 000元。培训归来，报销差旅费800元，培训费2 000元，退回现金200元。CY工会相应的会计处理如下：

1. 预借现金时：

借：其他应收款——陈瑜　　3 000
　贷：库存现金　　3 000

2. 培训归来报销时：

借：库存现金　　200
　　业务支出——其他业务支出　　800
　　业务支出——培训支出　　2 000
　贷：其他应收款——陈瑜　　3 000

【例2-16】 垫付款项

某基层工会协助企业处理施工现场发生的事故，代为垫付职工医疗费20 000元。该基层工会财务应编制如下会计分录：

1. 垫付职工医疗费时：

借：其他应收款——单位行政　　20 000
　贷：银行存款　　20 000

2. 实际收到单位行政转来的垫付款时：

借：银行存款　　20 000
　贷：其他应收款——单位行政　　20 000

【例2-17】 核销其他应收款

202×年9月5日，某基层工会向希望书店预订图书，通过银行转账预付书款5 000元。12月1日，该基层工会财产清查时，发现工会并未收到所订书籍，书店也未退还订书款，该预付书款长期挂账已超过三年，报经批准后，研究认为已有事实表明该款已无法收回，予以核销。该基层工会相应的账务处理为：

1. 202×年9月5日，支付预付款时：

借：其他应收款——希望书店　　5 000
　贷：银行存款　　5 000

2. 202×年 12 月 1 日，财产清查时：

借：待处理财产损溢　　5 000

　　贷：其他应收款——希望书店　　5 000

3. 报经批准后，核销其他应收款时：

借：其他支出　　5 000

　　贷：待处理财产损溢　　5 000

第五节　库存物品

一、新旧会计制度库存物品的比较

新旧会计制度关于库存物品科目使用说明的比较如表 2-14 所示。

表 2-14　新旧会计制度“库存物品”的比较

新制度	原制度	比较
一、本科目核算…… 工会随买随用的物品，可以在购入时直接计入支出，不通过本科目核算。	一、本科目核算……	新增：随买随用的物品，直接计入支出
二、本科目应当按库存物品的类别、品名设置明细账，并根据出入库单逐笔核算。	二、本科目应按库存物品的类别、品名设置明细账，并根据出入库单逐笔核算。	——
三、库存物品的主要账务处理如下： （一）取得库存物品时。 1. 购入物品验收入库，按照确定的成本，借记本科目，贷记“资产基金——库存物品”科目；同时，按照实际支付的金额，借记“职工活动支出”“维权支出”等科目，贷记“银行存款”等科目。 2. 接受捐赠、无偿调入的库存物品……	三、库存物品的主要账务处理如下： （一）购入物品时，借记本科目，贷记“银行存款”等科目。	1. 购入库存物品的账务处理由单分录调整为双分录 2. 新增：接受捐赠、无偿调入库存物品的核算情形

续表

新制度	原制度	比较
（二）发出库存物品时。 1. 开展业务活动等领用、发出库存物品时，按照领用、发出库存物品的实际成本，借记“资产基金——库存物品”科目，贷记本科目。 2. 经批准对外出售库存物品时…… 3. 经批准对外捐赠、无偿调出库存物品时…… 4. 经批准以库存物品对外进行股权投资时……	（二）领用物品时，借记“职工活动支出”“维权支出”“行政支出”等科目，贷记本科目。	3. 领用库存物品的账务处理有调整 4. 新增：对外出售、对外捐赠、无偿调出、对外投资库存物品等核算情形
四、库存物品每年至少盘点一次…… （一）盘盈的库存物品，按照确定的成本，借记本科目，贷记“待处理财产损溢”科目。 （二）盘亏或者报废、毁损的库存物品，按照账面余额，借记“待处理财产损溢”科目，贷记本科目。	四、库存物品每年至少盘点一次…… （一）发生盘盈的，借记本科目，贷记“其他收入”科目。 （二）盘亏的库存物品，按照账面余额，借记“其他支出”科目，贷记本科目。 报废、毁损的库存物品……	1. 调整了盘盈盘亏、报废毁损库存物品的核算：均需通过“待处理财产损溢”科目
五、本科目期末借方余额，反映工会尚未使用的库存物品的实际成本。	五、本科目期末借方余额，反映尚未使用的库存物品的实际价值。	——

二、管理要求

《工会会计制度》第三十一条指出，库存物品指工会取得的将在日常活动中耗用的材料、物品及达不到固定资产标准的工具、器具等。

基层工会应建立和完善与库存物品完整性、安全性相关的内部控制制度，具体包括：

（一）采购审批制度

库存物品的采购，要编制采购计划，报经批准后按计划执行；未经审批，不得采购。

（二）验收入库、领用以及使用责任制度

基层工会应完善库存物品的验收入库、领用以及使用责任制度。如应配备专兼职保管员，保管员应设立物品收、发登记簿，进行物品的收发领用登记，并严格执行物品的验收、入库、保管、出库制度。

（三）会计核算制度

基层工会应建立和完善与库存物品采购、入库和使用的会计核算制度。

（四）清查制度

基层工会应建立和完善库存物品清查制度，确保账实相符。

基层工会应当定期对库存物品进行清查盘点，每年至少全面盘点一次。对于盘盈、盘亏或毁损、报废的库存物品，应当及时查明原因，报经批准认定后及时进行会计处理。

库存物品管理流程如图 2-9 所示。

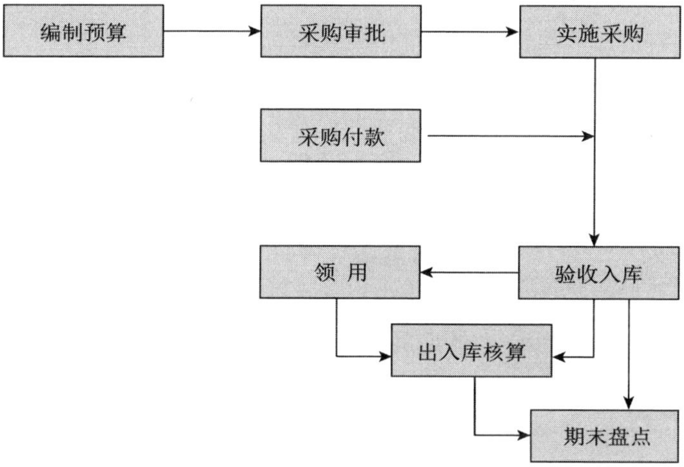

图 2-9 库存物品管理流程

三、会计科目设置

为了核算工会库存物品的情况，基层工会应设置“库存物品”科目和“资产基金”科目。

（一）“库存物品”科目

《工会会计制度》规定，基层工会应设置“库存物品”科目，核算取得将在日常活动中耗用的材料、物品及达不到固定资产标准的工具、器具等；需要注意的是，新制度新增规定，工会随买随用的物品，可以在购入时直接计入支出，不通过“库存物品”科目核算。

“库存物品”科目属于资产类会计科目，借方表示增加，登记库存物品的增加；贷方表示减少，登记库存物品的减少（使用或核销）。期末余额在借方，反映工会尚未使用的库存物品的实际成本。

“库存物品”科目的账户结构如图 2-10 所示。

借　　　　库存物品	贷
增加：库存物品的增加	减少：库存物品的减少
余额：尚未使用的库存物品的实际成本	

图 2-10　“库存物品”科目的账户结构

为便于管理，基层工会应在“库存物品”科目下按库存物品的类别、品名设置明细科目，并根据出入库单逐笔核算。

基层工会应根据所设置的库存物品相关科目设立相应账户，并建立和完善与账户记录相关的登记核查制度。

（二）“资产基金”科目①

“资产基金”科目用于核算工会库存物品、投资、在建工程、固定资产、无形资产、长期待摊费用等非货币性资产在净资产中占用的金额，属于净资产类会计科目。该科目贷方登记各项非货币性资产在净资产中所增加的金额，借方登记所减少的金额，期末贷方余额，反映期末工会各项非货币性资产在净资产中实际所占用的金额。

“资产基金”科目应当根据以上六项非货币性资产分别设置明细科目，进行明细核算。其中，“库存物品”科目与“资产基金——库存物品”科目是对应科目，两个科目的期末余额应当相等。

---

① 更为具体的介绍请查阅第四章净资产中第二节资产基金。

四、库存物品的计量

库存物品的计量包括初始计量和发出库存物品的计量。

（一）库存物品的初始计量

《工会会计制度》第三十一条规定，库存物品在取得时应当按照其实际成本入账。

在实际工作中，由于库存物品的取得方式存在差异，因此，其取得的实际成本的构成或内涵也有所不同，具体可以归纳为以下两种情况：一是购入、有偿调入的库存物品；二是接受捐赠、无偿调入、盘盈的库存物品。

1. 购入、有偿调入的库存物品

由工会购入、有偿调入的库存物品，应以实际支付的价款记账。

2. 接受捐赠、无偿调入、盘盈的库存物品

工会接受捐赠、无偿调入、盘盈的库存物品，应按照《工会会计制度》第二十七条规定所确定的成本入账。具体方法为：

（1）按照有关凭据注明的金额加上相关税费、运输费等确定；

（2）没有相关凭据、但按照规定经过资产评估的，其成本按照评估价值加上相关税费、运输费等确定；

（3）没有相关凭据、也未经过评估的，其成本比照同类或类似资产的价格加上相关税费、运输费等确定。

（4）如无法采用上述方法确定资产成本的，按照名义金额（人民币 1 元）入账，相关税费、运输费等计入当期支出。

（二）发出库存物品的计量

《工会会计制度》第三十一条规定，库存物品在发出（领用或出售等）时，工会应当根据实际情况在先进先出法、加权平均法、个别计价法中选择一种方法确定发出库存物品的实际成本。库存物品发出方法一经选定，不得随意变更。

1. 先进先出法

先进先出法是以先取得的库存物品先发出（领用或出售等）的实物流转假设为前提，对发出库存物品进行计价。采用先进先出法计量时，先取得的

库存物品的成本在后取得的库存物品的成本之前转出，据此确定发出库存物品和期末库存物品的成本。

可见，先进先出法可以随时结转库存物品的发出成本，但较为烦琐。如果库存物品收发业务较多，且库存物品单价不稳定时，其工作量较大。在物价持续上升时，期末库存物品成本接近于市价，而发出成本偏低，会高估工会当期净资产和库存物品价值；物价下降时，会低估工会当期净资产和库存物品价值。

2. 加权平均法

尽管先进先出法较好解决了库存物品发出顺序与取得顺序的关系，期末库存物品价值也与市场价值基本接近，但也存在明显的缺陷，尤其是在库存物品取得与发出都极为频繁的情况下，核算工作极为麻烦，为此制度规定，库存物品的发出也可以用加权平均法进行计量。

加权平均法，也称月末一次加权平均法，是指以当月全部进货数量加上月初库存物品数量作为权数，去除当月全部进货成本加上月初库存物品成本，计算出库存物品的加权平均单位成本，以此为基础计算当月发出库存物品的成本和期末库存物品的成本的一种方法。加权平均法的计算公式为：

$$\text{库存物品的单位成本}=\frac{\text{月初库存物品的实际成本}+\sum(\text{本月某批进货的实际单位成本}\times\text{本月某批进货的数量})}{\text{月初库存物品数量}+\text{本月各批进货数量之和}}$$

$$\text{本月发出库存物品的成本}=\text{本月发出库存物品的数量}\times\text{库存物品的单位成本}$$

$$\text{月末库存物品的成本}=\text{月末库存物品的数量}\times\text{库存物品的单位成本}$$

可见，采用加权平均法计算的库存物品成本优点在于，一是已包含了长期趋势变动，二是只在月末一次计算加权平均单价，有利于简化成本计算工作。缺点在于，平时无法从账上提供发出和结存库存物品的单价及金额，不利于库存物品成本的日常管理与控制。此外，在物价变动幅度较大的情况下，按加权平均单价计算的期末库存物品价值与现行成本有较大的差异。因此，加权平均法适合在物价变动幅度不大的情况下采用。

上述库存物品发出的计量方法中，不适用于收发业务频繁的工会或者使用时较烦琐的工会，在会计信息化支持下，依然可以适用。

3. 个别计价法

个别计价法，也称个别认定法、具体辨认法、分批实际法，其特征是注重所发出库存物品具体项目的实物流转与成本流转之间的联系，逐一辨认各批发出库存物品和期末库存物品所属的取得批别，分别按其取得时所确定的单位成本计算各批发出库存物品和期末库存物品的成本。

个别计价法的优点在于，成本计算准确、符合实际情况。缺点在于，在库存物品收发频繁的情况下，其发出成本分辨的工作量较大。工会在信息化管理条件下大量的库存物品都可以采用该方法进行计量。

个别计价法适用于容易识别、不能替代使用的、为特定项目专门购入的、品种数量不多、单位成本较高的库存物品计价。

五、主要业务和事项账务处理

库存物品的主要业务和事项包括三种情形：一是取得库存物品；二是发出库存物品；三是库存物品的清查盘点。

（一）取得库存物品

如前文所述，《工会会计制度》要求，在取得库存物品时要编制双分录，即在确认为相应支出的同时，要确认为资产和资产基金。

1. 购入库存物品，验收入库

基层工会对于购入的库存物品，在验收入库时，应按照确定的成本，借记“库存物品”科目，贷记“资产基金——库存物品”科目；同时，按照实际支付的金额，借记“职工活动支出”“维权支出”等科目，贷记“银行存款”等科目。

2. 接受捐赠、无偿调入

基层工会对于接受捐赠、无偿调入的库存物品，应按照《工会会计制度》第二十七条的规定确定成本，借记“库存物品”科目，贷记“资产基金——库存物品”科目；同时，按照实际支付的相关税费、运输费等金额，借记“其他支出”科目，贷记“银行存款”等科目。

基层工会取得库存物品的账务处理如表 2-15 所示。

表 2-15 基层工会取得库存物品的账务处理

主要业务和事项	新制度	原制度
1. 购入库存物品，验收入库	双分录： (1) 借：库存物品 贷：资产基金——库存物品 (2) 借：职工活动支出/维权支出等 贷：银行存款等	单分录： 借：库存物品 贷：银行存款等
2. 接受捐赠、无偿调入	借：库存物品 贷：资产基金——库存物品 实际支付的相关税费、运费等： 借：其他支出 贷：银行存款等	——

（二）发出库存物品

实务中，基层工会会因各种原因而发出库存物品，如开展业务活动等领用、发出；对外出售；对外捐赠、无偿调出等。区别于原制度，新制度规定，各级工会在发出库存物品时应减少相应的资产基金，而非直接计入相关支出。

1. 开展业务活动等领用、发出

基层工会在开展业务活动等领用、发出库存物品时，按照领用、发出库存物品的实际成本，借记“资产基金——库存物品”科目，贷记“库存物品”科目。

2. 对外出售

基层工会经批准对外出售库存物品时，按照出售库存物品的实际成本，借记“资产基金——库存物品”科目，贷记“库存物品”科目。按照出售过程中取得的价款，借记“银行存款”等科目，贷记“其他收入”科目。出售过程中工会发生的税费等支出，借记“其他支出”科目，贷记“银行存款”等科目。

3. 对外捐赠、无偿调出

基层工会在经批准对外捐赠、无偿调出库存物品时，按照对外捐赠、无偿调出库存物品的实际成本，借记“资产基金——库存物品”科目，贷记“库存物品”科目。对外捐赠、无偿调出库存物品发生的由工会承担的运输费等支出，借记“职工活动支出”“维权支出”等科目，贷记“银行存款”等科目。

基层工会发出库存物品的账务处理如表 2-16 所示。

表 2-16 基层工会发出库存物品的账务处理

主要业务和事项	新制度	原制度
1. 开展业务活动等领用、发出	借：资产基金——库存物品 贷：库存物品	借：职工活动支出/维权支出等 贷：库存物品
2. 对外出售	（1）冲减库存物品： 借：资产基金——库存物品 贷：库存物品 （2）出售过程中取得的价款： 借：银行存款等 贷：其他收入 （3）出售过程中工会发生的税费等支出： 借：其他支出 贷：银行存款等	——
3. 对外捐赠、无偿调出	（1）冲减库存物品： 借：资产基金——库存物品 贷：库存物品 （2）由工会承担的运输费等支出： 借：职工活动支出/维权支出等 贷：银行存款等	——

（三）库存物品的清查盘点

基层工会应当定期对库存物品进行清查盘点，每年至少全面盘点一次。盘点结果可能会出现盘盈、盘亏或毁损、报废等不同情况。基层工会应当及时查明原因，报经批准认定后及时进行会计处理。

和原制度规定对清查盘点库存物品直接处理的方式不同，新制度规定，各级工会在处理资产清查过程中发现的盘盈、盘亏或毁损、报废的库存物品时，一般应先转入待处理资产，然后报经相关部门批准后再增加或减少资产基金。

1. 盘盈

基层工会对于盘盈的库存物品，应首先转入待处理资产，报经批准后增加库存物品的资产基金。

基层工会将盘盈的库存物品转入待处理资产时，按照确定的成本，借记“库存物品”科目，贷记“待处理财产损溢——待处理财产价值”科目。

按照规定报经批准后处理时，基层工会应借记“待处理财产损溢——待处理财产价值”科目，贷记“资产基金”科目。

2. 盘亏

对于盘亏的库存物品，基层工会首先应转入待处理资产，报经批准后再减少库存物品的资产基金。

基层工会将盘亏的库存物品转入待处理资产时，按照账面余额，借记“待处理财产损溢——待处理财产价值”科目，贷记“库存物品”科目。

基层工会按照规定报经批准后处理时，应借记“资产基金——库存物品”科目，贷记“待处理财产损溢——待处理财产价值”科目。

基层工会盘盈盘亏库存物品的账务处理如表 2-17 所示。

表 2-17　基层工会盘盈盘亏库存物品的账务处理

主要业务和事项	新制度	原制度
1. 库存物品的盘盈	（1）转入待处理资产时： 借：库存物品 贷：待处理财产损溢——待处理财产价值	借：库存物品 贷：其他收入
	（2）报经批准后处理时： 借：待处理财产损溢——待处理财产价值 贷：资产基金——库存物品	
2. 库存物品的盘亏	（1）转入待处理资产时： 借：待处理财产损溢——待处理财产价值 贷：库存物品	借：其他支出 贷：库存物品
	（2）报经批准后处理时： 借：资产基金——库存物品 贷：待处理财产损溢——待处理财产价值	

3. 毁损、报废

基层工会对于清查过程中发现的毁损、报废的库存物品，应首先转入待处理资产，报经批准后再减少库存物品的资产基金。

和盘亏库存物品账务处理不同的是，基层工会在处理毁损、报废库存物品的过程中通常可能会发生一些处理收入，同时也会发生一些相关费用。因此，基层工会还应对发生的处理收入和相关费用以及处理收支结清进行相应的账务核算。具体的账务处理如下：

对于处理毁损、报废的库存物品过程中取得的残值或残值变价收入、保险理赔和过失人赔偿等，基层工会应借记“库存现金”“银行存款”“其他应收款”等科目，贷记“待处理财产损溢——处理净收入”科目；

对于处理毁损、报废的库存物品过程中发生的相关费用，基层工会应借记“待处理财产损溢——处理净收入”科目，贷记“库存现金”“银行存款”等科目。

如果处理收入大于相关费用的，基层工会应按照处理收入减去相关费用后的净收入，作为“其他收入”处理，即借记“待处理财产损溢——处理净收入”科目，贷记“其他收入”科目。

如果处理收入小于相关费用的，基层工会应按照相关费用减去处理收入后的净支出，作为“其他支出”处理，即借记“其他支出”科目，贷记“待处理财产损溢——处理净收入”科目。

基层工会毁损、报废库存物品的账务处理如表 2-18 所示。

表 2-18　基层工会毁损、报废库存物品的账务处理

新制度		原制度
1. 转入待处理资产时：	借：待处理财产损溢——待处理财产价值 　贷：库存物品	
2. 报经批准后处理时：	借：资产基金——库存物品 　贷：待处理财产损溢——待处理财产价值	

续表

<table>
<tr><th colspan="2">新制度</th><th>原制度</th></tr>
<tr><td>3. 取得的处理收入</td><td>借：库存现金/银行存款（取得的残值或残值变价收入）/
其他应收款（保险理赔/过失人赔偿）
贷：待处理财产损溢——处理净收入</td><td rowspan="4">借：其他支出
贷：库存物品
库存现金/银行存款（保险赔偿/残料价值）/
其他应收款（过失人赔偿）</td></tr>
<tr><td>4. 发生的相关费用</td><td>借：待处理财产损溢——处理净收入
贷：库存现金/银行存款等</td></tr>
<tr><td rowspan="2">5. 处理收支结清</td><td>（1）处理收入>相关费用：
借：待处理财产损溢——处理净收入
贷：其他收入</td></tr>
<tr><td>（2）处理收入<相关费用：
借：其他支出
贷：待处理财产损溢——处理净收入</td></tr>
</table>

六、主要业务和事项账务处理举例

【例 2-18】 购入库存物品及领用

202×年 6 月 20 日，某基层工会购入一批运动会奖品备用，款项 50 000 元已通过银行存款支付，该批运动会奖品也已验收入库。7 月 10 日，开展全集团运动会，发放了价值 45 000 元的运动会奖品。该基层工会的账务处理如下：

1. 奖品验收入库时：

借：库存物品——运动会奖品　　50 000

　贷：资产基金——库存物品　　50 000

同时：

借：职工活动支出——文体活动支出　　50 000

　贷：银行存款　　50 000

2. 开展运动会，发放奖品后：

借：资产基金——库存物品　　45 000

　贷：库存物品——运动会奖品　　45 000

【例 2-19】 无偿调拨和接受库存物品

某集团工会 202×年将一批价值 12 000 元的防疫物资无偿调拨给其直属二级工会，并用现金支付了物流费 150 元。该集团工会及其直属二级工会的账务处理分别如下。

1. 该集团工会的账务处理如下：

（1）调拨防疫物资：

借：资产基金——库存物品　　12 000

　贷：库存物品——防疫物资　　12 000

（2）承担的物流费：

借：维权支出　　150

　贷：库存现金　　150

2. 直属二级工会收到调拨物资时的账务处理如下：

借：库存物品——防疫物资　　12 000

　贷：资产基金——库存物品　　12 000

【例 2-20】 库存物品的盘盈

202×年 11 月 30 日，某基层工会对库存物品进行年末清查盘点，盘盈床上用品 2 套。经查，为此前购入的会员结婚慰问品，价值 1 200 元。该基层工会的账务处理如下：

1. 盘盈时：

借：库存物品　　1 200

　贷：待处理财产损溢　　1 200

2. 报经批准后处理时：

借：待处理财产损溢　　1 200

　贷：资产基金——库存物品　　1 200

【例 2-21】 库存物品的报废

202×年 11 月 30 日，某基层工会对库存物品进行年末清查盘点，发现一批价值 3 000 元的库存物品毁损，报经批准后作报废处理。报废处理时取得的残值变现收入为 300 元，处理废品时的相关费用为 60 元。该基层工会的账务处理如下：

1. 清查盘点发现毁损时：

借：待处理财产损溢——待处理财产价值　　3 000

贷：库存物品　3 000

2. 报经批准后处理时：

借：资产基金——库存物品　3 000

贷：待处理财产损溢——待处理财产价值　3 000

3. 报废处理的残值变现收入：

借：库存现金　300

贷：待处理财产损溢——处理净收入　300

4. 处理废品时的相关费用：

借：待处理财产损溢——处理净收入　60

贷：库存现金　60

5. 处理收支结清 240 元（300−60＝240 元）：

借：待处理财产损溢——处理净收入　240

贷：其他收入　240

第六节　固定资产

一、新旧会计制度固定资产的比较

新旧会计制度关于固定资产科目使用说明的比较如表 2-19 所示。

表 2-19　新旧会计制度“固定资产”的比较

新制度	原制度	比较
一、本科目核算工会各项固定资产的原值。	一、本科目核算工会拥有或控制的各项固定资产的原值。	删除了“拥有或控制的”
二、工会应设置固定资产明细账……	二、工会应设置固定资产明细账……	——
三、固定资产核算时，应当考虑以下情况： （一）购入需要安装的固定资产，应当先通过“在建工程”科目核算，安装完毕交付使用时再转入本科目核算。		新增

续表

新制度	原制度	比较
（二）单位行政方面提供工会使用的、工会以经营租赁方式取得的固定资产，不通过本科目核算，应当设置备查簿进行登记；		新增
四、固定资产的主要账务处理如下： （一）固定资产在取得时，应当应当分以下情况进行处理： 1. 购入、有偿调入固定资产，按照确定的成本，借记本科目，贷记“资产基金——固定资产”科目…… 2. 自行建造固定资产，工程完工交付使用时，按照自行建造过程中发生的实际支出，借记本科目，贷记“资产基金——固定资产”科目；同时，借记“资产基金——在建工程”科目，贷记“在建工程”科目。已交付使用但尚未办理竣工决算手续的固定资产，按照估计价值入账，待确定实际成本后再进行调整…… 3. 接受捐赠、无偿调入的固定资产……按照发生的相关税费、运输费等，借记“其他支出”科目，贷记“银行存款”等科目。 4. 在原有固定资产基础上进行改建、扩建、大型修缮的固定资产…… （二）按月计提固定折旧时…… （三）与固定资产有关的后续支出，应当分以下情况进行处理： 1. 为增加固定资产使用效能或延长其使用寿命而发生的改建、扩建或大型修缮等后续支出…… 2. 为维护固定资产正常使用而发生的日常修理等后续支出…… （四）按规定报经批准处置固定资产时，应当分以下情况进行处理：	三、固定资产的主要账务处理如下： （一）购入、有偿调入固定资产，……，同时借记本科目，贷记“固定基金”科目。 （二）自行建造固定资产，发生基建支出时，借记“在建工程”科目，贷记“在建工程占用资金”科目，同时借记“资本性支出”科目，贷记“银行存款”科目。工程完工时，借记本科目，贷记“在建工程”科目，同时借记“在建工程占用资金”科目，贷记“固定基金”科目。 （三）无偿调入、接受捐赠固定资产，借记本科目，贷记“固定基金”科目。	1. 固定基金调整为资产基金 2. 调整了自行建造固定资产的账务处理 3. 新增明确了无偿调入、接受捐赠固定资产时的税费运费的账务处理 4. 明确了改建、扩建、大型修缮的固定资产的账务处理 5. 新增：固定资产折旧的账务处理 6. 新增：2 种情形的后续支出的账务处理

续表

新制度	原制度	比较
1. 以固定资产对外进行股权投资…… 2. 出售固定资产，按照出售固定资产的账面价值，借记“资产基金——固定资产”科目，按照已计提折旧，借记“累计折旧”科目，按照固定资产的账面余额，贷记本科目。按照出售过程中取得的价款，借记“银行存款”等科目，贷记“其他收入”科目…… 3. 对外捐赠、无偿调出固定资产……	（四）以固定资产对外进行股权投资…… （五）出售固定资产，按账面原值，借记“固定基金”科目，贷记本科目，取得的收入扣减相关支出后的净额，借记“银行存款”等科目，贷记“其他收入”科目。	7. 调整了出售固定资产的账务处理 8. 新增：对外捐赠、无偿调出固定资产的处置情形
五、固定资产应当每年至少盘点一次…… （一）盘盈的固定资产，按照确定的入账成本，借记本科目，贷记“待处理财产损溢”科目。 （二）盘亏或者毁损、报废的固定资产，按账面价值，借记“待处理财产损溢”科目，按照已计提折旧，借记“累计折旧”科目，按照固定资产的账面余额，贷记本科目。	四、固定资产每年必须盘点一次…… （一）盘盈的固定资产，借记本科目，贷记“固定基金”科目。 （二）盘亏的固定资产，按账面原值，借记“固定基金”科目，贷记本科目。 （三）毁损、报废的固定资产，按账面原值，借记“固定基金”科目，贷记本科目……	调整了盘盈盘亏、报废毁损固定资产的账务处理：均需通过“待处理财产损溢”科目
六、本科目期末借方余额，反映工会固定资产的原值。	六、本科目期末借方余额，反映固定资产的原值。	——

二、固定资产的确认和分类

（一）固定资产的概念和确认

1. 固定资产的概念

《工会会计制度》第三十二条规定，固定资产是指工会使用年限超过1年（不含1年），单位价值在规定标准以上，并在使用过程中基本保持原有物质形态的资产，一般包括：房屋及构筑物；专用设备；通用设备；文物和陈列品；图书、档案；家具、用具、装具及动植物。

从固定资产的概念可见，固定资产具有以下特征：

第一，固定资产是有形资产。与专利权、商标权等无形资产相比，固定资产是具有实物形态的资产，可以多次参加工会组织的运行活动，在若干会计期间内保持其原有的实物形态，其价值也会随着使用而逐渐、分期转移。

第二，固定资产的使用期限超过 1 年。与库存物品等资产相比，固定资产不会在 1 年内变现或者耗用，能在较长的时期内发挥作用。

第三，持有固定资产的目的是用于运行而非销售。工会取得固定资产的目的是服务职工或开展工会活动或日常运行管理，而不是用于出售。

总之，资产单位价值在规定的标准之上，具有持久性、耐用性，在使用过程中基本保持原有物质形态，以自用为原则，这些是固定资产的主要特点。

2. 固定资产的确认条件

根据《工会会计制度》第二十五条规定，经济资源同时满足以下两个条件时，应当确认为资产：

（1）与该经济资源相关的服务潜力很可能实现或者经济利益很可能流入工会；

（2）该经济资源的成本或者价值能够可靠地计量。

3. 固定资产的确认标准

根据《工会会计制度》第三十二条规定，有两类情形应当确认为固定资产：

（1）通用设备单位价值在 1 000 元以上，专用设备单位价值在 1 500 元以上的；

（2）单位价值虽未达到规定标准，但是使用时间超过 1 年（不含 1 年）的大批同类物资，应当按照固定资产进行核算和管理。

4. 固定资产的确认时点

（1）购入、换入、接受捐赠、无偿调入不需安装的固定资产：在固定资产验收合格时确认；

（2）购入、换入、接受捐赠、无偿调入需要安装的固定资产：在固定资产安装完成交付使用时确认；

(3) 自行建造、改建、扩建、大型修缮的固定资产：在建造修缮完成交付使用时确认。

（二）固定资产的分类

根据《工会会计制度》第三十二条，固定资产按经济用途一般可以分为以下六类：

1. 房屋及构筑物

房屋及构筑物是指属于工会组织的房屋、构筑物及其附属设施。其中，房屋包括办公用房、生产经营用房、仓库、职工生活用房、食堂用房、锅炉房等；构筑物包括道路、围墙、水塔、雕塑等；附属设施包括房屋、构筑物内的电梯、通信线路、输电线路、水气管道等。

2. 专用设备

专用设备是指工会根据业务工作的实际需要购置的各种具有专门性能和专门用途的设备，包括各种仪器和机械设备、医疗器械、文体事业单位的文体设备等。

3. 通用设备

通用设备是指工会用于办公和事务性的设备、交通工具、通信工具等。

4. 文物和陈列品

文物和陈列品是指工会所办的陈列馆、纪念馆等陈列的文物和陈列品，如古玩、字画、纪念品、展品、藏品等。

5. 图书、档案

图书、档案是指工会所办的图书馆（室）、阅览室等的图书、资料等。

6. 家具、用具、装具及动植物

三、工会固定资产的管理

为加强工会固定资产管理，全国总工会印发了《工会固定资产管理办法》(总工办发〔2002〕30号)，该办法对固定资产的管理目标、原则、任务以及内容等进行了详细规定，是各级工会制定和加强固定资产管理的重要依据。其主要内容有：

（一）固定资产管理的目标

工会固定资产的管理的目标是：维护工会资产的安全与完整，提高固定资产的使用效益，明确工会固定资产的保管责任，确保工会固定资产的保值增值。

（二）固定资产管理的基本原则

按照规定，工会固定资产的管理和使用实行统一领导、分级管理、责任到人、物尽其用的原则。

（三）固定资产管理的主要任务

建立健全各项管理制度；明晰产权关系，实施产权管理；合理配备并节约、有效使用固定资产，提高固定资产使用效益，保障固定资产的安全和完整。

（四）固定资产增减变动的管理

1. 购置固定资产应根据批准的年度预算执行。分清资金支出渠道，分别在相关科目中列支。

2. 购入、有偿调入和自制、自建完工交付使用增加的固定资产，应由单位资产管理部门及时组织验收，属于技术设备的还应会同技术部门验收，并建立技术档案。验收合格后，由单位资产管理部门根据发票、固定资产调拨单或基建、自制项目交付使用验收单据等凭证，填制固定资产增加通知单，办理有关入库、财务报销和使用单位领用等手续。

3. 接受捐赠、赞助、奖励或无偿调入或盘盈等增加的固定资产，应由单位资产管理部门接收和交接，并根据固定资产交接清单、发票或固定资产盘盈盘亏报批单等凭证，填制固定资产增加通知单，办理有关入库、财务报销和使用单位领用等手续。

4. 调出、变卖、投资、损失、报废、盘亏等减少固定资产的处置，由单位资产使用部门提出申请，单位资产管理部门审核鉴定、提出意见并报单位财务部门同意，经单位主管领导（或领导办公会议）审批，并报主管工会或上一级工会核准或备案，单位资产管理部门根据批件和有关资料办理调出或注销等固定资产减少手续。

5. 正常报废的固定资产，由单位资产管理部门按照国家规定的年限确定，对专用的仪器、器械等，应会同技术部门进行技术鉴定，根据鉴定意见及相关批件等，办理有关注销手续。

6. 非正常损失减少的固定资产，由单位资产管理部门会同技术部门进行技术鉴定后，查明原因，明确责任。根据鉴定意见，对责任人的处理意见及相关批件等，办理有关注销手续。

7. 土地、房屋、构筑物、汽车等特殊资产的处置及非经营性资产转经营性资产时，均需单位资产管理部门提出申请，经单位领导办公会议（或常委会或委员会）决定，报主管工会或上级工会核准或备案。

8. 工会组织或事业单位撤销时，经清理后的全部价款和未处置的资产要全部移交到上一级工会或主管工会；工会组织或事业单位合并到其他单位时，其资产要并入新的单位；工会组织分立时，其资产原则上按照职工人数分配。以上资产的处置，均由上一级工会核准；相关工会和事业单位根据批件和有关资料办理入账和注销手续。

9. 申报资产处置的手续，应根据不同情况提交下列有关文件、证件和资料：

（1）单位资产管理部门资产处置的申请函；

（2）单位分立、撤销、合并、改制、隶属关系改变等的批准文件；

（3）资产原始价值凭证的复印件；

（4）技术部门的鉴定意见；

（5）资产评估机构出具的有关资产评估报告；

（6）非正常损失情况说明及对责任人、有关领导的处理情况；

（7）申报单位的《中国工会资产产权登记证》复印件；

（8）工会固定资产处置的相关报批单。

10. 资产处置的变价收入和残值收入，除按规定上缴主管工会外，一律缴至本单位工会财务，按照《工会会计制度》有关规定进行账务处理。

（五）固定资产的日常管理

固定资产日常管理主要是为维护固定资产使用功能而进行的日常维护与改建。按照规定，固定资产日常管理的主要内容有：

1. 固定资产的日常管理是指在日常工作或业务活动中对所需及占用的工会固定资产实施不间断的管理及核算，包括从编制固定资产预算、计划采购、验收入库、登记入账、领用发出到维修保养、处置等各个环节的实物管理和财务核算。

2. 资产部门应对本单位占有使用的由不同资金渠道形成的固定资产进行统一管理。由政府和行政拨给工会的固定资产，产权已界定为工会的，按工会资产管理；由工会使用保管的国有资产和非工会资产一律登记固定资产备查簿。

3. 在固定资产的日常管理中，各资产部门、财务部门、技术部门和使用部门既要分工，又要合作，共同努力管好资产。财务部门和资产部门合署办公的，应指定不同人员分别代表财务部门和资产部门行使职能。其中：

财务部门负责按固定资产的价值分类核算，审核固定资产预算，并对固定资产管理进行监督检查 。

资产部门负责对固定资产的预算编制、计划采购、验收入库、登记保管、领用发出、维修保养、调拨处置等进行具体管理，并负责分类进行实物测量核算。根据各单位的实际情况，某些日常管理工作也可委托资产使用单位承担。技术部门参与专用设备的维修保养和技术鉴定。使用部门负责固定资产的合理、有效使用和日常维修管理。

4. 固定资产预算及购置计划既要根据实际需要又要注意节约，要根据各类资产的配备情况及使用标准合理配置，充分利用现有固定资产，防止闲置浪费。

5. 资产部门必须完善固定资产登记、入库、领用、处置、清查盘点等日常管理制度。使用部门必须指定专人负责办理本部门固定资产和其他物品的领用、保管、清点等工作。

6. 资产部门对验收入库及投入使用的固定资产，须建立《工会固定资产卡片》，并记入《工会固定资产明细账》，按物登卡、凭卡记账。对库存的固定资产，要按照各类资产的使用说明和存放要求进行保管，填写保管单并定期检查。库存固定资产未经管理人员同意，任何人不准领用或调换。处置固定资产须填写有关工会固定资产处置报批单，据单入账。使用部门领用固定资产须填写《工会固定资产领用（出库）单》，经主管资产的领导同意后，固定资产管理人员凭单填写固定资产使用记录，并记入《工会固定资产卡片》。未经批准，任何个人不得以任何理由占用固定资产。如需借用固定资产，须经主管资产的领导同意后，办理借用手续。

7. 资产管理部门对配备给个人使用的固定资产或物品，要建立领用、交还制度，并督促使用人爱护所用资产。工作人员离职时，应在其办理所用资产交还手续后，方可办理离职手续。

8. 资产管理部门、财务部门和使用部门应每半年对账一次，使账实、账卡、账账保持一致。每年年终对本单位的固定资产进行一次全面清查盘点，查明固定资产的实有数与账面结存数是否相符，固定资产的保管、使用、维修等情况是否正常。对清查盘点中发现的问题，应查明原因，说明情况，编制有关《工会固定资产盘盈盘亏报批单》，按管理权限核准后，调整固定资产账目。年终编制《工会固定资产年度增减变动统计表》，报主管工会和上一级工会。

9. 单位发生资产产权变动、财务和账务异常、资产损失和资金挂账严重或挂靠单位脱钩等情况，必须进行清产核资的，应由本单位资产管理部门报主管工会或上一级工会确定。

10. 账户管理。按照要求，固定资产的核算除了反映价值外，还需要反映固定资产的实物数量。因此，固定资产核算的账户管理包括两个层面：一是用于记录和反映固定资产变动和结存的总账和明细账；二是建立固定资产卡片账，对固定资产的品名、型号、规格以及维修记录等情况进行详细记录。

（六）固定资产的清查盘点

工会应当定期对固定资产进行清查盘点，每年至少全面盘点一次。对于盘盈、盘亏或毁损、报废的固定资产，工会资产监督管理部门应当及时查明原因，出具书面报告，按规定报经批准认定后及时进行账务处理，同时将有关情况在会计报表附注中加以披露。

四、固定资产折旧

（一）固定资产折旧的定义

折旧，是指在固定资产的预计使用年限内，按照确定的方法对应计的折旧额进行系统分摊。

如前文所述，固定资产属于长期资产，特点是可以连续多次参加各类公共服务活动，并始终基本上保持原来的实物形态，但其价值会随着资产的使用和时间的流逝逐渐损耗，直至报废或以其他方式处置。为了如实反映固定资产在报告时点的实际价值，提供固定资产在报告期间的损耗信息，加强工会的资产管理与成本核算，《工会会计制度》第三十五条规定，工会应当对固定资产计提折旧，但文物和陈列品，动植物，图书、档案，单独计价入账的土地和以名义金额计量的固定资产除外。

（二）影响固定资产折旧的因素

《工会会计制度》第三十五条规定，工会一般应当采用年限平均法或者工作量法计提固定资产折旧，计提折旧时不考虑预计净残值。所以，影响工会固定资产折旧的因素主要有两个方面：

1. 固定资产原价，指固定资产的成本；

2. 固定资产的预计使用年限，指工会固定资产的预计使用年限，或者该固定资产预期能够产生服务潜力或者带来经济利益流入的年限。

工会应当根据相关规定以及固定资产的性质和实际使用情况，合理确定其使用年限。固定资产的使用年限一经确定，不得随意变更。具体确定固定资产预计使用年限时，工会应当考虑下列因素：

（1）固定资产预计实现服务潜力或提供经济利益的期限；

（2）固定资产预计有形损耗和无形损耗；

（3）法律或者类似规定对固定资产使用的限制。

需要注意的是，固定资产因改建、扩建或大型修缮等原因而延长其使用年限的，工会应当按照重新确定的固定资产成本以及重新确定的折旧年限计算折旧额。

基层工会应当在遵循《工会会计制度》“附录 2：工会固定资产折旧年限表”（表 2-20）中所规定的固定资产折旧年限范围的前提下，再根据实际情况进一步细化本级工会固定资产的类别，具体确定各类固定资产的折旧年限。

表 2-20　工会固定资产折旧年限表

固定资产类别	内容		折旧年限（年）
房屋及构筑物	业务及管理用房	钢结构	不低于 50
		钢筋混凝土结构	不低于 50
		砖混结构	不低于 30
		砖木结构	不低于 30
	简易房		不低于 8
	房屋附属设施		不低于 8
	构筑物		不低于 8
通用设备	计算机设备		不低于 6
	办公设备		不低于 6
	车辆		不低于 8
	图书档案设备		不低于 5
	机械设备		不低于 10
	电气设备		不低于 5
	雷达、无线电和卫星导航设备		不低于 10
	通信设备		不低于 5
	广播、电视、电影设备		不低于 5
	仪器仪表		不低于 5
	电子和通信测量设备		不低于 5
	计量标准器具及量具、衡器		不低于 5
专用设备	食品加工专用设备		10~15
	纺织设备		10~15
	缝纫、服饰、制革和毛皮加工设备		10~15
	医疗设备		5~10
	安全生产设备		10~20
	环境污染防治设备		10~20
	文艺设备		5~15
	体育设备		5~15
	娱乐设备		5~15

续表

固定资产类别	内容	折旧年限（年）
家具、用具及装具	家具	不低于 15
	用具、装具	不低于 5

（三）固定资产折旧范围

《工会会计制度》第三十五条规定，工会应当对固定资产计提折旧，但下列 5 项工会固定资产不计提折旧：

1. 文物和陈列品；
2. 动植物；
3. 图书、档案；
4. 单独计价入账的土地；
5. 以名义金额计量的固定资产。

在确定计提折旧的范围时还应注意以下几点：①

1. 工会应当按月计提折旧；
2. 当月增加的固定资产，当月计提折旧；
3. 当月减少的固定资产，当月不再计提折旧；
4. 固定资产提足折旧后，无论是否继续使用，均不再计提折旧；提前报废的固定资产，也不再补提折旧。所谓提足折旧是指已经提足该项固定资产的应计折旧额。②

（四）固定资产的折旧方法

《工会会计制度》第三十五条规定，工会一般应当采用年限平均法或者工作量法计提固定资产折旧。在确定固定资产折旧方法时，应当考虑与固定资产相关的服务潜力或经济利益的预期实现方式。固定资产的折旧方法一经确定，不得随意变更。

---

① 《工会会计制度》中“当月增加的固定资产，当月计提折旧；当月减少的固定资产，当月不再计提折旧”的规定和《政府会计制度》的规定一致，但和《企业会计制度》的规定相反。企业会计制度规定，当月增加的固定资产，当月不计提折旧，从下月起计提折旧；当月减少的固定资产，当月仍计提折旧，从下月起不计提折旧。

② 这一规定和《政府会计制度》以及《企业会计制度》中的相关规定是一致的。

1. 年限平均法

年限平均法又称直线法，是指将固定资产的应计折旧额均衡地分摊到固定资产预计使用寿命内的一种方法。

采用这种方法计算的每期折旧额均相等。计算公式如下：

月折旧额=固定资产原价÷预计使用年限÷12

采用年限平均法计算资产折旧虽然比较简便，但也存在一些明显的局限性。

固定资产在不同使用年限提供的经济效益是不同的。一般来讲，固定资产在其使用前期工作效率相对较高，所带来的经济利益也就多；而在其使用后期，工作效率一般呈下降趋势，因而经济利益也就逐渐减少。年限平均法不予考虑，明显是不合理的。

固定资产在不同的使用年限发生的费用也不一样。固定资产的维修费用将随着其使用时间的延长而不断增加，而年限平均法没有考虑这一因素。

当固定资产各期负荷程度相同时，各期应分摊相同的折旧额，这时采用年限平均法计算折旧是合理的。但是，如果固定资产各期负荷程度不同，采用年限平均法计算折旧时，则不能反映固定资产的实际使用计提的折旧额，与固定资产的损耗程度也不相符。

2. 工作量法

工作量法是根据实际工作量计算每期应计提折旧额的一种方法，也属于直线法。一般是按固定资产所能工作的时数平均计算折旧额。工作量法下的固定资产折旧额的计算通常有按行驶里程计算和按工作小时计算两种方法。

(1) 按行驶里程计算折旧

其计算公式为：

固定资产每月折旧额=单位里程折旧额×该固定资产当月实际行驶里程

=固定资产原值÷总行驶里程×该固定资产当月实际行驶里程

(2) 按工作小时计算折旧

其计算公式为：

固定资产每月折旧额＝每工作小时折旧额×该固定资产当月实际工作小时

＝固定资产原值÷工作总小时×该固定资产当月实际工作小时

可见，工作量法计算折旧是假定固定资产价值的降低不是由于时间的推移，而是由于使用。对于在使用期内工作量负担程度差异大、提供的经济效益不均衡的固定资产而言，特别是在有形磨损比经济折旧更为重要的情况下，工作量的这一假定是合理的。但是，工作量法把有形损耗看作引起固定资产折旧的唯一因素，由于无形损耗和自然损耗的客观存在，固定资产即使不使用也会发生折旧，使用工作量法难以在账面上对这种情况作出反映。此外，有些固定资产的工作总量难以可靠估计。

所以，工作量法适用于那些在使用期间工作量负担程度差异很大、提供的经济效益很不均衡的固定资产。在各期使用固定资产的时间或里程不均衡时，采用工作量法计提折旧，更加符合配比原则。

【例 2-22】 某工会有小汽车一辆，原值为 12 万元，因小汽车的行驶里程各月差异较大，故采用工作量法计算折旧额。预计该小汽车行驶总里程为 600 000 公里，某月该汽车行驶了 6 000 公里。该汽车的当月折旧额计算如下：

固定资产某月折旧额＝单位里程折旧额×该固定资产当月实际行驶里程

＝固定资产原值÷总行驶里程×该固定资产当月实际行驶里程

＝120 000÷600 000×6 000＝1 200（元）

五、会计科目设置和账簿

（一）会计科目

为了核算固定资产业务，基层工会应当设置“固定资产”“累计折旧”“在建工程”科目和“资产基金”等总账会计科目。

1. “固定资产”科目

“固定资产”科目，用于核算工会固定资产的原值。该科目属于资产类会计科目，借方表示增加，登记工会增加的固定资产原值；贷方表示减少，登记工会减少的固定资产原值。期末余额在借方，反映工会期末固定资产的账面原值。

“固定资产”科目的账户结构如图 2-11 所示。

借　　　　固定资产	贷
增加：增加的固定资产原值	减少：减少的固定资产原值
余额：期末固定资产的账面原值	

图 2-11　“固定资产”科目的账户结构

此外，“固定资产”科目与“资产基金——固定资产”科目是对应科目，两个科目的期末余额通常应当相等。

基层工会在核算固定资产时需要注意两点：一是购入需要安装的固定资产，应当先通过“在建工程”科目核算，安装完毕交付使用时再转入“固定资产”科目核算；二是单位行政方面提供给基层工会使用的或基层工会以经营租赁方式取得的固定资产，不通过“固定资产”科目核算，但应当设置备查簿进行登记。

2. “累计折旧”科目

工会固定资产折旧的计提应通过“累计折旧”科目核算，该科目属于资产类账户，用以核算固定资产在使用过程中计提的累计折旧。但“累计折旧”科目属于一个结构较为特殊的资产类账户，是资产类的备抵调整账户，其账户反映的内容实质上是固定资产价值的减少，结构与一般资产账户的结构正好相反。“累计折旧”科目贷方表示增加，登记累计折旧的增加额，如按月计提的折旧额；借方表示减少，登记如处置、盘亏、毁损、报废固定资产时结转的折旧额。期末余额在贷方，反映工会计提的固定资产折旧累计数。

“累计折旧”科目的账户结构如图 2-12 所示。

借　　　　累计折旧	贷
减少：处置、盘亏、毁损、报废固定资产时结转的折旧额	增加：按月计提的折旧额
	余额：工会计提的固定资产折旧累计数

图 2-12　“累计折旧”科目的账户结构

此外，“累计折旧”科目还应当按照所对应固定资产的类别、项目进行明细核算。

3. “在建工程”科目

“在建工程”科目用于核算工会在建的建设项目工程的实际成本，工会在建的信息系统项目工程也通过本科目核算。“在建工程”科目，借方登记在建工程所发生的实际支出，贷方登记完工工程转出的成本。期末借方余额，反映工会尚未完工的各项在建工程发生的实际支出。工会可按具体工程项目设置明细科目，进行明细核算。“在建工程”科目与“资产基金——在建工程”科目是对应科目，两个科目的期末余额应当相等。

（二）账簿管理

工会应设置固定资产明细账，按类别、项目进行明细核算。同时，工会还应当设置“固定资产登记簿”和“固定资产卡片”，按固定资产类别、使用部门和每项固定资产进行明细核算。

1. 固定资产登记簿

固定资产登记簿是按固定资产类别开设账页，并按其来源、使用情况、保管部门设专栏进行登记，主要是以价值形式序时反映固定资产的增减变动情况，并每月结出余额。

2. 固定资产卡片

固定资产卡片是反映各项固定资产详细情况的明细账，应按固定资产的项目设立，每项一张。在固定资产卡片中，应该记录该项固定资产的编号、名称、规格、技术特征、技术资料编号、附属物、使用单位、所在地点、购建年份、开始使用日期、中间停用日期、原值、预计使用年限、折旧率以及转移调拨、报废清理等情况。

六、主要业务和事项账务处理

固定资产的主要业务和事项包括五种情形：一是取得固定资产；二是按月计提折旧；三是与固定资产有关的后续支出；四是处置固定资产；五是固定资产的清查盘点。

（一）取得固定资产

《工会会计制度》第三十三条规定，固定资产在取得时应当按照其实际成本入账。固定资产的取得成本包括工会为购置某项固定资产达到预定可使用状态前所发生的一切合理的、必要的支出。在实务中，工会取得固定资产的方式是多种多样的，包括购入、有偿调入；自行建造；接受捐赠、无偿调入；在原有固定资产基础上进行改建、扩建、大型修缮等。工会固定资产取得的方式不同，其成本的具体构成内容及确定方法也不尽相同，具体如表2-21所示。

表2-21　固定资产成本的构成内容

固定资产取得的方式	固定资产成本的构成内容
1. 购入、有偿调入	实际支付的买价、运输费、保险费、安装费、装卸费及相关税费等
2. 自行建造	该项资产至交付使用前所发生的全部必要支出
3. 接受捐赠、无偿调入	按照《工会会计制度》第二十七条规定所确定的成本入账
4. 在原有固定资产基础上进行改建、扩建、大型修缮	原固定资产账面价值加上改建、扩建、大型修缮发生的支出，再扣除固定资产被替换部分的账面价值后的金额

1. 购入、有偿调入的固定资产

《工会会计制度》第三十三条规定，工会购入、有偿调入的固定资产，其成本包括实际支付的买价、运输费、保险费、安装费、装卸费及相关税费等。

基层工会在购入、有偿调入不需要安装的固定资产时，应按照确定的成本，借记“固定资产”，贷记“资产基金——固定资产”；对于需要安装的固定资产，则应借记“在建工程”，贷记“资产基金——在建工程”；同时，按照实际支付的金额，借记“资本性支出”科目，贷记“银行存款”等科目。

购入固定资产扣留质量保证金的，在取得固定资产时，按照确定的固定资产成本，借记“固定资产”科目（不需安装）或“在建工程”科目（需要安装），贷记“资产基金——固定资产”（不需安装）或“资产基金——在建工程”（需要安装）科目。同时取得固定资产全款发票的，按照构成资产成本的全部支出金额，借记“资本性支出”科目，按照实际支付的金额，贷记“银行存款”等科目，按照扣留的质量保证金金额，贷记“其他应付款”科目；取得的发票金额不包括质量保证金的，按照不包括质量保证金的支出金额，借记“资本性支出”科目，贷记“银行存款”等科目。

实际支付质量保证金时，借记“其他应付款”科目或“资本性支出”科目，贷记“银行存款”等科目。

2. 自行建造的固定资产

《工会会计制度》第三十三条规定，工会自行建造的固定资产，其成本包括该项资产至交付使用前所发生的全部必要支出。

所以，基层工会自行建造固定资产，在工程完工交付使用时，应按照自行建造过程中发生的实际支出，借记“固定资产”科目，贷记“资产基金——固定资产”科目；同时，借记“资产基金——在建工程”科目，贷记“在建工程”科目。

已交付使用但尚未办理竣工决算手续的固定资产，按照估计价值入账，待办理竣工决算后再按照实际成本调整原来的暂估价值。按照实际成本与暂估价值的差额，借记或贷记“固定资产”，贷记或借记“资产基金——固定资产”科目。

3. 接受捐赠、无偿调入的固定资产

《工会会计制度》第三十三条规定，工会接受捐赠、无偿调入的固定资产，应按照本制度第二十七条规定所确定的成本入账。

所以，基层工会对于接受捐赠、无偿调入的固定资产，应按照确定的成本，借记“固定资产”科目（需要安装的，借记“在建工程”），贷记“资产基金——固定资产”科目（需要安装的，贷记“资产基金——在建工程”）；同时，按照发生的相关税费、运输费等，借记“其他支出”科目，贷记“银行存款”等科目。

4. 改建、扩建、大型修缮后的固定资产

《工会会计制度》第三十三条规定，工会在原有固定资产基础上进行改建、扩建、大型修缮后的固定资产，其成本按照原固定资产账面价值加上改建、扩建、大型修缮发生的支出，再扣除固定资产被替换部分的账面价值后的金额确定。

所以，基层工会在原有固定资产基础上进行改建、扩建、大型修缮时，首先应将固定资产转入改建、扩建、大型修缮时，按照固定资产的账面价值，借记“资产基金——固定资产”科目，按照固定资产已计提折旧金额，借记“累计折旧”科目，按照固定资产的账面余额，贷记“固定资产”科目；同时，按照固定资产的账面价值，借记“在建工程”科目，贷记“资产基金——在建工程”科目。工程完工交付使用时，按照确定的固定资产成本，借记“固定资产”科目，贷记“资产基金——固定资产”科目；同时，借记“资产基金——在建工程”科目，贷记“在建工程”科目。

基层工会取得固定资产的账务处理如表 2-22 所示。

表 2-22　基层工会取得固定资产的账务处理

主要业务和事项	新制度	原制度
1. 购入、有偿调入	双分录： (1) 借：固定资产（不需安装）/ 在建工程（需要安装） 贷：资产基金——固定资产/ 在建工程 (2) 借：资本性支出 贷：银行存款等	双分录： (1) 借：固定资产 贷：固定基金 (2) 借：资本性支出 贷：银行存款等
	购入固定资产扣留质量保证金的： (1) 取得全款发票的： ① 取得固定资产时： 借：固定资产（不需安装）/ 在建工程（需要安装） 贷：资产基金——固定资产/ 在建工程 同时： 借：资本性支出 贷：银行存款等 其他应付款 ② 实际支付质量保证金时： 借：其他应付款 贷：银行存款等 (2) 取得非全款发票的： ① 取得固定资产时： 借：固定资产（不需安装）/ 在建工程（需要安装） 贷：资产基金——固定资产/ 在建工程	——

续表

主要业务和事项	新制度	原制度
	同时： 借：资本性支出 　贷：银行存款等 ② 实际支付质量保证金时： 借：资本性支出 　贷：银行存款等	
2. 自行建造	借：固定资产 　贷：资产基金——固定资产 同时： 借：资产基金——在建工程 　贷：在建工程	借：固定资产 　贷：在建工程 同时： 借：在建工程占用资金 　贷：固定基金
3. 接受捐赠、无偿调入	借：固定资产（不需安装）/ 　　在建工程（需要安装） 　贷：资产基金——固定资产/ 　　　　　　　　在建工程 由工会承担的相关税费、运输费等： 借：其他支出 　贷：银行存款等	借：固定资产 　贷：固定基金
4. 改建、扩建、大型修缮后①	借：固定资产 　贷：资产基金——固定资产 同时： 借：资产基金——在建工程 　贷：在建工程	借：固定资产 　贷：在建工程 同时： 借：在建工程占用资金 　贷：固定基金

---

① 此处的账务处理仅包括工程完工取得固定资产的核算，在此之前，应将需改建、扩建、大型修缮的原固定资产转入在建工程，并编制如下会计分录：

借：资产基金——固定资产（固定资产的账面价值）

　　累计折旧（已计提折旧金额）

　贷：固定资产（账面余额）

同时：

借：在建工程（固定资产的账面价值）

　贷：资产基金——在建工程

可结合本部分“（三）与固定资产有关的后续支出”中的“1. 对固定资产进行改建、扩建或大型修缮”一起学习。

（二）按月计提折旧

基层工会按月计提固定资产折旧时，按照应计提折旧金额，借记“资产基金——固定资产”科目，贷记“累计折旧”科目。

此处需要注意对工会固定资产计提折旧的会计处理和企业及行政事业单位的区别。工会采用“虚提”方式计提折旧，企业和行政事业单位采用的是“实提”方式。虚提方式下，计提折旧时冲减“资产基金——固定资产”，而非实际计入支出。这一处理兼顾了预算管理和财务管理的双重需要，既不影响工会支出的预算口径，又有利于反映资产随着时间推移和使用程度发生的价值消耗情况，促进工会落实“实物管理与价值管理相结合”的资产管理理念和原则，在以收付实现制为主要核算基础的预算会计制度体系中具有一定的现实意义。

（三）与固定资产有关的后续支出

与固定资产有关的后续支出分为两种情况：一是为增加固定资产使用效能或延长其使用寿命而发生的改建、扩建或大型修缮等后续支出，《工会会计制度》规定，该支出应该资本化；二是为维护固定资产正常使用而发生的日常修理等后续支出，《工会会计制度》规定，该支出应该费用化。

1. 对固定资产进行改建、扩建或大型修缮

《工会会计制度》规定，为增加固定资产使用效能或延长其使用寿命而发生的改建、扩建或大型修缮等后续支出，应当计入固定资产成本，通过“在建工程”科目核算，完工交付使用时转入“固定资产”科目。

基层工会在对原有固定资产基础上进行改建、扩建、修缮时，应将固定资产转入在建工程，按照固定资产的账面价值，借记“在建工程”科目，贷记“资产基金——在建工程”科目；同时，按照固定资产的账面价值，借记“资产基金——固定资产”科目，按照固定资产已计提折旧金额，借记“累计折旧”科目，按照固定资产的账面余额，贷记“固定资产”科目。

当固定资产改建、扩建、修缮工程在完工交付使用时，基层工会应按照确定的固定资产成本，即按原固定资产账面价值加上改建、扩建、大型修缮发生的支出减去固定资产被替换部分的账面价值后的金额，借记“固定资产”科目，贷记“资产基金——固定资产”科目；同时，借记“资产基

金——在建工程”科目，贷记“在建工程”科目。

2. 日常修理

《工会会计制度》规定，基层工会如果是为维护固定资产正常使用而发生的日常修理等后续支出，应当计入当期支出但不计入固定资产成本，借记“职工活动支出”等支出科目，贷记“银行存款”等科目。

与固定资产有关后续支出的账务处理如表 2-23 所示。

表 2-23 固定资产后续支出的账务处理

主要业务和事项		新制度	原制度
1. 改建、扩建、大型修缮	(1) 将固定资产转入在建工程	借：在建工程 　贷：资产基金——在建工程 同时： 借：资产基金——固定资产累计折旧 　贷：固定资产	借：固定基金 　贷：固定资产 同时： 借：在建工程 　贷：在建工程占用资金
	(2) 工程完工交付使用时	借：固定资产 　贷：资产基金——固定资产 同时： 借：资产基金——在建工程 　贷：在建工程	借：固定资产 　贷：在建工程 同时： 借：在建工程占用资金 　贷：固定基金
2. 日常修理		借：职工活动支出等支出科目 　贷：银行存款等	借：支出类科目 　贷：银行存款等

(四) 处置固定资产

固定资产的处置是指工会对其占有、使用的固定资产进行产权转让或者注销产权的行为。处置方式包括：以固定资产对外进行股权投资；出售；对外捐赠、无偿调出等。处于处置状态的工会固定资产不再符合固定资产的定义，应予终止确认。

1. 出售固定资产

《工会会计制度》第三十六条规定，工会处置（出售）固定资产时，应当冲减其账面价值并相应减少资产基金，处置中取得的变价收入扣除处置费用后的净收入（或损失）计入当期收入（或支出），按规定应当上缴财政的计入其他应付款。

所以，基层工会出售固定资产时，应按照出售固定资产的账面价值，借记“资产基金——固定资产”科目，按照已计提折旧，借记“累计折旧”科目，按照固定资产的账面余额，贷记“固定资产”科目。按照出售过程中取得的价款，借记“银行存款”等科目，贷记“其他收入”科目。出售过程中工会发生的税费等支出，借记“其他支出”科目，贷记“银行存款”等科目。

2. 对外捐赠、无偿调出固定资产

《工会会计制度》规定，各级工会对外捐赠、无偿调出工会固定资产时，应按照固定资产的账面价值，借记“资产基金——固定资产”科目，按照已计提折旧，借记“累计折旧”科目，按照固定资产的账面余额，贷记“固定资产”科目。对外捐赠、无偿调出固定资产过程中发生的由工会承担的运输费、装卸费等，则按照实际支付的金额，借记“其他支出”科目，贷记“银行存款”等科目。

基层工会处置固定资产的账务处理如表 2-24 所示。

表 2-24 基层工会处置固定资产的账务处理

<table>
<tr><th colspan="2">主要业务和事项</th><th>新制度</th><th>原制度</th></tr>
<tr><td rowspan="3">1. 出售</td><td>(1) 冲销固定资产</td><td>借：资产基金——固定资产
累计折旧
贷：固定资产</td><td>借：固定基金
贷：固定资产</td></tr>
<tr><td>(2) 出售过程中取得的价款</td><td>借：银行存款等
贷：其他收入</td><td rowspan="2">借：银行存款等
贷：其他收入</td></tr>
<tr><td>(3) 出售过程中发生的税费等支出</td><td>借：其他支出
贷：银行存款等</td></tr>
<tr><td rowspan="2">2. 对外捐赠、无偿调出</td><td>(1) 冲销固定资产</td><td>借：资产基金——固定资产
累计折旧
贷：固定资产</td><td rowspan="2">——</td></tr>
<tr><td>(2) 由工会承担的运输费、装卸费等</td><td>借：其他支出
贷：银行存款等</td></tr>
</table>

（五）固定资产的清查盘点

《工会会计制度》第三十七条规定，工会应当定期对固定资产进行清查盘点，每年至少全面盘点一次。对于盘盈、盘亏或报废、毁损的固定资产，工会应当及时查明原因，报经批准认定后及时进行会计处理。

和库存物品的盘点处理方法一样，《工会会计制度》规定，各级工会在处理资产清查过程中发现的盘盈、盘亏或毁损、报废的固定资产时，也是一般应先转入待处理资产，在报经相关部门批准后，根据批准结果，区分不同情况及时进行账务处理。

1. 盘盈

基层工会对于资产清查过程中发现盘盈的固定资产，应首先转入待处理资产，报经批准后增加固定资产的资产基金。

转入待处理资产时，按照《工会会计制度》第二十七条规定所确定的成本，借记“固定资产”，贷记“待处理财产损溢——待处理财产价值”。

盘盈的固定资产在按照规定报经批准后处理时，应借记“待处理财产损溢——待处理财产价值”，贷记“资产基金——固定资产”。

2. 盘亏

基层工会对于资产清查过程中发现盘亏的固定资产，应首先转入待处理资产，报经批准后再减少固定资产的资产基金。

转入待处理资产时，应按其账面价值，借记“待处理财产损溢——待处理财产价值”科目，按照已计提折旧，借记“累计折旧”科目，按照固定资产的账面余额，贷记“固定资产”科目。

基层工会按照规定报经批准后处理时，应借记“资产基金——固定资产产”科目，贷记“待处理财产损溢——待处理财产价值”科目。

3. 毁损、报废

对于资产清查过程中发现的毁损、报废的固定资产，基层工会的会计处理和盘亏固定资产一样，首先应转入待处理资产，报经批准后再减少相应资产的资产基金。

和盘亏各类资产的处理不同的是，基层工会在处理毁损、报废的固定资产的过程中既会发生一些处理收入，也会发生一些相关费用。所以，基层工会还应对发生的处理收入和相关费用以及处理收支结清进行相应的账务核算。具体的账务处理如下：

基层工会对于处理毁损、报废的固定资产过程中取得的残值或残值变价收入、保险理赔和过失人赔偿等，应借记“库存现金”“银行存款”“其他应收款”等科目，贷记“待处理财产损溢——处理净收入”科目；

基层工会对于处理毁损、报废固定资产过程中发生的相关费用，应借记“待处理财产损溢——处理净收入”科目，贷记“库存现金”“银行存款”等科目。

如果处理收入大于相关费用的，基层工会应按照处理收入减去相关费用后的净收入，作为“其他收入”处理。即借记“待处理财产损溢——处理净收入”科目，贷记“其他收入”科目。

如果处理收入小于相关费用的，基层工会应按照相关费用减去处理收入后的净支出，作为“其他支出”处理。即借记“其他支出”科目，贷记“待处理财产损溢——处理净收入”科目。

基层工会清查盘点固定资产的账务处理如表 2-25 所示。

表 2-25　基层工会清查盘点固定资产的账务处理

主要业务和事项		新制度	原制度
1. 盘盈	（1）转入待处理资产时	借：固定资产 　贷：待处理财产损溢——待处理财产价值	借：固定资产 　贷：固定基金
	（2）报经批准后处理时	借：待处理财产损溢——待处理财产价值 　贷：资产基金——固定资产	
2. 盘亏	（1）转入待处理资产时	借：待处理财产损溢——待处理财产价值 　　累计折旧 　贷：固定资产	借：固定基金 　贷：固定资产
	（2）报经批准后处理时	借：资产基金——固定资产 　贷：待处理财产损溢——待处理财产价值	

续表

主要业务和事项		新制度	原制度
3. 毁损、报废	（1）转入待处理资产时	借：待处理财产损溢——待处理财产价值 累计折旧 贷：固定资产	——
	（2）报经批准后处理时	借：资产基金——固定资产 贷：待处理财产损溢——待处理财产价值	借：固定基金 贷：固定资产
	（3）取得的处理收入	借：库存现金/银行存款/其他应收款 贷：待处理财产损溢——处理净收入	——
	（4）发生的相关费用	借：待处理财产损溢——处理净收入 贷：库存现金/银行存款等	——
	（5）处理收支结清	① 处理收入>相关费用： 借：待处理财产损溢——处理净收入 贷：其他收入	借：库存现金/银行存款 贷：其他收入
		② 处理收入<相关费用： 借：其他支出 贷：待处理财产损溢——处理净收入	借：其他支出 贷：库存现金/银行存款

七、主要业务和事项账务处理举例

【例 2-23】购入固定资产及按月计提折旧

202×年 3 月，某基层工会经批准用银行存款购买职工活动所用的音响设备一套，价值 36 000 元。该固定资产的折旧年限为 8 年。

1. 购入音响设备时，根据购买发票和结算单据，应编制如下会计分录：

借：固定资产——专用设备——音响　　36 000

　贷：资产基金——固定资产　　36 000

同时：

借：资本性支出——专用设备购置　　36 000

　贷：银行存款　　36 000

2. 202×年3月开始按月计提折旧，每月应计提折旧额＝36 000÷8÷12＝375（元/月）。

借：资产基金——固定资产　　375

　贷：累计折旧　　375

【例2-24】 自行建造固定资产及按月计提折旧

某基层工会经批准兴建一处简易职工健身房，202×年10月工程竣工。经中介机构审计，工程实际造价为150 000元。该简易房的折旧年限为10年。该基层工会的账务处理如下：

1. 该工程实际交付使用时：

借：固定资产——房屋及构筑物——健身房　　150 000

　贷：资产基金——固定资产　　150 000

同时：

借：资产基金——在建工程　　150 000

　贷：在建工程　　150 000

2. 202×年10月开始按月计提折旧，每月应计提折旧额＝150 000÷10÷12＝1 250（元/月）。

借：资产基金——固定资产　　1 250

　贷：累计折旧　　1 250

【例2-25】 无偿调入固定资产

202×年4月8日，某基层工会接受上级工会无偿调入职工书屋智能书柜5套，价值11 000元，同时通过银行存款转账支付运费1 000元。折旧年限为10年。该基层工会的账务处理如下：

1. 调入智能书柜时：

借：固定资产——通用设备——智能书柜　　12 000

　贷：资产基金——固定资产　　12 000

支付运费时，应编制如下会计分录：

借：其他支出　　1 000

贷：银行存款　　1000

2. 202×年4月开始按月计提折旧，每月应计提折旧额＝12 000÷10÷12＝100（元/月）。

借：资产基金——固定资产　　100

贷：累计折旧　　100

【例2-26】固定资产的大型修缮

某基层工会有一房屋原值1 000 000元，已计提折旧400 000元。为了延长该房屋的使用寿命，202×年5月开始对该房产进行大型修缮，投入300 000元，工期三个月。该基层工会的账务处理如下：

1. 202×年5月，将该固定资产转入在建工程时：

借：资产基金——固定资产　　600 000

累计折旧　　400 000

贷：固定资产　　1 000 000

同时：

借：在建工程　　600 000

贷：资产基金——在建工程　　600 000

2. 202×年5—7月，投入300 000元时：

借：在建工程　　300 000

贷：资产基金——在建工程　　300 000

同时：

借：资本性支出——大型修缮　　300 000

贷：银行存款　　300 000

3. 202×年7月，完工交付使用时：新房产的价值＝原净值600 000元＋大型修缮投入的300 000元＝900 000（元）。

借：固定资产　　900 000

贷：资产基金——固定资产　　900 000

同时：

借：资产基金——在建工程　　900 000

贷：在建工程　　900 000

【例 2-27】固定资产的日常修理

202×年 11 月，某基层工会对职工活动所用的健身器材进行日常保养维修，共花费 2 500 元，用银行存款支付。该基层工会的账务处理如下：

借：职工活动支出——文体活动支出　　2 500

　贷：银行存款　　2 500

【例 2-28】出售固定资产

202×年 7 月，某基层工会将一台闲置的汽车出售，该汽车原值为 100 000 元，已经计提折旧 60 000 元，账面净值为 40 000 元，双方议定售价为 30 000 元，已通过银行收回价款。该基层工会的账务处理如下：

1. 冲销固定资产时：

借：资产基金——固定资产　　40 000

　　累计折旧　　60 000

　贷：固定资产——通用设备——汽车　　100 000

2. 取得售价 30 000 元时：

借：银行存款　　30 000

　贷：其他收入　　30 000

【例 2-29】无偿调出固定资产

202×年 8 月，某集团工会将一批闲置的办公电脑无偿调出给二级工会，该批电脑原值为 50 000 元，已经计提折旧 30 000 元，用银行存款支付了 200 元的运输费。该集团工会的账务处理如下：

1. 冲销固定资产时：

借：资产基金——固定资产　　20 000

　　累计折旧　　30 000

　贷：固定资产——通用设备——电脑　　50 000

2. 支付运输费时：

借：其他支出　　200

　贷：银行存款　　200

【例 2-30】盘盈固定资产

202×年 11 月，某基层工会对固定资产进行清查盘点，盘盈图书一批，经评估价值为 5 000 元。该基层工会的账务处理如下：

1. 盘盈时，转入待处理资产：

借：固定资产——图书　　5 000

　贷：待处理财产损溢　　5 000

2. 报经批准后：

借：待处理财产损溢　　5 000

　贷：资产基金——固定资产　　5 000

【例 2–31】 盘亏固定资产

202×年 11 月，某基层工会对固定资产进行清查盘点，盘亏妈咪小屋里的冰箱一台，账面原值 6 000 元，已经计提折旧 4 000 元。该基层工会的账务处理如下：

1. 盘亏时，转入待处理财产：

借：待处理财产损溢　　2 000

　　累计折旧　　4 000

　贷：固定资产——通用设备——冰箱　　6 000

2. 报经批准后：

借：资产基金——固定资产　　2 000

　贷：待处理财产损溢　　2 000

【例 2–32】 报废固定资产

202×年 11 月，某基层工会对固定资产进行清查盘点，发现一批桌椅已经年久失修，不能继续使用，经批准决定报废该批桌椅。该批桌椅原值 20 000 元，已经计提折旧 18 000 元，变卖取得的残值收入 500 元，支付清理费用 100 元。该基层工会的账务处理如下：

1. 清查盘点发现毁损时，转入待处理财产：

借：待处理财产损溢——待处理财产价值　　2 000

　　累计折旧　　18 000

　贷：固定资产——家具　　20 000

2. 报经批准后，减少资产基金：

借：资产基金——固定资产　　2 000

　贷：待处理财产损溢——待处理财产价值　　2 000

3. 取得残值收入时：

借：库存现金　500
　贷：待处理财产损溢——处理净收入　500

4. 支付清理费用时：

借：待处理财产损溢——处理净收入　100
　贷：库存现金　100

5. 处理收支结清时：

借：待处理财产损溢——处理净收入　400
　贷：其他收入　400

第七节　无形资产[①]

一、无形资产概述

（一）无形资产的概念

《工会会计制度》第三十八条规定："无形资产是指工会控制的没有实物形态的可辨认非货币性资产，包括专利权、商标权、著作权、土地使用权、非专利技术等。工会购入的不构成相关硬件不可缺少组成部分的应用软件，应当确认为无形资产。"

（二）无形资产的特征

无形资产一般具有如下特征：

1. 不具有实物形态

无形资产不具有独立的实物形态，是无形资产区别于其他资产的显著标志。虽然无形资产没有实物形态，但具有价值。其价值往往是通过无形的知识形态、法律或合同所赋予的某种法定或特许的权利（如专利权、商标权）等方式来表现的，难以通过人们的感觉器官直接触摸或感受到。

2. 属于非货币性长期资产

无形资产虽然不具有物质实体，但能在工会若干运行期内使用或发挥作

① 《工会会计制度》"基层工会主要会计科目名称和编号"24 个会计科目中没有"无形资产"科目，但考虑到部分基层工会会涉及该业务，在此一并介绍。

用，预期能够产生服务潜力或带来未来的经济利益。一般来说，使用年限应在一年以上。因此，无形资产属于一项长期资产，并且是非货币性资产。

3. 带来的服务潜力或经济利益具有不确定性

受工会外部因素、有形资产使用状况的影响，无形资产能为工会带来的服务潜力或未来经济利益具有较大的不确定性。当代科学技术的迅猛发展，使得许多无形资产的经济寿命难以准确地预计，因而也使得无形资产能为工会带来多少的服务潜力或经济利益难以准确地预计。有些无形资产确认的账面价值与以后实际价值往往出现较大差距。多数情况下，无形资产的潜在价值可能是分布在零至很大金额的范围内，具有高度不确定性。

（三）无形资产的内容

工会的无形资产按照其反映的经济内容，通常包括专利权、商标权、著作权、特许权、土地使用权、非专利技术等。

1. 专利权

专利权是指国家专利主管机关依法授予发明创造专利申请人，对其发明创造在法定期限内所享有的专有权利，包括发明专利权、实用新型专利权和外观设计专利权。《专利法》规定，发明专利权的法定有效时间为 20 年，实用新型专利权和外观设计专利权的法定有效时间为 15 年。但是，随着科学技术的迅猛发展，专利的实际经济寿命往往短于其法定期限。

2. 商标权

商标是用来辨认特定的商品或劳务的标记。商标权指专门在某类指定的商品或产品上使用特定的名称或图案的权利。经商标局核准注册的商标为注册商标，包括商品商标、服务商标和集体商标、证明商标；商标注册人享有商标专用权，受法律保护。注册商标的有效期为 10 年，自核准注册之日起计算。注册商标有效期满，需要继续使用的，应当在期满前 6 个月内申请续展注册；在此期间未能提出申请的，可以给予 6 个月的宽展期。宽展期满仍未提出申请的，注销其注册商标。每次续展注册的有效期为 10 年。

3. 著作权

著作权又称版权，是指作者对其创作的文学、科学和艺术作品依法享有的某些特殊权利。著作权包括作品署名权、发表权、修改权和保护作品完整权，还包括复制权、发行权、出租权、展览权、表演权、放映权、广播权、信息网络传播权、摄制权、改编权、翻译权、汇编权以及应当由著作权人享有的其他权利。著作权人包括作者和其他依法享有著作权的公民、法人或者其他组织。著作权属于作者，创作作品的公民是作者。由法人或者其他组织主持，代表法人或者其他组织意志创作，并由法人或者其他组织承担责任的作品，法人或者其他组织视为作者。作者的署名权、修改权、保护作品完整权的保护期不受限制。公民的作品，其发表权、复制权、发行权、出租权、展览权、表演权、放映权、广播权、信息网络传播权、摄制权、改编权、翻译权、汇编权以及应当由著作权人享有的其他权利的保护期，为作者终生及其死亡后50年，截止于作者死亡后第50年的12月31日；如果是合作作品，截止于最后死亡的作者死亡后第50年的12月31日。

4. 特许权

特许权又称经营特许权、专营权，是指企业在某一地区经营或销售某种特定商品的权利或是一家企业接受另一家企业使用其商标、商号、技术秘密等的权利。通常有两种形式，一种是由政府机构授权，准许企业使用或在一定地区享有经营某种业务的特权，如水、电、邮电通信等专营权、烟草专卖权等；另一种是企业间依照签订的合同，有限期或无限期使用另一家企业的某些权利，如连锁店分店使用总店的名称等。通常在特许权转让合同中规定了特许权转让的期限、转让人和受让人的权利和义务。转让人一般要向受让人提供商标、商号等使用权，传授专有技术，并负责培训营业人员，提供经营所必需的设备和特殊原料。受让人需要向转让人支付取得特许权的费用，开业后则按营业收入的一定比例或其他计算方法支付享用特许权费用。

5. 土地使用权

土地使用权是指国家准许某企业在一定期间内对国有土地享有开发、利用、经营的权利。根据我国《土地管理法》的规定，我国土地实行公有制，任何单位和个人不得侵占、买卖或者以其他形式非法转让。企业取得土地使用权的方式大致有行政划拨取得、外购取得（例如，以缴纳土地出让金方式取得）及投资者投资取得几种。通常情况下，作为投资性房地产或者作为固定资产核算的土地，按照投资性房地产或者固定资产核算；以缴纳土地出让金等方式外购的土地使用权、投资者投入等方式取得的土地使用权，作为无形资产核算。

6. 非专利技术

非专利技术也称专有技术，是指不为外界所知、在生产经营活动中已采用了的、不享有法律保护的、可以带来经济效益的各种技术和诀窍。非专利技术一般包括工业专有技术、商业贸易专有技术、管理专有技术等。非专利技术并不是专利法的保护对象，非专利技术用自我保密的方式来维持其独占性，具有经济性、机密性和动态性等特点。

（四）无形资产的确认条件

按照《工会会计制度》第二十五条规定，经济资源在同时满足以下条件时，应当确认为资产：

1. 与该经济资源相关的服务潜力很可能实现或者经济利益很可能流入工会；

2. 该经济资源的成本或者价值能够可靠地计量。

工会会计主体在判断无形资产的服务潜力或经济利益是否很可能实现或流入时，应当对无形资产在预计使用年限内可能存在的各种社会、经济、科技因素做出合理估计，并且应当有确凿的证据支持。

此外，工会购入的不构成相关硬件不可缺少组成部分的应用软件，应当确认为无形资产。

二、会计科目设置

为了核算工会组织无形资产的增减变动和结存情况，应当设置“无形资产”总账科目、“累计摊销”总账科目和“资产基金”总账科目。其中，“无形资产”和“累计摊销”两个会计科目均为新制度新增科目。

（一）“无形资产”科目

“无形资产”科目属于资产类科目，借方表示增加，登记工会取得无形资产的实际成本；贷方表示减少，登记工会出售无形资产等转出的无形资产账面价值。本科目期末借方余额，反映工会无形资产的原值。

“无形资产”科目的账户结构如图 2–13 所示。

借	无形资产 贷
增加：取得无形资产的实际成本	减少：转出的无形资产账面价值
余额：期末无形资产的原值	

图 2-13 “无形资产”科目的账户结构

在“无形资产”总账科目下，工会还应设置无形资产明细账，按类别、项目等进行明细核算。

此外，“无形资产”科目与“资产基金——无形资产”科目是对应科目，两个科目的期末余额通常应当相等。

（二）“累计摊销”会计科目

“累计摊销”科目用来核算工会对使用寿命有限的无形资产计提的累计摊销。和“累计折旧”科目一样，“累计摊销”科目也是一个结构较为特殊的资产类账户，属于“无形资产”的备抵调整账户。其账户反映的内容实质上是无形资产价值的减少，结构与一般资产账户的结构正好相反。“累计摊销”科目的贷方表示增加，登记工会按月计提的无形资产摊销额；借方表示减少，登记因无形资产减少而转销的无形资产累计摊销额。期末贷方余额，反映工会计提的无形资产摊销累计额。

“累计摊销”科目的账户结构如图 2-14 所示。

借	累计摊销 贷
减少：因无形资产减少而转销的累计摊销额	增加：按月计提的无形资产摊销额
	余额：工会计提的无形资产摊销累计额

图 2-14 “累计摊销”科目的账户结构

此外，“累计摊销”总账科目下，工会还应当按照所对应无形资产的类别、项目进行明细核算。

三、无形资产的摊销

无形资产属于非流动资产，且其能长期为工会提供服务潜力或经济利益，其价值也会随着提供服务或带来经济利益而递减，所以，无形资产成本也应在各个会计期间进行合理摊配，以便正确反映无形资产价值，提供相关的会计信息。《工会会计制度》第四十条规定："工会应当按月对无形资产进行摊销。"摊销是指在无形资产使用年限内，按照确定的方法对应摊销金额进行系统分摊。

无形资产初始确认和计量后，在其后使用该项无形资产期间内应以成本减去累计摊销额的余额计量。

（一）影响无形资产摊销的因素

影响工会无形资产摊销的因素主要有两个：无形资产原价和摊销年限。因发生后续支出而增加无形资产成本的，对于使用年限有限的无形资产，应当按照重新确定的无形资产成本以及重新确定的摊销年限计算摊销额。

1. 无形资产原价

无形资产原价是指无形资产的成本。

2. 无形资产的摊销年限

工会应当按照以下原则确定无形资产的摊销年限：

（1）法律规定了有效年限的：按照法律规定的有效年限作为摊销年限。

（2）法律没有规定有效年限的：按照相关合同中的受益年限作为摊销年限。

（3）上述两种方法无法确定有效年限的：应当根据无形资产为工会带来服务潜力或者经济利益的实际情况，预计其使用年限。

（4）因发生后续支出而增加无形资产成本的，对于使用年限有限的无形资产，工会应当按照重新确定的无形资产成本以及重新确定的摊销年限计算摊销额。

（二）无形资产摊销的范围

此外，在确定无形资产摊销的范围时还应注意以下几点：①

1. 工会一般应按月计提无形资产摊销；

2. 工会应当自无形资产取得当月起，按月计提摊销；当月减少的无形资产，当月不再进行摊销；

3. 无形资产提足摊销后，无论是否继续使用，均不再进行摊销；

---

① 《工会会计制度》中关于无形资产摊销的相关规定与《企业会计制度》《政府会计制度》中的规定是一致的。

4. 核销的无形资产，也不再补提摊销。

（三）无形资产的摊销方法

《工会会计制度》第四十条规定："工会应当采用年限平均法或工作量法对无形资产进行摊销。"各级工会选择的无形资产摊销方法，应当能够反映与该项无形资产有关的服务潜力或经济利益的预期消耗方式，并一致地运用于不同会计期间。例如，无法可靠确定其预期消耗方式的，应当采用年限平均法进行摊销。

1. 年限平均法

年限平均法又称直线法，是指将无形资产的应计摊销额均衡地分摊到无形资产预计使用寿命内的一种方法。采用这种方法计算的每期摊销额均相等。计算公式如下：

每月摊销额＝无形资产成本÷预计摊销年限÷12

【例 2-33】 某工会自行开发并依法取得一项专利权，取得时发生的注册费 30 000 元、聘请律师费 18 000 元。按有关法律规定，该专利权的有效年限不超过 5 年，采用年限平均法进行摊销。该专利权摊销额计算方法如下：

专利权月摊销额＝（30 000+18 000）÷5÷12＝800（元）

2. 工作量法

工作量法是指按照无形资产实际完成的工作总量计算摊销额的一种方法。采用这种方法，每期计提的摊销额随当期无形资产提供工作量的多少而变动，提供的工作量多，就多摊销；反之，则少摊销，而单位工作量所负担的摊销费是相同的。

【例 2-34】 某工会持有一项专利权并按工作量法摊销。该专利权的取得成本为 100 000 元，可为工会提供的服务数量为 50 000 件。202×年 6 月使用专利提供服务的数量为 6 000 件。该专利权 6 月份的推销计算结果如下：

专利权单位摊销额＝100 000÷50 000＝2（元/件）

6 月该专利权摊销额＝6 000×2＝12 000（元）

四、主要业务和事项账务处理

无形资产的主要业务和事项包括四种情形：一是取得无形资产；二是按月摊销无形资产；三是处置无形资产；四是无形资产的清查盘点。

（一）取得无形资产

《工会会计制度》第三十九条规定，无形资产在取得时应当按照其实际成本入账。即以取得无形资产并使之达到预定用途而发生的全部支出，作为无形资产的成本。对于非大批量购入、单价小于 1 000 元的无形资产，工会可以于购买的当期将其成本直接计入支出。

取得无形资产的方式主要有外购、委托软件公司开发和接受捐赠、无偿调入三种。对于不同方式取得的无形资产，其初始成本构成的内容也不尽相同。

1. 外购的无形资产

工会外购的无形资产，其成本包括购买价款、相关税费以及可归属于该项资产达到预定用途前所发生的其他支出。

工会外购无形资产，应按照确定的成本，借记“无形资产”科目，贷记“资产基金——无形资产”科目；同时，按照实际支付的金额，借记“资本性支出”科目，贷记“银行存款”等科目。

2. 委托软件公司开发的无形资产

工会委托软件公司开发的软件，视同外购无形资产确定其成本。支付软件开发费时，按照实际支付的金额，借记“资本性支出”科目，贷记“银行存款”等科目。软件开发完成交付使用时，按照确定的成本，借记“无形资产”科目，贷记“资产基金——无形资产”科目。

3. 接受捐赠、无偿调入的无形资产

工会接受捐赠、无偿调入的无形资产，按照《工会会计制度》第二十七条规定所确定的成本入账。

所以，工会对于无偿调入、接受捐赠的无形资产，应按照确定的成本，借记“无形资产”科目，贷记“资产基金——无形资产”科目；按照发生的相关税费等，借记“其他支出”科目，贷记“银行存款”等科目。

（二）按月摊销无形资产

和固定资产类似，无形资产的计提摊销采用“虚摊”，而非“实摊”方式，即减少无形资产的资产基金，而非计入相关支出。所以，基层工会按月对无形资产进行摊销时，按照应摊销的金额，借记“资产基金——无形资产”科目，贷记“累计摊销”科目。

（三）处置无形资产

工会按规定报经批准处置无形资产的情形主要包括四种：一是以无形资产对外进行股权投资①；二是出售无形资产；三是对外捐赠、无偿调出无形资产；四是核销无形资产。

1. 出售无形资产

《工会会计制度》第四十一条规定，工会处置（出售）无形资产时，应冲减其账面价值并相应减少资产基金，处置中取得的变价收入扣除处置费用后的净收入（或损失）计入当期收入（或支出）。

所以，基层工会出售无形资产时，应按照出售无形资产的账面价值，借记“资产基金——无形资产”科目，按照已计提摊销，借记“累计摊销”科目，按照无形资产的账面余额，贷记“无形资产”科目。按照取得的价款金额，借记“银行存款”等科目，贷记“其他收入”科目。出售过程中发生的税费等支出，借记“其他支出”科目，贷记“银行存款”等科目。

2. 对外捐赠、无偿调出无形资产

工会对外捐赠、无偿调出无形资产时，应按照无形资产的账面价值，借记“资产基金——无形资产”科目，按照已计提摊销，借记“累计摊销”科目，按照无形资产的账面余额，贷记“无形资产”科目。

3. 核销无形资产②

当无形资产预期不能为工会带来服务潜力或经济利益，例如，该无形资产已被其他新技术所替代或超过法律保护期，工会应当首先转入待处理资产，然后按规定报经批准后将该无形资产的账面价值予以核销。

转入待处理资产时，按照待核销无形资产的账面价值，借记“待处理财产损溢”科目，按照已计提摊销，借记“累计摊销”科目，按照无形资产的账面余额，贷记“无形资产”科目。报经批准予以核销时，按照核销无形资产的账面价值，借记“资产基金——无形资产”科目，贷记“待处理财产损溢”科目。

---

① 因基层工会不涉及投资业务，在此不作介绍。

② 类似于固定资产的报废，除了没有报废的处理收入支出外。

（四）无形资产的清查盘点

《工会会计制度》第四十二条规定，工会应当定期对无形资产进行清查盘点，每年至少全面盘点一次。工会在资产清查盘点过程中发现的无形资产盘盈、盘亏等，参照本制度固定资产相关规定进行处理。

所以，基层工会对盘盈、盘亏的无形资产处理的方法和固定资产一样：首先转入待处理资产，报经相关部门批准后增加或减少无形资产的资产基金。

1. 盘盈

对于资产清查过程中发现盘盈的无形资产，基层工会应首先转入待处理资产，报经批准后再增加无形资产的资产基金。

基层工会将盘盈的无形资产转入待处理资产时，按照《工会会计制度》第二十七条规定所确定的成本，借记“无形资产”科目，贷记“待处理财产损溢——待处理财产价值”科目。

基层工会按照规定报经批准后处理时，应借记“待处理财产损溢——待处理财产价值”科目，贷记“资产基金——无形资产”科目。

2. 盘亏

对于资产清查过程中发现盘亏的无形资产，基层工会应首先转入待处理资产，报经批准后再减少无形资产的资产基金。

基层工会将盘亏的无形资产转入待处理资产时，按照账面价值，借记“待处理财产损溢——待处理财产价值”科目，按照已摊销金额，借记“累计摊销”科目，按照无形资产的账面余额，贷记“无形资产”科目。

基层工会按照规定报经批准后处理时，应借记“资产基金——无形资产”科目，贷记“待处理财产损溢——待处理财产价值”科目。

基层工会“无形资产”科目的主要业务和事项的账务处理如表 2-26 所示。

表 2–26　基层工会“无形资产”科目的主要业务和事项的账务处理

<table>
<tr><th colspan="2">主要业务和事项</th><th>账务处理</th></tr>
<tr><td rowspan="3">1. 取得无形资产</td><td>（1）外购</td><td>双分录：
①借：无形资产（购买价款+相关税费等）
　　贷：资产基金——无形资产
②借：资本性支出（实际支付的金额）
　　贷：银行存款等</td></tr>
<tr><td>（2）委托软件公司开发</td><td>①支付软件开发费时：
借：资本性支出（实际支付的金额）
　贷：银行存款等
②软件开发完成交付使用时：
借：无形资产（实际支付的软件开发费+相关税费等）
　贷：资产基金——无形资产</td></tr>
<tr><td>（3）接受捐赠、无偿调入</td><td>借：无形资产（按《工会会计制度》第二十七条规定所确定的成本）
　贷：资产基金——无形资产
发生的相关税费等：
借：其他支出
　贷：银行存款等</td></tr>
<tr><td colspan="2">2. 按月摊销无形资产</td><td>借：资产基金——无形资产（月应摊销金额）
　贷：累计摊销</td></tr>
<tr><td rowspan="2">3. 处置无形资产</td><td>（1）出售</td><td>①冲销无形资产：
借：资产基金——无形资产（无形资产的账面价值）
　　累计摊销（已计提摊销金额）
　贷：无形资产（无形资产的账面余额）
②出售取得的价款：
借：银行存款等
　贷：其他收入
③出售过程中发生的税费等支出：
借：其他支出
　贷：银行存款等</td></tr>
<tr><td>（2）对外捐赠、无偿调出</td><td>冲销无形资产：
借：资产基金——无形资产（无形资产的账面价值）
　　累计摊销（已计提摊销金额）
　贷：无形资产（无形资产的账面余额）</td></tr>
</table>

续表

主要业务和事项		账务处理
	(3) 核销	①转入待处理资产： 借：待处理财产损溢——待处理财产价值(无形资产的账面价值) 累计摊销（已计提摊销金额） 贷：无形资产（无形资产的账面余额） ②报经批准予以核销： 借：资产基金——无形资产（无形资产的账面价值） 贷：处理财产损溢——待处理财产价值
4. 无形资产的清查盘点	(1) 盘盈	①转入待处理资产时： 借：无形资产(按《工会会计制度》第二十七条规定所确定的成本) 贷：待处理财产损溢——待处理财产价值 ②报经批准后处理时： 借：待处理财产损溢——待处理财产价值 贷：资产基金——无形资产
	(2) 盘亏	①转入待处理资产时： 借：待处理财产损溢——待处理财产价值(无形资产的账面价值) 累计摊销（已计提摊销金额） 贷：无形资产（无形资产的账面余额） ②报经批准后处理时： 借：资产基金——无形资产（无形资产的的账面价值） 贷：待处理财产损溢——待处理财产价值

五、主要业务和事项账务处理举例

【例 2-35】 委托开发软件

202×年 3 月，某集团工会委托 ZD 公司开发适用集团工会的财务资产管理一体化系统，已经支付开发费用 420 000 元。5 月，该一体化系统软件开发完成并交付使用。按规定摊销年限为 10 年。该集团工会的账务处理如下：

1. 202×年 3 月，支付开发费用时：

借：资本性支出——信息网络购建 420 000

贷：银行存款 420 000

2. 202×年 5 月，软件交付使用时：

借：无形资产——财务资产管理一体化系统　　420 000

　贷：资产基金——无形资产　　420 000

3. 202×年 5 月开始计提摊销，每月应计提摊销额 = 420 000÷10÷12 = 3 500（元）。

借：资产基金——无形资产　　3 500

　贷：累计摊销　　3 500

【例 2-36】 出售无形资产

202×年 7 月，某集团工会出售一套闲置的软件，取得价款 18 000 元，另以银行存款支付其他费用 1 500 元。该软件账面原值为 60 000 元，已累计摊销金额为 35 000 元。该集团工会的账务处理如下：

1. 202×年 7 月，出售软件时，冲销无形资产：

借：资产基金——无形资产　　25 000

　　累计摊销　　35 000

　贷：无形资产——××软件　　60 000

2. 收到出售价款时：

借：银行存款　　18 000

　贷：其他收入　　18 000

3. 支付其他费用时：

借：其他支出　　1 500

　贷：银行存款　　1 500

【例 2-37】 核销无形资产

202×年 3 月，某集团工会使用的非专利技术由于技术进步已经不能为工会带来服务潜力，报经批准对该非专利技术予以核销。该非专利技术账面余额为 60 000 元，已累计计提摊销 50 000 元。该集团工会的账务处理如下：

1. 申请核销无形资产时：

借：待处理财产损溢　　10 000

　　累计摊销　　50 000

　贷：无形资产——非专利技术　　60 000

2. 报经批准后核销时：

借：资产基金——无形资产　　10 000
　贷：待处理财产损溢　　10 000

第八节　长期待摊费用[①]

一、核算内容

《工会会计制度》第四十四条指出，长期待摊费用是工会已经支出，但应由本期和以后各期负担的分摊期限在 1 年以上（不含 1 年）的各项支出，如对以经营租赁方式租入的固定资产发生的改良支出等。

长期待摊费用本质上是工会的一种支出，但由于这些支出所产生的服务潜力或者带来的经济利益要期待于将来，并且这些支出数额较大，如果将其全部计入支出年度，则不能正确反映当期的财务状况和运行情况。因此，长期待摊费用应当在对应资产的受益年限内平均摊销。如果某项长期待摊费用已经不能使工会受益，应当将其摊余金额一次性转销。

二、会计科目设置

基层工会应设置“长期待摊费用”总账科目用来核算工会已经支出，但应由本期和以后各期负担的分摊期限在 1 年以上（不含 1 年）的各项支出。该科目属于资产类科目，借方表示增加，登记发生的长期待摊费用；贷方表示减少，登记按期摊销或一次性转销的长期待摊费用。期末借方余额，反映工会尚未摊销完毕的长期待摊费用。

“长期待摊费用”科目的账户结构如图 2–15 所示。

借　　长期待摊费用	贷
增加：发生的长期待摊费用	减少：按期摊销 / 一次性转销的长期待摊费用
余额：尚未摊销完毕的长期待摊费用	

图 2–15　“长期待摊费用”科目的账户结构

---

① 《工会会计制度》“基层工会主要会计科目名称和编号”24 个会计科目中无“长期待摊费用”科目，但考虑到部分基层工会会涉及该业务，在此一并介绍。

除了设置“长期待摊费用”总账科目以外，基层工会还应当按照对应资产的类别进行明细核算。

此外，“长期待摊费用”科目与“资产基金——长期待摊费用”科目是对应科目，两个科目的期末余额通常应当相等。

三、主要业务和事项账务处理

长期待摊费用的主要业务和事项包括三种情形：一是发生长期待摊费用；二是分期摊销长期待摊费用；三是一次性转销摊余金额。

（一）发生长期待摊费用

基层工会在发生长期待摊费用时，应编制双分录：在确认为支出的同时还要确认为长期待摊费用的资产基金。一方面，要按照支出金额，借记“长期待摊费用”科目，贷记“资产基金——长期待摊费用”科目。另一方面，按照实际支付的金额，借记“资本性支出”科目，贷记“银行存款”等科目。

（二）分期摊销长期待摊费用

《工会会计制度》第四十四条规定，长期待摊费用应当在对应资产的受益年限内平均摊销。摊销时和固定资产的折旧、无形资产的摊销一样，也是采用“虚摊”而非“实摊”的方式，即按摊销金额减少相应的资产基金，而不是计入支出。基层工会在受益期间摊销长期待摊费用时，按照摊销金额，借记“资产基金——长期待摊费用”科目，贷记“长期待摊费用”科目。

（三）一次性转销摊余金额

如果某项长期待摊费用已经不能使工会受益，应当将其摊余金额一次性转销。按照剩余待摊销金额，借记“资产基金——长期待摊费用”科目，贷记“长期待摊费用”科目。

基层工会“长期待摊费用”科目的主要业务和事项的账务处理如表 2-27 所示。

表 2-27 基层工会“长期待摊费用”科目的主要业务和事项的账务处理

主要业务和事项	账务处理
1. 发生长期待摊费用	双分录： （1）借：长期待摊费用（实际支出的金额） 贷：资产基金——长期待摊费用 （2）借：资本性支出（实际支付的金额） 贷：银行存款等
2. 分期摊销长期待摊费用	借：资产基金——长期待摊费用 贷：长期待摊费用（摊销金额）
3. 一次转销摊余金额	借：资产基金——长期待摊费用 贷：长期待摊费用（剩余待摊销金额）

四、主要业务和事项账务处理举例

【例 2-38】202×年 9 月，某基层工会对产权属于行政的房产进行装修，建立职工活动中心，共发生装修费用 240 000 元，交付使用，按照 10 年进行摊销。该基层工会的账务处理如下：

1. 202×年 9 月，支付装修费时：

借：长期待摊费用——职工活动中心装修 240 000

贷：资产基金——长期待摊费用 240 000

同时：

借：资本性支出——大型修缮 240 000

贷：银行存款 240 000

2. 202×年 9 月开始按月分 10 年摊销，每月摊销额 = 240 000 ÷ 10 ÷ 12 = 2 000（元）。

借：资产基金——长期待摊费用 2 000

贷：长期待摊费用——职工活动中心装修 2 000

第九节　待处理财产损溢

一、核算内容

待处理财产损溢科目核算的是工会待处理财产的价值及财产处理损溢。工会资产的处理，一般应当先转入待处理财产损溢，按照规定报经批准后根据不同情况再进行相应的账务处理，年终结账前一般应处理完毕。可见，待处理财产损溢属于工会会计核算中的一个过渡性资产项目。

如表 2-28 所示，工会通过“待处理财产损溢”科目处理的资产包括库存现金、库存物品、其他应收款、投资、在建工程、固定资产和无形资产等。通过“待处理财产损溢”核算的资产处理的业务情形包括三种：一是资产（库存现金、库存物品、在建工程、固定资产、无形资产）的盘盈、盘亏；二是实物资产（库存物品、在建工程、固定资产）的报废毁损；三是非实物资产（其他应收款、投资、无形资产）损失的核销。

表 2-28　通过“待处理财产损溢”核算的资产和处理情形

待处理的资产	1. 库存现金；2. 库存物品；3. 其他应收款；4. 投资；5. 在建工程；6. 固定资产；7. 无形资产等
待处理的情形	1. 资产（库存现金、库存物品、在建工程、固定资产、无形资产）的盘盈、盘亏
	2. 实物资产（库存物品、在建工程、固定资产）的报废毁损
	3. 非实物资产（其他应收款、投资、无形资产）损失的核销

二、会计科目设置

（一）总账科目

基层工会应当设置“待处理财产损溢”总账科目，核算待处理财产的价值及财产处理损溢。该科目属于资产类会计科目，借方表示增加，登记待处理财产损溢的增加；贷方表示减少，登记待处理财产损溢的减少。期末如为借方余额，反映尚未处理完毕的各种资产的净损失；期末如为贷方余额，反映尚未处理完毕的各种资产净溢余。年末，经批准处理后，“待处理财产损溢”科目一般应无余额。

“待处理财产损溢”科目的账户结构如图 2-16 所示。

借	待处理财产损溢 贷
增加：待处理财产损溢的增加	减少：待处理财产损溢的减少
余额：尚未处理完毕的各种资产的净损失	余额：尚未处理完毕的各种资产净溢余

图 2-16 “待处理财产损溢”科目的账户结构

（二）明细科目

在“待处理财产损溢”总账科目下，基层工会还应当按照待处理的资产项目进行明细核算；对于在资产处理过程中取得收入或发生相关费用的项目，例如：处理库存物品/在建工程/固定资产/无形资产时，还应当设置“待处理财产价值”“处理净收入”明细科目，进行明细核算。其中：

“待处理财产损溢——待处理财产价值”用来核算待处理的非现金资产的价值；

“待处理财产损溢——处理净收入”用来核算报废或毁损的库存物品/在建工程/无形资产/固定资产等资产处理过程中取得的处理收入或发生的相关费用及收支结清等。该科目的借方表示处理过程中发生的相关费用，该科目的贷方表示处理过程中取得的处理收入。该科目一般期末没有余额，余额都进入当期损益。

基层工会“待处理财产损溢”科目的部分明细科目设置举例如表 2-29 所示。

表 2-29 基层工会“待处理财产损溢”的明细科目

<table>
<tr><th>总账科目</th><th>一级明细科目</th><th>二级明细科目</th></tr>
<tr><td rowspan="3">待处理财产损溢</td><td>库存现金/其他应收款</td><td></td></tr>
<tr><td rowspan="2">库存物品/在建工程/
固定资产/无形资产</td><td>待处理财产价值</td></tr>
<tr><td>处理净收入</td></tr>
</table>

三、主要业务和事项账务处理

（一）库存现金的短缺或溢余

基层工会每天需对“库存现金”进行账款核对，如发现现金短缺或溢余，首先应按照实际短缺或溢余的金额，记入“待处理财产损溢”科目。待查明原因后，根据不同情况做不同处理。

1. 现金短缺

基层工会对账款核对中发现的现金短缺，首先，应按照实际短缺的金额，借记“待处理财产损溢”科目，贷记“库存现金”科目。

属于应由责任人等赔偿的现金短缺，借记“其他应收款”科目，贷记“待处理财产损溢”科目；属于无法查明原因的现金短缺，报经批准核销时，借记“其他支出”科目，贷记“待处理财产损溢”科目。

2. 现金溢余

基层工会对账款核对中发现的现金溢余，首先应按照实际溢余的金额，借记“库存现金”科目，贷记“待处理财产损溢”科目。

属于应支付给有关人员或单位的现金溢余，借记“待处理财产损溢”科目，贷记“其他应付款”科目；属于无法查明原因的现金溢余，报经批准后，借记“待处理财产损溢”科目，贷记“其他收入”科目。

库存现金短缺和溢余的账务处理如表 2-30 所示。

表 2-30　库存现金短缺和溢余的账务处理

主要业务和事项		新制度	原制度
1. 库存现金短缺	（1）转入待处理资产时	借：待处理财产损溢 　贷：库存现金	借：其他应收款/其他支出 　贷：库存现金
	（2）报经批准后处理时	借：其他应收款/其他支出 　贷：待处理财产损溢	
2. 库存现金溢余	（1）转入待处理资产时	借：库存现金 　贷：待处理财产损溢	借：库存现金 　贷：其他应付款/其他收入
	（2）报经批准后处理时	借：待处理财产损溢 　贷：其他应付款/其他收入	

现金短缺和溢余的举例见【例 2-6】和【例 2-7】。

（二）按规定报经批准予以核销的其他应收款和无形资产①

基层工会在核销其他应收款和无形资产时，首先还是应转入待处理资产，在报经批准予以核销时，再根据不同情况进行账务处理。具体如下：

1. 其他应收款

其他应收款，如逾期三年以上，因债务人原因尚未收回，工会在报经批准认定确实无法收回的应予以核销。

首先转入待处理资产，按照待核销的其他应收款金额，借记“待处理财产损溢”科目，贷记“其他应收款”科目。

报经批准予以核销时，借记“其他支出”科目，贷记“待处理财产损溢”科目。

2. 无形资产

无形资产，如预期不能为工会带来服务潜力或经济利益，基层工会应当按规定报经批准后将该无形资产的账面价值予以核销。

首先转入待处理资产，按照待核销无形资产的账面价值，借记“待处理财产损溢”，按照已计提摊销，借记“累计摊销”科目，按照无形资产的账面余额，贷记“无形资产”科目。

报经批准予以核销时，按照核销无形资产的账面价值，借记“资产基金——无形资产”科目，贷记“待处理财产损溢”科目。

核销其他应收款和无形资产的账务处理如表 2-31 所示。

表 2-31　核销其他应收款和无形资产的账务处理

主要业务和事项		新制度	原制度
1. 核销其他应收款	（1）转入待处理资产时	借：待处理财产损溢 　贷：其他应收款	借：其他支出 　贷：其他应收款
	（2）报经批准后处理时	借：其他支出 　贷：待处理财产损溢	

① 此处，《工会会计制度》原文还包括股权投资，因基层工会一般不涉及投资，故不作介绍。

续表

主要业务和事项		新制度	原制度
2. 核销其无形资产	(1) 转入待处理资产时	借：待处理财产损溢 　　累计摊销 　贷：无形资产	——
	(2) 报经批准后处理时	借：资产基金——无形资产 　贷：待处理财产损溢	

核销其他应收款的举例见【例 2-17】。

核销无形资产的举例见【例 2-37】。

（三）盘盈、盘亏或毁损、报废的资产

工会资产管理过程中需对库存物品、在建工程、固定资产、无形资产等资产进行财产清查。在财产清查时，以上资产可能会出现盘盈、盘亏或毁损、报废等不同情况。

基层工会在处理资产清查过程中发现的盘盈、盘亏或毁损、报废的库存物品、固定资产、无形资产等程序还是首先转入待处理资产；其次按照规定报经批准后，增加或减少相应资产在净资产中所占的金额，即增加或减少相应资产的资产基金。

1. 盘盈的库存物品、固定资产、无形资产等资产

对于盘盈的库存物品、固定资产、无形资产等资产，基层工会应首先转入待处理资产，报经批准后增加相应资产的资产基金。

基层工会将盘盈的库存物品、固定资产、无形资产等资产转入待处理资产时，按照确定的成本，借记“库存物品”“固定资产”“无形资产”等科目，贷记“待处理财产损溢——待处理财产价值”科目。

基层工会按照规定报经批准后处理时，应借记“待处理财产损溢——待处理财产价值”科目，贷记“资产基金”科目。

库存物品、固定资产、无形资产盘盈的账务处理如表 2-32 所示。

表 2-32 库存物品/固定资产/无形资产盘盈的账务处理

新制度	原制度
(1) 转入待处理资产时： 借：库存物品/固定资产/无形资产等 贷：待处理财产损溢——待处理财产价值	不核算无形资产 (1) 库存物品： 借：库存物品 贷：其他收入 (2) 固定资产： 借：固定资产 贷：固定基金
(2) 报经批准后处理时： 借：待处理财产损溢——待处理财产价值 贷：资产基金——库存物品/固定资产/无形资产等	

库存物品盘盈的举例见【例 2-20】。

固定资产盘盈的举例见【例 2-30】。

2. 盘亏的库存物品、固定资产、无形资产等资产

对于盘亏的库存物品、固定资产、无形资产等资产，基层工会应首先转入待处理资产，报经批准后减少相应资产的资产基金。

基层工会将盘亏的库存物品转入待处理资产时，按照账面余额，借记“待处理财产损溢——待处理财产价值”科目，贷记“库存物品”科目。

基层工会将盘亏的固定资产/无形资产转入待处理资产时，按照账面价值，借记“待处理财产损溢——待处理财产价值”科目，按照已计提折旧或已摊销金额，借记“累计折旧/累计摊销”科目，按照固定资产/无形资产的账面余额，贷记“固定资产/无形资产”科目。

基层工会按照规定报经批准后处理时，应借记“资产基金——库存物品/固定资产/无形资产”科目，贷记“待处理财产损溢——待处理财产价值”科目。

库存物品、固定资产、无形资产盘亏的账务处理如表 2-33 所示。

表 2-33　库存物品/固定资产/无形资产盘亏的账务处理

主要业务和事项		新制度	原制度
1. 盘亏的库存物品	(1) 转入待处理资产时	借：待处理财产损溢——待处理财产价值 　贷：库存物品	借：其他支出 　贷：库存物品
	(2) 报经批准后处理时	借：资产基金——库存物品 　贷：待处理财产损溢——待处理财产价值	
2. 盘亏的固定资产/无形资产	(1) 转入待处理资产时	借：待处理财产损溢——待处理财产价值 　　累计折旧/累计摊销 　贷：固定资产/无形资产	仅核算固定资产： 借：固定基金 　贷：固定资产
	(2) 报经批准后处理时	借：资产基金——固定资产/无形资产 　贷：待处理财产损溢——待处理财产价值	

盘亏固定资产的举例见【例 2-31】。

3. 毁损、报废的库存物品/固定资产等资产

对于资产清查过程中发现的毁损、报废的库存物品/固定资产等资产，基层工会的会计处理和盘亏的资产一样，首先应转入待处理资产，报经批准后再减少相应资产的资产基金。

和盘亏各类资产的处理不同的是，基层工会在处理毁损、报废的库存物品/固定资产等资产的过程中通常会发生一些处理收入，同时也会发生一些相关费用。所以，基层工会还应对发生的处理收入和相关费用以及处理收支结清进行相应的账务核算。具体的账务处理如下：

基层工会对于处理毁损、报废的库存物品/固定资产等资产过程中取得的残值或残值变价收入、保险理赔和过失人赔偿等，应借记“库存现金”“银行存款”“其他应收款”等科目，贷记“待处理财产损溢——处理净收入”科目。

基层工会对于处理毁损、报废库存物品/固定资产等资产过程中发生的相关费用，应借记“待处理财产损溢——处理净收入”科目，贷记“库存

现金”“银行存款”等科目。

如果处理收入大于相关费用的，基层工会应按照处理收入减去相关费用后的净收入，作为“其他收入”处理。即借记“待处理财产损溢——处理净收入”科目，贷记“其他收入”科目。

如果处理收入小于相关费用的，基层工会应按照相关费用减去处理收入后的净支出，作为“其他支出”处理。即借记“其他支出”科目，贷记“待处理财产损溢——处理净收入”科目。

库存物品/固定资产毁损、报废的账务处理如表 2-34 所示。

表 2-34 库存物品/固定资产毁损、报废的账务处理

主要业务和事项		新制度	原制度
1. 毁损、报废的库存物品	(1) 转入待处理资产时	借：待处理财产损溢——待处理财产价值 贷：库存物品	借：其他支出/库存现金/银行存款/其他应收款等 贷：库存物品
	(2) 报经批准后处理时	借：资产基金——库存物品 贷：待处理财产损溢——待处理财产价值	
	(3) 取得的处理收入	借：库存现金/银行存款/其他应收款 贷：待处理财产损溢——处理净收入	
	(4) 发生的相关费用	借：待处理财产损溢——处理净收入 贷：库存现金/银行存款等	
	(5) 处理收支结清	① 处理收入>相关费用： 借：待处理财产损溢——处理净收入 贷：其他收入	
		② 处理收入<相关费用： 借：其他支出 贷：待处理财产损溢——处理净收入	

续表

主要业务和事项		新制度	原制度
2.毁损、报废的固定资产	(1) 转入待处理资产时	借：待处理财产损溢——待处理财产价值 累计折旧 贷：固定资产	——
	(2) 报经批准后处理时	借：资产基金——固定资产 贷：待处理财产损溢——待处理财产价值	借：固定基金 贷：固定资产
	(3) 取得的处理收入	借：库存现金/银行存款/其他应收款 贷：待处理财产损溢——处理净收入	——
	(4) 发生的相关费用	借：待处理财产损溢——处理净收入 贷：库存现金/银行存款等	——
	(5) 处理收支结清	① 处理收入>相关费用： 借：待处理财产损溢——处理净收入 贷：其他收入	借：库存现金/银行存款 贷：其他收入
		② 处理收入<相关费用： 借：其他支出 贷：待处理财产损溢——处理净收入	借：其他支出 贷：库存现金/银行存款

库存物品报废的举例见【例 2-21】。

固定资产报废的举例见【例 2-32】。

第三章

负　债

第一节 负债概述

一、新旧会计制度负债的比较

（一）内容比较

新旧会计制度正文关于负债的比较如表 3-1 所示。

表 3-1 新旧会计制度“负债”的比较

新制度：5 条	原制度：5 条	比较
第四十五条 负债是指工会过去的经济业务或者事项形成的，预期会导致经济资源流出的现时义务。 …… 工会的负债包括应付职工薪酬、应付款项等。	**第二十六条** 负债是指工会承担的能以货币计量，需以资产偿付的债务。包括借入款、应付个人收入、应付款项等。 **第二十七条** 借入款指……	1. 调整了负债的定义 2. 删除了借入款
第四十六条 ……在同时满足以下条件时，应当确认为负债……		新增：负债的确认条件
第四十七条 应付职工薪酬是……	**第二十八条** 应付个人收入包括应付工资（离退休费）、应付地方（部门）津贴补贴、应付其他个人收入……	将“应付工资(离退休费)/应付地方(部门)津贴补贴/应付其他个人收入”合并为“应付职工薪酬”
第四十八条 应付款项包括…… （一）应付上级经费指本级工会按规定应上缴上级工会的工会拨缴经费。 （二）应付下级经费指本级工会应付下级工会的各项补助以及应转拨下级工会的工会拨缴经费。 （三）其他应付款指除应付上下级经费之外的其他应付及暂存款项，包括工会按规定收取的下级工会筹建单位交来的建会筹备金等。	**第二十九条** 应付款项包括…… （一）应付上级经费指本级工会按规定应上缴的工会经费及建会筹备金。 （二）应付下级经费指本级工会应付下级工会的各项补助以及应转拨下级工会筹建单位交来的工会经费和建会筹备金。 （三）其他应付款指除应付上下级经费之外的其他应付及暂存款项。	1. 应付上级经费中不再包括建会筹备金 2. 应付下级经费中不再包括建会筹备金 3. 将建会筹备金调整作为其他应付款核算
第四十九条 工会的各项负债应当按照实际发生额入账。	**第三十条** 各项负债应当按照实际发生额入账。	——

（二）会计科目比较

新旧制度负债类会计科目的对照表如表3-2所示。新制度一共设置了两个基层工会主要的负债类会计科目，分别是应付上级经费和其他应付款。结合部分基层工会的业务特点，在此将一并介绍应付上级经费、应付下级经费、其他应付款和代管经费四个会计科目的使用。

表3-2 新旧制度负债类会计科目对照表

新制度负债类会计科目（基层工会）			原制度负债类会计科目		
1	211	应付上级经费	1	201	应付工资（离退休费）
2	215	其他应付款	2	202	应付地方(部门)津贴补贴
新制度负债类会计科目（县级以上工会）			3	203	应付其他个人收入
1	201	应付职工薪酬	4	211	借入款
2	211	应付上级经费	5	221	应付上级经费
3	212	应付下级经费	6	222	应付下级经费
4	215	其他应付款	7	225	其他应付款
5	221	代管经费	8	231	代管经费

二、负债的定义及内容

（一）工会负债的定义

和工会资产的定义一样，《工会会计制度》借鉴了《政府会计准则——基本准则》的负债定义，在第四十五条规定，负债是指工会过去的经济业务或者事项形成的，预期会导致经济资源流出的现时义务。根据负债的定义，负债具有以下三个特征：

1. 负债是由工会过去的经济业务或者事项形成的

负债应当由工会过去的经济业务或者事项所形成。换句话说，只有过去的经济业务或者事项才形成负债，工会在未来发生的承诺、签订的合同等业务或者事项，不会形成负债。

2. 负债预期会导致经济资源流出工会

预期会导致经济资源流出工会也是负债的一个本质特征，只有工会在履行义务时会导致经济资源流出工会的，才符合负债的定义，如果不会导致工会经济资源流出的，就不符合负债的定义。

3. 负债是工会承担的现时义务

负债必须是工会承担的现时义务，它是负债的一个基本特征。现时义务是指工会在现行条件下已承担的义务。未来发生的交易或者事项形成的义务，不属于现时义务，不应当确认为负债。

（二）工会负债的内容

工会负债包括应付职工薪酬①、应付款项及代管经费等。

1. 应付款项

工会应付款项包括应付上级经费、应付下级经费和其他应付款。

应付上级经费，是指本级工会按规定应上缴上级工会的工会拨缴经费。

应付下级经费，是指本级工会应付下级工会的各项补助以及应转拨下级工会的工会拨缴经费。

其他应付款，是指除应付上下级经费之外的其他应付及暂存款项等，包括工会按规定收取的下级工会筹建单位交来的建会筹备金等。

2. 代管经费

代管经费，是指其他组织委托工会代管的有指定用途的、不属于工会收入的资金，如代管的社团活动费、职工互助保险等。

三、负债的确认和计量

（一）负债的确认

《工会会计制度》第四十六条规定，现时义务在同时满足以下条件时，应当确认为负债：

1. 履行该义务很可能导致含有服务潜力或者经济利益的经济资源流出工会

从负债的定义可以看到，预期会导致经济利益流出工会是负债的一个本质特征。实务中，履行义务所需流出的经济利益具有不确定性，尤其是与推定义务相关的经济利益通常需要依赖于大量的估计。因此，负债的确认应当

① 因基层工会不涉及应付职工薪酬，故不作介绍。

与经济利益流出的不确定性程度的判断结合起来。如果有确凿证据表明与现时义务有关的经济利益很可能流出工会，就应当将其作为负债予以确认；反之，如果工会承担了现时义务，但是导致工会经济利益流出的可能性很小，就不符合负债的确认条件，不应将其作为负债予以确认。

2. 该义务的金额能够可靠计量

负债的确认在考虑经济利益流出工会的同时，对于未来流出的经济利益的金额应当能够可靠计量，通常可以根据合同或者法律规定的金额予以确定。

《工会会计制度》第四十六条规定，符合负债定义并确认的负债项目，应当列入资产负债表。

（二）负债的计量

《工会会计制度》第四十九条规定，工会的各项负债应当按照实际发生额入账。即负债按照因承担现时义务而实际收到的款项或者资产的金额，或者承担现时义务的合同金额，或者按照为偿还负债预期需要支付的金额计量。如有合同约定的负债，按照合同约定的金额确定。涉及按照法律、法规应当缴纳的款项，按照法律、法规的规定及应缴资金实际发生额计算确定。

四、负债会计核算的基本要求

（一）建立和完善与负债核算相关的内部控制体系

《工会会计制度》规定，各级工会应当建立健全内部控制体系，完善岗位责任制度和内部稽核制度。负债核算时，建立和完善内部控制制度十分必要，可以确保负债核算的真实、完整和准确。各级工会在建立与负债有关的内部控制体系时，应注意以下几个问题：

1. 建立和完善与负债相关的岗位责任制，确保负债的取得、偿还以及利息的支付等相关业务活动相互监督、制约和复核。

2. 建立和完善与债务资金相关的合同、单据的管理，并定期或不定期地对合同、单据的使用情况进行检查。

3. 建立和完善与负债相关的决策制度，应实行集体决策制度并形成相应的文字记录。

（二）明确负债的确认条件，确保收入核算的合法性、准确性和完整性

各级工会在进行负债核算时，一般应按照是否收到现金作为负债确认的

基础。但对于年末的拨缴经费分解时应按权责发生制确认相应的负债，如应付上级经费或者应付下级经费等。次年，各级工会应根据省总工会规定的分成比例，自下而上或自上而下，上缴或转拨经费，不得挪用或截留。

此外，各级工会应当加强对应付及暂存款项的管理，不得将应当纳入收入管理的款项列入暂存款项，对各种应付及暂存款项应当及时清理、结算。

第二节 应付上级经费

一、新旧会计制度应付上级经费的比较

新旧会计制度关于应付上级经费科目使用说明的比较如表 3-3 所示。和原制度相比，应付上级经费的最大变化是，新制度不再核算应上缴的建会筹备金。

表 3-3 新旧会计制度“应付上级经费”的比较

新制度	原制度	比较
一、本科目核算工会按规定应上缴的工会拨缴经费。	一、本科目核算工会按规定应上缴的工会经费及建会筹备金。	核算内容删除了应上缴的建会筹备金
	二、工会可以根据需要在本科目下设置……明细科目。	删除了明细科目
二、应付上级经费的主要账务处理如下： ……	三、应付上级经费的主要账务处理如下： …… （二）应上缴建会筹备金的处理……	删除了“应上缴建会筹备金的处理”
三、本科目期末贷方余额，反映……	四、本科目期末贷方余额，反映……	——

二、应付上级经费的概念

应付上级经费是指本级工会按规定应上缴上级工会的工会拨缴经费。

本级工会只能将属于本级工会的经费记入收入，属于上级和下级的经费

应作为应付上级经费和应付下级经费处理，真实反映各级工会在经费收缴上的权属关系。

根据《工会预算管理办法》（总工办发〔2019〕26号）规定，工会财务分为五级管理：全国总工会、省级工会、市级工会、县级工会、基层工会。各级工会要按全国总工会、省级总工会确定的分成比例、上解时间等，对收到的拨缴经费定期分解，逐级按时、足额上解上级或返拨下级工会经费。应付上级经费反映的是本级工会的负债、上级工会的债权。工会要严格按照全国总工会和省级工会的规定，核算拨缴工会经费，严禁截留挪用。

三、会计科目设置

为反映本级工会按规定应上缴上级工会的工会拨缴经费，《工会会计制度》规定应设置“应付上级经费”科目。该科目属于负债类科目，贷方表示增加，登记新增加的应付未付上级经费；借方表示减少，登记实际上解的应付上级经费。本科目期末贷方余额，反映本级工会应缴上级但尚未上缴的工会拨缴经费。

“应付上级经费”科目的账户结构如图3-1所示。

借　　　应付上级经费	贷
减少：实际上解的应付上级经费	增加：新增加的应付未付上级经费
	余额：应缴上级但尚未上缴的工会拨缴经费

图3-1　“应付上级经费”科目的账户结构

四、主要业务和事项账务处理

应付上级经费的主要业务和事项包括两种情形：一是确认应付上级经费；二是实际上缴工会经费。

（一）确认应付上级经费

《工会会计制度》规定，本级工会确认工会拨缴经费时，按照下级工会经费收缴报告表中的相关金额或实际收到的总金额，借记“应收下级经费”“银行存款”等科目，按规定属于本级工会的部分，贷记“拨缴经费收入”

科目，按规定应上缴上级工会的部分，贷记“应付上级经费”科目，按规定应转拨下级工会的部分，贷记“应付下级经费——应付下级转拨经费”科目。

（二）实际上缴工会经费

本级工会实际上缴应付上级工会的拨缴经费时，应借记“应付上级经费”科目，贷记“银行存款”科目。

基层工会“应付上级经费”科目的主要业务和事项的账务处理如表3-4所示。

表3-4　基层工会“应付上级经费”科目的主要业务和事项的账务处理

主要业务和事项	账务处理：新旧制度除建会筹备金外无其他变化
1. 确认应付上级经费	借：应收下级经费/银行存款等 　贷：拨缴经费收入（属于本级工会的部分） 　　　应付上级经费（按规定应上缴上级工会的部分） 　　　应付下级经费——应付下级转拨经费 　　　　　　（按规定应转拨下级工会的部分）
2. 实际上缴工会经费	借：应付上级经费 　贷：银行存款

五、主要业务和事项账务处理举例

【例3-1】C县工会经费采用按月自主收缴方式，按照工会经费分成比例，基层工会留存60%，应上缴上级工会40%。202×年8月，C县某基层工会收到行政拨付的工会经费1 000 000元，按照经费分解办法的规定，逐级上解上述款项。该基层工会根据银行进账单和经费收缴等相关单据，应编制如下会计分录：

1. 收到行政拨付的工会经费时：

借：银行存款　　　　　　　　　　　　1 000 000

　贷：拨缴经费收入　　　　　　　　600 000（1 000 000×60%）

　　　应付上级经费　　　　　　　　400 000（1 000 000×40%）

2. 该基层工会实际上缴经费时：

借：应付上级经费　　400 000

　贷：银行存款　　400 000

第三节　应付下级经费[①]

一、新旧会计制度应付下级经费的比较

新旧会计制度关于应付下级经费科目使用说明的比较如表 3-5 所示。和原制度相比，应付下级经费的最大变化是，新制度不再核算建会筹备金。

表 3-5　新旧会计制度"应付下级经费"的比较

新制度	原制度	比较
一、本科目核算县级以上工会应付下级工会的各项补助以及应转拨下级工会的工会拨缴经费。	一、本科目核算工会应付下级工会的各项补助以及应转拨下级工会的工会经费和建会筹备金。	1. 明确了是"县级以上工会" 2. 核算内容中删除了"建会筹备金"
二、工会可以根据需要在本科目下设置以下明细科目： 21201 应付下级补助：……一般性转移支付补助和专项转移支付补助。 21202 应付下级转拨经费：……	二、工会可以根据需要在本科目下设置以下明细科目： 22201 应付下级补助：核算工会应拨付给下级工会的回拨、专项和超收等各项补助。 22202 应付下级转拨经费：…… 22203 应付建会筹备金：……	1. 将"回拨、专项和超收等补助"改为"一般性转移支付补助和专项转移支付补助" 2. 删除了"应付建会筹备金"明细科目

① 《工会会计制度》"基层工会主要会计科目名称和编号"中并无"应付下级经费"科目，但基于某些局工会或是集团工会的业务需要会使用该科目，在此一并介绍。

续表

新制度	原制度	比较
三、应付下级经费的主要账务处理如下： （一）…… （二）……	三、应付下级经费的主要账务处理如下： （一）…… （二）…… （三）采用税务代收、财政划拨方式收取建会筹备金的……	账务处理中，新制度除了删除“采用税务代收、财政划拨方式收取建会筹备金的账务处理”外，其他基本无变化
四、本科目期末贷方余额，反映县级以上工会应拨付下级但尚未拨付的补助和工会拨缴经费。	四、本科目期末贷方余额，反映应拨付下级但尚未拨付的经费。	1. 明确了是“县级以上工会” 2. 措辞更为准确

二、应付下级经费的概念

应付下级经费是指本级工会应付下级工会的各项补助以及应转拨下级工会的工会拨缴经费。包括应付下级补助和应付下级转拨经费，和原制度相比，新制度下应付下级经费不再核算建会筹备金。

三、会计科目设置

为反映县级以上工会应付给下级工会的各项补助和应转拨的工会拨缴经费，《工会会计制度》规定应设置“应付下级经费”科目。该科目属于负债类科目，贷方表示增加，登记应拨付给下级但尚未拨付的补助款或转拨经费；借方表示减少，登记实际支付或转拨给下级工会的补助或拨缴经费。该科目期末贷方余额，反映县级以上工会应拨付下级但尚未拨付的补助和工会拨缴经费。

“应付下级经费”科目的账户结构如图 3-2 所示。

借　　　　　　应付下级经费　　　　　　贷

减少：实际支付或转拨给下级工会的补助或拨缴经费	增加：应拨付给下级但尚未拨付的补助款或转拨经费
	余额：应拨付下级但尚未拨付的补助和工会拨缴经费

图 3-2　“应付下级经费”科目的账户结构

为分清县级以上工会应付下级工会经费具体是补助款还是应转拨的工会拨缴经费，《工会会计制度》规定，应在“应付下级经费”科目下分别设置如表 3–6 所示的“应付下级补助”和“应付下级转拨经费”两个明细科目来反映不同的经费类别。

表 3–6　“应付下级经费”的明细科目

总账科目	明细科目	核算内容
应付下级经费	应付下级补助	县级以上工会应拨付给下级工会的一般性转移支付补助和专项转移支付补助
	应付下级转拨经费	县级以上工会采用税务代收、财政划拨的形式收缴的应划转给下级工会作为下级工会拨缴经费收入的工会拨缴经费

四、主要业务和事项账务处理

如前文所述，“应付下级经费”的主要业务和事项包括“应付下级补助”和“应付下级转拨经费”。

（一）应付下级补助

本级工会年末清算对下级工会的补助时，根据补助通知中的相关金额，借记“补助下级支出”科目，贷记“应付下级经费——应付下级补助”科目。

次年，实际拨付补助时，本级工会应借记“应付下级经费——应付下级补助”科目，贷记“银行存款”科目。

（二）应付下级转拨经费

实行委托税务部门统一代收和财政划拨工会经费的地区，工会应当及时分解收到的税务代收和财政划拨的经费，按规定属于下级拨缴经费收入的部分要及时返还下级工会。“应付下级经费——应付下级转拨经费”反映的是本级工会的负债，下级工会的债权。本科目应当及时清理，不得常年挂账。

实务中，涉及应付下级转拨经费核算的有两种可能情况：一是本级工会通过税务代收或财政划拨方式收缴工会经费时，实际收到的经费中有应转拨下级工会的部分；二是本级工会确认上级工会通过税务代收或财政划拨方式收缴的工会经费中有应转拨下级工会的部分。基层工会通常只涉及第二种情况。

上级工会通过财政部门划拨、税务部门代收工会经费的，本级工会在确认工会经费时，应按照上级工会经费转拨通知中的金额或实际收到的总金额，借记“应收上级经费——应收上级转拨经费”“银行存款”科目，按规定属于本级工会的部分，贷记“拨缴经费收入”科目，按规定应转拨下级工会的部分，贷记“应付下级经费——应付下级转拨经费”科目。

本级工会实际转拨下级工会经费时，借记“应付下级经费——应付下级转拨经费”科目，贷记“银行存款”科目。

基层工会“应付下级经费”科目的主要业务和事项的账务处理如表 3-7 所示。

表 3-7 基层工会“应付下级经费”科目的主要业务和事项的账务处理

主要业务和事项		账务处理：新旧制度除建会筹备金外无其他变化
1. 应付下级补助	（1）年末清算对下级工会的补助	借：补助下级支出（补助通知中的相关金额） 贷：应付下级经费——应付下级补助
	（2）次年，实际拨付补助	借：应付下级经费——应付下级补助 贷：银行存款（实际拨付补助的金额）
2. 应付下级转拨经费	（1）本级工会确认上级工会收缴的工会经费时	借：应收上级经费——应收上级转拨经费/银行存款 贷：拨缴经费收入 应付下级经费——应付下级转拨经费
	（2）实际转拨下级工会经费时	借：应付下级经费——应付下级转拨经费 贷：银行存款

五、主要业务和事项账务处理举例

【**例 3-2**】应付下级补助

202×年末，YTH集团工会评选全集团下属工会的优秀劳模创新工作室，根据相关管理规定，对评选出来的三强劳模创新工作室每个补助8万元，款项于次年年初支付完成。YTH集团工会的相关账务处理如下：

1. 202×年末，清算存在的应付未付的补助下级款项时：

借：补助下级支出——专项转移支付补助——劳模创新工作室　　240 000

　贷：应付下级经费——应付下级补助　　240 000

2. 202×年末，该笔补助下级支出的结转会计分录为：

借：工会资金结余——本年收支结转　　240 000

　贷：补助下级支出——专项转移支付补助——劳模创新工作室　　240 000

3. 次年年初，实际支付该补助款项时：

借：银行存款　　240 000

　贷：应付下级经费——应付下级补助　　240 000

【例3-3】应付下级转拨经费

S省机关事业单位的工会经费由省财政按月统一划拨给S省总工会，然后由省总工会按季再统一转拨给所属的省直机关事业单位工会。S省交通运输局工会属于S省总工会直属工会。202×年12月10日，交通运输局工会收到省总工会转拨的第四季度工会经费220 000元。其中属于交通运输局工会本级的经费为50 000元，其余170 000元属于交通运输局工会下属事业单位工会。省交通运输局工会根据银行回单及经费分配表等原始凭据，应编制如下会计分录：

1. 202×年12月10日，收到省总拨付的工会经费时：

借：银行存款　　220 000

　贷：拨缴经费收入　　50 000

　　　应付下级经费——应付下级转拨经费　　170 000

2. 实际转拨给下属事业单位工会时：

借：应付下级经费——应付下级转拨经费　　170 000

　贷：银行存款　　170 000

第四节　其他应付款

一、新旧会计制度其他应付款的比较

新旧会计制度关于其他应付款科目使用说明的比较如表 3-8 所示。

和原制度相比，“其他应付款”科目的核算内容有两点变化：

1. 收到下级工会筹建单位交来的建会筹备金由原来的确认为拨缴经费收入和应付上下级经费调整作为“其他应付款”核算。

2. 明确了应支付的税金也在“其他应付款”中核算。

表 3-8　新旧会计制度“其他应付款”的比较

新制度	原制度	比较
一、本科目核算工会除应付上下级经费之外的其他应付及暂存款项，包括工会按规定收取的下级工会的建会筹备金、应支付的税金等。	一、本科目核算工会除应付上下级经费之外的其他应付及暂存款项。	核算内容中新增建会筹备金和应支付的税金
二、本科目应按对方单位或个人设置明细账，进行明细核算。	二、本科目应按对方单位或个人设置明细账，进行明细核算。	——
三、其他应付款的主要账务处理如下： （一）本级工会收到筹建单位交来的建会筹备金…… （二）发生房产税等纳税义务…… （三）发生其他应付及暂存款项……	三、其他应付款的主要账务处理如下： 发生其他应付及暂存款项……	新增：收到建会筹备金和发生应支付税金两种核算情形
四、本科目期末贷方余额，反映工会尚未支付的其他应付及暂存款项。	四、本科目期末贷方余额，反映尚未支付的其他应付及暂存款项。	——

二、其他应付款的概念

《工会会计制度》第四十八条规定，其他应付款指除应付上下级经费之外的其他应付及暂存款项，包括工会按规定收取的下级工会筹建单位交来的建会筹备金等。

其他应付款是工会的一项非经常性负债，工会应当加强对其他应付及暂存款项的管理，不得将应当纳入工会收入管理的款项列入暂存款项；属于收入性质的业务内容，如上级工会的补助、行政补助等，不应当在其他应付款中核算，要记入工会收入，纳入工会预算收支统一核算管理。其他应付款应当及时清理，年终前尽量清理完毕。

三、会计科目设置

为了核算工会除应付上下级经费之外的其他应付及暂存款项，各级工会应当设置“其他应付款”科目。该科目属于负债类科目，贷方表示增加，登记发生的其他应付及暂存款项；借方表示减少，登记支付的其他应付及暂存款项。期末贷方余额，反映工会尚未支付的其他应付及暂存款项。

“其他应付款”科目的账户结构如图 3-3 所示。

借　　　　其他应付款	贷
减少：支付的其他应付及暂存款项	增加：发生的其他应付及暂存款项
	余额：尚未支付的其他应付及暂存款项

图 3-3　“其他应付款”科目的账户结构

为便于对其他应付款的管理，《工会会计制度》规定，工会在其他应付款核算时，应按对方单位或个人设置明细账，进行明细核算。

四、主要业务和事项账务处理

“其他应付款”的主要业务和事项一般包括三种情形：一是建会筹备金；二是发生的纳税义务；三是发生的其他应付及暂存款项。

（一）建会筹备金

为进一步发挥工会建会筹备金作用，促进工会组建工作，规范建会筹备金收缴管理，全国总工会颁布了《中华全国总工会办公厅关于规范建会筹备金收缴管理的通知》（厅字〔2021〕20号）。通知规定，上级工会派员帮助和指导尚未组建工会组织的企业、事业单位、机关和其他组织的职工筹建工会组织，自筹建工作开始的下个月起，由有关单位按每月全部职工工资总额的2%向上级工会全额拨缴建会筹备金，并按规定向上级工会解缴经费。筹建工作结束，并经上级工会批准正式建立工会组织后，有关单位自批准之月起，由上缴建会筹备金改为按月拨缴工会经费。同时通知规定，上级工会批准筹建单位成立工会之前，上级工会收取的建会筹备金不得按比例分成。自批准成立当月起，上级工会应将扣除工会组建相关支出后的建会筹备金余额，按照全总和所在省级工会的规定比例及时进行分成、解缴，其中属于新组建工会的留成经费必须在2个月内返还到位。

原制度规定，本级工会在收到筹建单位交来的建会筹备金时，即确认为收入。结合工会经费收入范围与实务处理现状，新制度中将这一处理方法修订为：本级工会收到筹建单位交来的建会筹备金不再作为拨缴经费收入，而是作为负债在其他应付款中反映，待筹建单位建立工会后，再确认为拨缴经费收入。

新制度规定，本级工会收到筹建单位交来的建会筹备金时，应按照实际收到的总金额，借记“银行存款”科目，贷记“其他应付款”科目。

在筹建单位建立工会后，本级工会按照规定对建会筹备金进行处理。按照对应的金额，借记“其他应付款”科目；按规定属于本级工会的部分，贷记“拨缴经费收入”科目；按规定应上缴上级工会的部分，贷记“应付上级经费”科目；按规定需返还筹建单位工会的部分，贷记“应付下级经费——应付下级转拨经费”科目。

（二）发生的纳税义务

基层工会发生房产税等纳税义务，以及按照税法规定应代扣代缴个人所得税的，应按照应交税费金额，借记“职工活动支出”等科目，贷记“其他应付款”科目。工会实际缴纳上述各种税费时，借记“其他应付款”科目，贷记“银行存款”科目。

（三）其他应付及暂存款项

《工会会计制度》规定，基层工会在发生其他应付及暂存款项时，应借记“库存现金”“银行存款”等科目，贷记“其他应付款”科目。实际支付款项时，借记“其他应付款”科目，贷记“库存现金”“银行存款”等科目。

基层工会“其他应付款”科目的主要业务和事项的账务处理如表 3-9 所示。

表 3-9 基层工会“其他应付款”科目的主要业务和事项的账务处理

主要业务和事项		新制度	原制度
1. 建会筹备金	（1）收到建会筹备金	借：银行存款 贷：其他应付款	借：银行存款 贷：拨缴经费收入 应付上级经费 ——应上缴建会筹备金 应付下级经费 ——应付建会筹备金
	（2）建会后，处理建会筹备金	借：其他应付款 贷：拨缴经费收入 应付上级经费 应付下级经费 ——应付下级转拨经费	借：应付上级经费 ——应上缴建会筹备金 应付下级经费 ——应付建会筹备金 贷：银行存款
2. 应支付的税金	（1）发生纳税义务时	借：职工活动支出等 贷：其他应付款	——
	（2）实际缴纳税费	借：其他应付款 贷：银行存款	——
3. 其他应付及暂存款项	（1）发生时	借：库存现金/银行存款等 贷：其他应付款	一致
	（2）支付时	借：其他应付款 贷：库存现金/银行存款等	一致

五、主要业务和事项账务处理举例

【例 3-4】建会筹备金

A 市直管企业工会已实行税务统一代收经费，202×年 8 月 10 日收到税务部门代收的B企业交来的建会筹备金100 000元。A市工会经费分成比例为：基层工会60%，市总工会25%，省总工会15%。9月B企业工会成立，市总工会按比例确认收入后，返还建会筹备金到B企业工会。

1. 202×年8月10日，A市总工会收到B企业交来的建会等备金时：

借：银行存款　　100 000

　贷：其他应付款——建会筹备金——B企业　　100 000

2. 202×年9月，B企业建会后，A市总工会按规定处理建会筹备金时：

借：其他应付款——建会筹备金——B企业　　100 000

　贷：拨缴经费收入　　25 000（=100 000×25%）

　　应付下级经费——应付下级转拨经费

　　60 000（=100 000×60%）

　　应付上级经费　　15 000（=100 000×15%）

3. A市总工会实际返还建会筹备金到企业工会及上缴到省总工会时：

借：应付下级经费——应付下级转拨经费　　60 000

　应付上级经费　　15 000

　贷：银行存款　　75 000

4. B企业工会收到市总工会返还的建会筹备金时：

借：银行存款　　60 000

　贷：拨缴经费收入　　60 000

【例3-5】 代扣代缴个人所得税

202×年10月，某基层工会聘请专家为职工开展为期半天的专题培训活动，为此支付专家劳务费1 500元（税后），代扣个人所得税175元。聘请两位高校副教授为工会财务经审人员开展为期一天的财务经审制度培训，并分别支付教师劳务费2 000元（税后），分别代扣个人所得税300元。该基层工会的账务处理如下：

1. 支付劳务费时：

借：职工活动支出——职工教育支出　　1 675

　贷：银行存款　　1 500

　　其他应付款——代扣个人所得税　　175

借：业务支出——培训支出　　4 600

贷：银行存款　　4 000

　　其他应付款——代扣个人所得税　　600

2. 向税务部门实际缴纳个人所得税时：

借：其他应付款——代扣个人所得税　　775

　　贷：银行存款　　775

【例 3-6】其他应付款项

202×年 10 月，某企业工会收到市总工会拨付给本单位全国劳模李楷的津贴 5 000 元。该企业工会的账务处理如下：

1. 收到上级总工会拨付的劳模津贴时：

借：银行存款　　5 000

　　贷：其他应付款——李楷　　5 000

2. 实际向劳模李楷转拨该津贴时：

借：其他应付款——李楷　　5 000

　　贷：银行存款　　5 000

第五节　代管经费①

一、新旧会计制度代管经费的比较

新旧会计制度关于代管经费科目使用说明的比较如表 3-10 所示。

表 3-10　新旧会计制度“代管经费”的比较

新制度	原制度	比较
一、本科目核算其他组织委托工会代管的有指定用途的、不属于工会收入的资金，如代管的社团活动费、职工互助保险等。	一、本科目核算党团组织及单位行政委托工会代管的、有指定用途的、不属于工会收入的经费，如代管的党费、团费、职工互助金等。	核算内容中删除了党团组织委托代管的党费、团费

① 《工会会计制度》“基层工会主要会计科目名称和编号”中并无“代管经费”科目，但考虑到部分基层工会涉及该业务，故在此一并介绍。

续表

新制度	原制度	比较
二、本科目应按照拨入代管经费的项目或单位设置明细账。	二、本科目应按拨入代管经费的项目或单位设置明细账。	——
三、代管经费的主要账务处理如下： （一）收到代管的资金时…… （二）实际支出时……	三、收到代管的经费时……实际支出时……	——
四、本科目期末贷方余额，反映工会受托代管的资金。	四、本科目期末贷方余额，反映尚未使用的代管经费。	——

二、代管经费的概念

代管经费是指其他组织委托工会代管的有指定用途的、不属于工会收入的资金，如代管的社团活动费、职工互助保险等。

代管经费是工会的一项负债，要严格按资金的用途使用，并严格履行规定的报批程序。

需要说明的是，一些单位利用工会账户的特殊性质，往往将一些不合规或不合理的资金划入工会账户进行管理，相关资金的使用也通过工会账户进行，比如一些单位为逃避薪酬监管，将部分资金划到工会账户后进行发放。从财经纪律的角度，无论是行政财务还是工会财务都存在明显的违反财经纪律的行为，行政财务有逃避代扣代缴职工个人所得税之嫌，也有可能存在资金账外循环等可能。而对工会财务而言，不仅违背工会自身的财务制度，而且按照银行账户管理的规定，有出租、出借账户之嫌，因为工会和行政是两个独立的法人，并且也是两个独立的会计主体。所以，工会在受托代管经费时，一定要按照法律法规和工会财务制度的规定，明确代管经费的范围和内容，遵守财经纪律，确保工会财务行为的合法、合规，维护工会资产的安全和完整。

同时，对于属于工会收入范畴的，如工会收到的各种救灾、救助捐赠款项，需统一调配使用的，不应在代管经费中核算，要确认为工会收入，纳入工会预算收支统一管理。

三、会计科目设置

为了核算其他组织委托工会代管的有指定用途的、不属于工会收入的资金，工会应当设置“代管经费”科目。该科目属于负债类科目，贷方表示增加，登记收到的代管资金；借方表示减少，登记支出的代管资金。期末贷方余额，反映工会受托代管的资金。

“代管经费”科目的账户结构如图 3-4 所示。

借　　代管经费	贷
减少：支出的代管资金	增加：收到的代管资金
	余额：受托代管的资金

图 3-4　“代管经费”科目的账户结构

由于代管经费具有“指定用途”的性质，因此，为便于详细核算工会代管资金的类别，《工会会计制度》要求工会应按拨入代管经费的项目或单位设置明细科目，进行明细核算。

四、主要业务和事项账务处理

代管经费的主要业务和事项包括两种情形：一是收到代管资金；二是实际支出代管资金。

（一）收到代管资金

《工会会计制度》规定，基层工会在收到代管的资金时，应当按照实际收到的金额，借记“库存现金”“银行存款”科目，贷记“代管经费”科目。

（二）实际支出代管资金

基层工会在实际支出代管资金时，应当按照实际支出的金额，借记“代管经费”科目，贷记“库存现金”“银行存款”科目。

基层工会“代管经费”科目的主要业务和事项的账务处理如表 3-11 所示。

表 3-11　基层工会“代管经费”科目的主要业务和事项的账务处理

主要业务和事项	新制度	原制度
1. 收到代管资金	借：库存现金/银行存款——代管经费 　贷：代管经费	借：库存现金/银行存款 　贷：代管经费
2. 实际支出代管资金	借：代管经费 　贷：库存现金/银行存款——代管经费	借：代管经费 　贷：库存现金/银行存款

五、主要业务和事项账务处理举例

【例 3-7】 代管社团资金

某高校工会受托代管学校职工羽毛球队、篮球队和足球队的活动经费。202×年 1 月，分别收到三支球队交来的活动资金 5 000 元、4 000 元和 3 000 元，款项均存入银行。3 月，羽毛球队购买活动用羽毛球 10 桶，共计 600 元，通过银行转账付款。该高校工会的相关账务处理为：

1. 202×年 1 月，收到三支球队交来的活动资金时：

借：银行存款——代管经费	12 000	
贷：代管经费——羽毛球队		5 000
代管经费——篮球队		4 000
代管经费——足球队		3 000

2. 202×年 3 月，支付羽毛球队活动经费时：

借：代管经费——羽毛球队	600	
贷：银行存款——代管经费		600

【例 3-8】 代管职工互助金

某集团工会组织开展职工重大疾病医疗互助活动，互助资金来源为两部分，一是行政划拨，二是参加的职工个人交纳。集团工会受托代管该重大疾病医疗互助金。202×年 4 月，分别收到行政划拨和职工个人交纳的职工互助金 200 000 元和 100 000 元。5 月，根据集团职工重大疾病医疗互助金管理办法的规定，救助了 3 名因重大疾病而住院的职工，发放职工互助金 15 000 元，分别转入了职工本人银行账户。该集团工会的相关账务处理为：

1. 202×年 4 月，收到行政划拨和职工个人交纳的互助金时：

借：银行存款——代管经费 300 000

贷：代管经费——职工医疗互助 300 000

2. 202×年 5 月，实际发放职工互助金时：

借：代管经费——职工医疗互助 15 000

贷：银行存款——代管经费 15 000

第四章

净 资 产

第一节　净资产概述

一、新旧会计制度净资产的比较

（一）内容比较

新旧会计制度正文关于净资产的比较如表 4-1 所示。

表 4-1　新旧会计制度“净资产”的比较

新制度：6 条	原制度：6 条	比较
第五十条　净资产是指工会的资产减去负债后的余额，包括资产基金、专用基金、工会资金结转、工会资金结余、财政拨款结转、财政拨款结余和预算稳定调节基金。	**第三十一条**　净资产是指工会的资产减去负债后的余额。包括固定基金、在建工程占用资金、投资基金、专用基金、后备金、结余。	概念不变，包括的内容有调整： 1.“固定基金、在建工程占用资金、投资基金”合并为“资产基金” 2. 删除了“后备金” 3. 增加了“预算稳定调节基金” 4. 将“结余”区分为四种：工会资金结转（结余）、财政拨款结转（结余）
第五十一条　资产基金指工会库存物品、固定资产、在建工程、无形资产、投资和长期待摊费用等非货币性资产在净资产中占用的金额。 资产基金应当在取得库存物品、固定资产、在建工程、无形资产、投资及发生长期待摊费用时确认……	**第三十二条**　固定基金指工会固定资产占用的基金…… 在建工程占用资金指工会在建工程完工前累计占用的资金…… **第三十三条**　投资基金指工会对外投资占用的基金……	1. 固定基金、在建工程占用资金、投资基金合并为“资产基金” 2. 资产基金核算的范围由 3 项（固定资产、投资和在建工程）非货币性资产扩大为 6 项（新增：库存物品、无形资产、长期待摊费用）
第五十二条　专用基金指……	**第三十四条**　专用基金指……	基层工会不涉及
	第三十五条　后备金指……	删除了“后备金”
第五十三条　工会资金结转是指…… 工会资金结余是指……	**第三十六条**　结余指工会各项收入与支出相抵后滚存的累计余额 。	将结余区分为结转和结余

续表

新制度：6 条	原制度：6 条	比较
第五十四条 财政拨款结转是指县级以上工会…… 财政拨款结余是指县级以上工会……		新增，但基层工会不涉及
第五十五条 预算稳定调节基金是县级以上工会……		新增，但基层工会不涉及

（二）会计科目比较

如表 4-2 所示，新制度中适用于基层工会的净资产类会计科目一共有三个，分别是：资产基金、工会资金结转和工会资金结余。通过新旧制度对比可以发现，对于基层工会而言，净资产类会计科目的变化主要有两点：一是新制度将原制度中的固定基金、在建工程占用资金和投资基金合并为资产基金；二是新制度将结余区分为工会资金结转和工会资金结余。而县级以上工会的净资产类会计科目，如专用基金、财政拨款结转、财政拨款结余、预算稳定调节基金则不适用于基层工会。

表 4-2 新旧制度净资产类会计科目对照表

新制度净资产类会计科目（基层工会）			原制度净资产类会计科目		
1	301	资产基金	1	301	固定基金
2	321	工会资金结转	2	302	在建工程占用资金
3	322	工会资金结余	3	311	投资基金
新制度净资产类会计科目（县级以上工会）			4	321	专用基金
1	301	资产基金	5	322	后备金
2	311	专用基金	6	331	结余
3	321	工会资金结转			
4	322	工会资金结余			
5	331	财政拨款结转			
6	332	财政拨款结余			
7	341	预算稳定调节基金			

二、净资产的定义和内容

（一）净资产的定义

《工会会计制度》第五十条指出，净资产是指工会的资产减去负债后的余额。它表明的是工会组织的资产总额在抵偿了一切现时义务之后的那部分差额，即工会组织所拥有的资产净值，相当于企业会计制度中的“所有者权益”，用公式可表示为：净资产=资产-负债。可见，净资产金额取决于资产和负债的计量。

（二）净资产的内容

《工会会计制度》第五十条指出，净资产包括资产基金、专用基金、工会资金结转、工会资金结余、财政拨款结转、财政拨款结余和预算稳定调节基金。对于基层工会而言，净资产只包括资产基金、工会资金结转和工会资金结余三项内容。

1. 资产基金

资产基金是指工会库存物品、固定资产、在建工程、无形资产、投资和长期待摊费用等非货币性资产在净资产中占用的金额。

2. 工会资金结转

工会资金结转是指工会预算安排项目的支出年终尚未执行完毕或者因故未执行，且下年需要按原用途继续使用的工会资金。

3. 工会资金结余

工会资金结余是指工会年度预算执行终了，预算收入实际完成数扣除预算支出和工会结转资金后剩余的工会资金。

三、净资产的特征

净资产具有如下特征：

（一）非偿还性

工会净资产是工会组织无偿占有的经济资源，具有非偿还性。在工会组织的资产中，净资产和负债都是其拥有的经济资源。其中负债是需要偿还的，作为借入的经济资源，它将全部偿还给债权人，随着工会组织债务的清偿而消失。而净资产不同，由于工会组织具有公益性和非营利性的特点，工会净资产主要来自企事业单位依法无偿拨缴的经费、会员缴纳的会费和其他方面来源的资金，如政府补助、行政补助等。这些经费和资金作为开展工会业务工作所必备的重要条件，是由工会组织各单位无偿占有和使用的经济资源，是不需要偿还的。

（二）是工会与其他组织之间的一种权益分配

工会净资产主要来源于依照法律法规所获得的工会经费，包括会员会费、行政拨缴经费、行政补助等。这些经费收缴行为一经完成，各级工会组织就拥有对这些资源的所有权和支配权。同时，净资产又是工会组织进行工作所需的物质基础，所以，工会组织依法享有对其净资产的控制权、占有权和使用权，以保证各项工作任务的顺利完成。因此，工会组织净资产是工会与其他组织（如政府、单位行政）之间的一种权益分配。

第二节　资产基金

一、资产基金的概念

《工会会计制度》第五十一条规定，资产基金指工会库存物品、固定资产、在建工程、无形资产、投资和长期待摊费用等非货币性资产在净资产中占用的金额。

《工会会计制度》要求，在使用货币资金获取非货币性资产时，既要反映货币资金减少和支出增加（由于支出增加会导致属于净资产的结转结余减少，因此使资产负债表左右同减），也要反映非货币性资产的增加。根据“资产=负债+净资产”这一会计等式要求，需要增加一项净资产，即资产基金，使资产负债表左右同增，以保持资产负债表的平衡。

同理，工会非货币性资产减少时，工会会计核算要求既要反映非货币性资产的减少，也要相应减少净资产即资产基金，使资产负债表左右同减，以保持资产负债表的平衡。例如，固定资产计提折旧，无形资产计提摊销时，减少固定资产、无形资产账面价值的同时，也要减少资产基金（会计等式左右同减）。

二、会计科目设置

（一）总账科目

和营利性组织会计体系不同，为记录和反映工会日常活动中以上六项非货币性资产在净资产中所占用的金额，《工会会计制度》规定，各级工会应专门设置“资产基金”科目，核算工会增加和减少的资产基金。该科目属于净资产类科目，贷方表示增加，登记以上六项非货币性资产增加时，资产基金的增加数；借方表示减少，登记以上六项非货币性资产减少时，资产基金的减少数。期末余额在贷方，反映工会以上六项非货币性资产在净资产中所占用的金额。

“资产基金”科目的账户结构如图 4-1 所示。

借　　　　资产基金	贷
减少：六项非货币性资产减少时，资产基金的减少数	增加：六项非货币性资产增加时，资产基金的增加数
	余额：六项非货币性资产在净资产中所占用的金额

图 4-1　“资产基金”科目的账户结构

（二）明细科目

因以上六项非货币性资产均能形成资产基金，所以，在“资产基金”总账科目下，应当分别设置“库存物品”“固定资产”“在建工程”“投资”“无形资产”“长期待摊费用”明细科目，分别对各项非货币性资产在净资产中对应的金额进行明细核算。因此，“资产基金”各明细科目和相应的资产科目是对应科目，两个科目的期末余额应该相等；“资产基金”总账科目的期末余额应该和“库存物品”“固定资产”“在建工程”“投资”“无形资产”“长期待摊费用”六个科目的余额总计相等。

基于基层工会的业务特点，基层工会的资产基金通常需设置如表 4-3 所示的明细科目。[①]

① 各基层工会可根据自身所涉及的资产业务需要，设置不同的资产基金明细科目，但通常不会使用“在建工程”和“投资”明细科目。

表 4-3　基层工会“资产基金”的明细科目

总账科目	明细科目	核算内容
301 资产基金	30101 库存物品	工会库存物品所占用资金， 科目余额与“库存物品”科目余额相等
	30104 固定资产	工会固定资产所占用资金， 科目余额与“固定资产”科目和“累计折旧”科目备抵后的金额相等
	30105 无形资产	工会无形资产所占用资金， 科目余额与“无形资产”科目和“累计摊销”科目备抵后的金额相等
	30106 长期待摊费用	工会长期待摊费用所占用资金， 科目余额与“长期待摊费用”科目余额相等

三、主要业务和事项账务处理

“资产基金”的主要业务和事项账务处理包括两种情形：一是六项非货币性资产价值增加时，增加资产基金；二是六项非货币性资产价值减少时，减少资产基金。

（一）六项非货币性资产价值增加时，增加资产基金

《工会会计制度》规定，各级工会的库存物品、固定资产、在建工程、无形资产、投资及长期待摊费用六项非货币性资产增加时，需要做双分录，即确认资产和资产基金的同时，还要确认为相应的支出。所以，各级工会在取得库存物品、固定资产、在建工程、无形资产、投资及发生长期待摊费用时，应按照确定的成本或金额，借记“库存物品”“固定资产”“在建工程”“无形资产”“投资”“长期待摊费用”科目，贷记“资产基金”科目；同时，应按照实际发生的支出，借记“职工活动支出”“资本性支出”等科目，贷记“银行存款”等科目。

基层工会非货币性资产价值增加的常见情形如表 4-4 所示。无论何种情形的增加，均需增加资产基金。

表 4-4 基层工会非货币性资产价值增加的常见情形

非货币性资产	常见的增加情形
库存物品	1. 购入 / 有偿调入；2. 接受捐赠 / 无偿调入；3. 盘盈
固定资产	1. 购入 / 有偿调入；2. 自行建造；3. 接受捐赠 / 无偿调入； 4. 在原有固定资产基础上进行改建、扩建、大型修缮；5. 盘盈
无形资产	1. 外购；2. 委托软件公司开发；3. 接受捐赠 / 无偿调入；4. 盘盈
长期待摊费用	发生长期待摊费用

基层工会非货币性资产价值增加时增加资产基金的账务处理如表 4-5 所示。①

表 4-5 基层工会增加“资产基金”的账务处理

主要业务和事项		新制度	原制度
1. 购入或有偿调入	库存物品	双分录： (1) 借：库存物品 贷：资产基金——库存物品 (2) 借：职工活动支出/维权支出等 贷：银行存款等	单分录： 借：库存物品 贷：银行存款等
	固定资产/无形资产/长期待摊费用	双分录： (1) 借：固定资产/无形资产/长期待摊费用 贷：资产基金——固定资产/无形资产/长期待摊费用 (2) 借：资本性支出 贷：银行存款等	双分录（只涉及固定资产）： (1) 借：固定资产 贷：固定基金 (2) 借：资本性支出 贷：银行存款等
2. 接受捐赠/无偿调入库存物品/固定资产/无形资产		借：库存物品/固定资产/无形资产 贷：资产基金——库存物品/固定资产/无形资产	只涉及固定资产 借：固定资产 贷：固定基金

① 具体举例详见第二章资产中库存物品、固定资产、无形资产和长期待摊费用账务处理的举例。

续表

主要业务和事项	新制度	原制度
3. 在建工程完工交付使用	双分录： （1）借：固定资产 贷：资产基金——固定资产 （2）借：资产基金——在建工程 贷：在建工程	双分录： （1）借：固定资产 贷：在建工程 （2）借：在建工程占用资金 贷：固定基金
4. 盘盈：库存物品/固定资产/无形资产	（1）转入待处理资产时： 借：库存物品/固定资产/无形资产 贷：待处理财产损溢 （2）报经批准后，增加资产基金： 借：待处理财产损溢 贷：资产基金——库存物品/固定资产/无形资产	只涉及库存物品、固定资产的盘盈： （1）库存物品： 借：库存物品 贷：其他收入 （2）固定资产： 借：固定资产 贷：固定基金

（二）六项非货币性资产价值减少时，减少资产基金

实务中，工会的库存物品、固定资产、在建工程、无形资产、投资及长期待摊费用会因各种原因减少。当以上六项非货币性资产减少时，各级工会应同时调减其在净资产中所占的金额，即调减相应的“资产基金”。

基层工会非货币性资产价值减少的常见情形如表 4-6 所示。无论何种情形的减少，均需减少资产基金。

表 4-6　基层工会非货币性资产价值减少的常见情形

非货币性资产	常见的减少情形
库存物品	1. 领用和发出；2. 对外出售；3. 对外捐赠/无偿调出； 4. 盘亏、报废毁损
固定资产	1. 计提折旧；2. 对外出售；3. 对外捐赠/无偿调出； 4. 盘亏、报废毁损
无形资产	1. 计提摊销；2. 对外出售；3. 对外捐赠/无偿调出；4. 核销；5. 盘亏
长期待摊费用	1. 摊销长期待摊费用；2. 一次性转销

基层工会非货币性资产价值减少时减少资产基金的账务处理如表 4-7 所示。①

表 4-7　基层工会减少“资产基金”的账务处理

主要业务和事项	新制度	原制度
1. 领用和发出库存物品	借：资产基金——库存物品 贷：库存物品	借：职工活动支出/维权支出等 贷：库存物品
2. 计提折旧/摊销、分摊长期待摊费用	借：资产基金——固定资产/无形资产/长期待摊费用 贷：累计折旧/累计摊销/长期待摊费用	——
3. 对外出售库存物品/固定资产/无形资产	借：资产基金——库存物品 贷：库存物品	——
	借：资产基金——固定资产/无形资产 累计折旧/累计摊销 贷：固定资产/无形资产	借：固定基金 贷：固定资产
4. 对外捐赠、无偿调出库存物品/固定资产/无形资产	借：资产基金——库存物品 贷：库存物品	——
	借：资产基金——固定资产/无形资产 累计折旧/累计摊销 贷：固定资产/无形资产	

① 具体举例详见第二章资产中库存物品、固定资产、无形资产和长期待摊费用账务处理的举例。

续表

主要业务和事项	新制度	原制度
5. 盘亏、报废或毁损；核销	盘亏：库存物品/固定资产/无形资产 报废毁损：库存物品/固定资产 借：资产基金——库存物品/固定资产/无形资产 贷：待处理财产损溢	盘亏、报废毁损：库存物品/固定资产 库存物品：借：其他支出 贷：库存物品 固定资产：借：固定基金 贷：固定资产
	无形资产的核销： 借：资产基金——无形资产 贷：待处理财产损溢	——

第三节　工会资金结转

一、结转结余资金的区分

"结余"即结余资金，有广义和狭义之分。广义上的"结余"是全部收入与全部支出相抵后的余额。而将广义"结余"概念加以区分为"结转"和"结余"（即狭义上的结余概念）则源于财政部发布的《中央部门财政拨款结转和结余资金管理办法》（财预〔2010〕7号）。在该办法中，首次对财政资金定义了"结转"和"结余"的概念。此后，在财政部发布的《事业单位财务规则》（财政部令68号）、《行政单位财务规则》（财政部令71号）规定中，将"结转"和"结余"的概念扩大到财政拨款以外的预算资金。2021年财政部在修订原制度时，借鉴以上做法，将"结转"和"结余"的概念运用到工会会计主体的预算资金，取代之前不加以区分的广义上的"结余"。

预算单位预算结余（广义）资金的分类与预算单位对预算资金的管理要求密切相关，如对资金来源的管理、外部对资金用途的限定、单位内部对部分结余（广义）资金用途的限定等。

（一）根据预算资金的来源分类

根据预算资金的来源不同，工会会计主体的预算资金可分为工会资金和财政拨款资金。从同级政府财政部门取得财政拨款的县级以上工会，其预算资金既包括工会资金又包括财政拨款资金。基层工会通常只涉及工会资金。

（二）根据资金限定性和业务完成情况分类

根据资金限定支持的相关业务是否完成，预算单位的预算剩余资金可以分为结转资金和结余资金。

1. 结转资金

结转资金，是指预算安排项目的支出年终尚未执行完毕或者因故未执行，且下年需要按原用途继续使用的资金。根据预算资金的不同来源，结转资金分为工会结转资金和财政拨款结转资金。从同级政府财政部门取得财政拨款的县级以上工会既有工会结转资金也有财政拨款结转资金，而基层工会通常只涉及工会结转资金。

工会结转资金和工会结余资金的管理，主要是区分专项资金与非专项资金。根据预算资金取得时是否有限定用途，工会资金可以分为专项资金和非专项资金。非专项工会资金的剩余资金，直接形成工会结余资金。而对于工会专项资金，则需要进一步区别是否按原用途继续使用：未完成项目的剩余专项资金下年需继续按原用途使用的是“工会结转资金”，其余则为“工会结余资金”。如上级补助收入中的专项转移支付补助、行政补助收入等在取得时就被上级工会或行政单位限定了资金的用途，如果本级工会当期未完成相应限定的业务，这些被限定用途的资金就会形成当期预算收支差额，未来需要继续用于原限定用途，即形成了工会结转资金。

基层工会的结转结余资金区分如表 4-8 所示。

表 4-8　基层工会结转结余资金的区分

是不是专项资金	资金用途	结转结余资金区分
专项资金	按原用途继续使用	工会结转资金
	不再按原用途继续使用	工会结余资金
非专项资金	未限定用途	

工会结转资金的核算通过“工会资金结转”科目。《工会会计制度》第五十三条规定，工会资金结转是指工会预算安排项目的支出年终尚未执行完毕或者因故未执行，且下年需要按原用途继续使用的工会资金。

2. 结余资金

结余资金，是指年度预算执行终了，预算收入实际完成数扣除预算支出和结转资金后剩余的资金。这些资金根据管理要求，可在单位内部、部门内部调剂或上缴出资者，或者留归预算单位自由使用。对于工会组织而言，这类不再用于出资者限定项目的结余资金包括工会结余资金和财政拨款结余资金。其中，从同级政府财政部门取得财政拨款的县级以上工会则既有工会结余资金也有财政拨款结余资金。基层工会通常只涉及工会结余资金。

各级工会结转结余资金的分类如表 4-9 所示。

表 4-9　各级工会结转结余资金的分类

工会组织		结转结余资金
基层工会		工会结转资金 / 工会结余资金
县级以上工会	未从同级政府财政部门取得财政拨款的	工会结转资金 / 工会结余资金
	从同级政府财政部门取得财政拨款的	工会结转资金 /工会结余资金； 财政拨款结转资金 / 财政拨款结余资金

工会结余资金的核算通过“工会资金结余”科目。

二、会计科目设置

（一）总账科目

基层工会应设置“工会资金结转”总账科目，用来核算工会资金结转资金的调整、结转和滚存情况。该科目属于净资产类科目，贷方表示增加，登记工会资金结转资金的增加数；借方表示减少，登记工会资金结转资金的减少数。期末余额在贷方，反映基层工会滚存的工会资金结转资金数额。

“工会资金结转”科目的账户结构如图 4-2 所示。

借　　工会资金结转	贷
减少：工会资金结转资金的减少数	增加：工会资金结转资金的增加数
	余额：基层工会滚存的工会资金结转资金数额

图 4-2　“工会资金结转”科目的账户结构

（二）明细科目

在“工会资金结转”总账科目下，基层工会还应根据工会资金结转资金增加减少变动的原因，分别设置“年初余额调整”“单位内部调剂”“本年收支结转”和“累计结转”四个明细科目，进行明细核算，如表 4-10 所示。

表 4-10 “工会资金结转”的明细科目

归属类别	明细科目	核算内容	期末余额
1. 调整年初余额	年初余额调整	因发生会计差错更正、以前年度支出收回等原因，需要调整工会资金结转的金额	年末结账后，应无余额
2. 调整工会结余资金用途	单位内部调剂	经批准对工会结余资金改变用途，调整用于工会其他未完成项目等的金额	年末结账后，应无余额
3. 期末结转	本年收支结转	本期专项工会资金收支相抵后的余额	年末结账后，应无余额
	累计结转	滚存的工会资金专项资金结转金额	贷方余额， 反映滚存的工会资金结转资金数额

三、主要业务和事项账务处理

“工会资金结转”的主要业务和事项包括三种情形：一是调整年初余额；二是将工会结余资金调整用于工会其他未完成项目；三是期末结转工会资金结转。

（一）调整年初余额

基层工会因发生会计差错更正、以前年度支出收回的，需要按照调整或收回的属于工会资金结转的金额，借记或贷记“银行存款”等科目，贷记或借记“工会资金结转——年初余额调整”。

（二）将工会结余资金调整用于工会其他未完成项目

基层工会如果需要改变工会资金结余资金用途，将其调整用于工会其他未完成项目，需履行一定的批准程序。经批准后，按照批准的金额，借记“工会资金结余——单位内部调剂”科目，贷记“工会资金结转——单位内部调剂”科目。

（三）期末结转

基层工会“工会资金结转”的期末结转业务主要包括三种：一是期末，结转各项工会经费专项资金收入和支出的本期发生额；二是年末，冲销“工会资金结转”有关明细科目余额；三是年末，将符合结余资金性质的剩余资金转入“工会资金结余”。

1. 期末，结转各项工会经费专项资金收支的本期发生额

期末，基层工会需将工会经费专项资金收入和支出的本期发生额转入“工会资金结转——本年收支结转”科目。其中，对于各收入类会计科目，应借记收入类科目下各专项资金收入明细科目，贷记“工会资金结转——本年收支结转”科目；对于各支出类科目，应借记“工会资金结转——本年收支结转”科目，贷记支出类科目下各专项资金支出明细科目。

该结转需要注意的是，通过“工会资金结转”科目结转的一定是各工会经费专项资金的收支；工会经费非专项资金收支的期末结转则是通过“工会资金结余”科目核算。

基层工会的专项资金收入通常只涉及三项收入：一是上级补助收入中的“专项转移支付补助”；二是行政补助收入；三是指定用途的其他收入，如接受捐赠的防疫专项资金等。即基层工会对于涉及以上三项专项资金收入及相应的支出的期末结转均需通过“工会资金结转——本年收支结转”科目，其余收入及支出的期末结转则通过“工会资金结余——本年收支结转”。

2. 年末，冲销“工会资金结转”有关明细科目余额

年末，基层工会需冲销“工会资金结转”的有关明细科目余额。即将“工会资金结转”科目下除“累计结转”明细科目外的其他明细科目（即“本年收支结转”“年初余额调整”“单位内部调剂”）的余额全部转入“工会资金结转——累计结转”。因此该结转后，“工会资金结转”科目除“累计结转”明细科目外，其他明细科目应无余额。

3. 年末，将符合结余资金性质的剩余资金转入“工会资金结余”

年末，基层工会完成上述两项结转后，还需对工会结转资金各项目执行情况进行分析，并按照有关规定将符合结余资金性质的剩余资金转入工会资金结余。借记“工会资金结转——累计结转”科目，贷记“工会资金结

余——结转转入”科目。

基层工会“工会资金结转”科目的主要业务和事项的账务处理如表4-11所示。

表4-11 基层工会“工会资金结转”科目的主要业务和事项的账务处理

主要业务和事项		新制度	原制度
1. 调整年初余额	(1) 调增工会资金结转金额	借：银行存款等 贷：工会资金结转——年初余额调整	借：银行存款等 贷：结余
	(2) 调减工会资金结转金额	借：工会资金结转——年初余额调整 贷：银行存款/其他相关项目	借：结余 贷：银行存款等
2. 将工会结余资金调整用于工会其他未完成项目		借：工会资金结余——单位内部调剂 贷：工会资金结转——单位内部调剂	——
3. 期末结转	(1) 期末，结转各项工会经费专项资金收支的本期发生额	①结转工会经费专项资金收入： 借：收入类科目下各专项资金收入明细科目 贷：工会资金结转——本年收支结转	①结转收入： 借：各收入类科目 贷：结余
		②结转工会经费专项资金支出： 借：工会资金结转——本年收支结转 贷：支出类科目下各专项资金支出明细科目	②结转支出： 借：结余 贷：各支出类科目
	(2) 年末，冲销“工会资金结转”有关明细科目余额	借：工会资金结转——本年收支结转 工会资金结转——单位内部调剂 工会资金结转——年初余额调整 贷：工会资金结转——累计结转 工会资金结转——年初余额调整	——
	(3) 年末，将符合结余资金性质的剩余资金转入“工会资金结余”	借：工会资金结转——累计结转 贷：工会资金结余——结转转入	——

四、主要业务和事项账务处理举例

【例 4-1】 调整年初余额

202×年 3 月 2 日，YF 集团工会发现，上级总工会困难帮扶补助项目资金多付了 2 000 元，查清后通过银行转账退回多收款项。YF 集团工会财务部门根据有关凭证，应编制如下会计分录：

借：工会资金结转——年初余额调整　　2 000

　贷：银行存款　　2 000

【例 4-2】 将工会结余资金调整用于工会其他未完成项目

202×年 10 月 25 日，YF 集团工会妈咪小屋项目已经完成，该项目资金来源为上级市总工会专项补助，项目完成后形成工会结余资金 3 000 元。报经上级市总工会女工部批准后，全部结余资金允许改变用途，调整用于女工部次年的“提素建功”专项补助项目。相关的会计处理如下：

1. 妈咪小屋项目完成后，未使用的资金 3 000 元形成工会结余资金：

借：工会资金结转——累计结转　　3 000

　贷：工会资金结余——结转转入　　3 000

2. 经上级工会批准，改变资金用途调整用于次年的“提素建功”专项补助项目时：

借：工会资金结余——结转转入　　3 000

　贷：工会资金结余——单位内部调剂　　3 000

借：工会资金结余——单位内部调剂　　3 000

　贷：工会资金结转——单位内部调剂　　3 000

【例 4-3】 期末，结转本年工会专项资金收支

202×年 12 月 31 日，YF 集团工会进行年度财务结转，发现有如表 4-12 所示的工会专项资金收支项目：

表 4-12　YF 集团工会 202×年的工会专项资金收支项目

专项资金项目	金额（元）	资金来源	资金使用情况
1. 困难帮扶补助	100 000	上级工会	本年支出 90 000 元， 剩余 10 000 元经同意转为一般性转移支付补助

续表

专项资金项目	金额（元）	资金来源	资金使用情况
2. 妈咪小屋补助	50 000	上级工会	结余资金 3 000 元， 调整用于次年的“提素建功”专项补助项目
3. 劳模创新 工作室补助	80 000	上级工会	本年支出 30 000 元， 剩余 50 000 元结转下年继续使用
4. 劳动竞赛补助	60 000	行政补助	本年支出 50 000 元， 剩余 10 000 元结转下年继续使用
5. 运动会补助	40 000	行政补助	全部支出完毕
6. 防疫捐赠资金	20 000	民政部门	全部支出完毕
合计	350 000		

1. YF 集团工会结转本年工会专项资金收入的分录为：

借：上级补助收入——专项转移支付补助——困难帮扶　100 000

　　上级补助收入——专项转移支付补助——妈咪小屋　50 000

　　上级补助收入——专项转移支付补助——劳模创新工作室　80 000

　　行政补助收入——劳动竞赛　60 000

　　行政补助收入——运动会　40 000

　　其他收入——防疫捐赠　20 000

　贷：工会资金结转——本年收支结转　350 000

2. YF 集团工会结转本年工会专项资金支出的分录为：

借：工会资金结转——本年收支结转　277 000

　贷：维权支出——困难职工帮扶支出　90 000

　　　职工服务支出——建家活动支出　47 000

　　　职工服务支出——职工创新活动支出　30 000

　　　职工服务支出——劳动和技能竞赛活动支出　50 000

　　　职工活动支出——文体活动支出　40 000

　　　维权支出——劳动保护支出　20 000

年末，结转完工会专项资金收支后，“工会资金结转——本年收支结转”

余额为 73 000 元（工会专项资金收入 350 000 元-工会专项资金支出 277 000 元），具体包括：

(1) 可结转下年仍按原用途继续使用的资金有两项：一是上级工会拨付的劳模创新工作室补助 50 000 元；二是行政单位给予的劳动竞赛补助 10 000 元。

(2) 改变用途调整用于次年的“提素建功”3 000 元。

(3)“困难帮扶补助”专项资金的剩余资金 10 000 元（需进一步结转至“工会资金结余”）。

【例 4-4】年末，冲销“工会资金结转”有关明细科目余额

202×年 12 月 31 日，YF 集团工会进行年度财务结转，在收支结转后，“工会资金结转”除“累计结转”外各明细科目的发生额及余额如表 4-13 所示。

表 4-13 YF 集团工会 202×年 12 月 31 日“工会资金结转”除“累计结转”外各明细科目的发生额及余额

总账科目	明细科目	本期借方发生额（元）	本期贷方发生额（元）	期末余额（元）
工会资金结转	年初余额调整	2 000		2 000（借方）
	本年收支结转	277 000	350 000	73 000（贷方）
	单位内部调剂		3 000	3 000（贷方）

年末，YF 集团工会冲销“工会资金结转”除“累计结转”外明细科目余额的分录为：

借：工会资金结转——本年收支结转　　73 000
　　工会资金结转——单位内部调剂　　3 000
　贷：工会资金结转——累计结转　　74 000
　　　工会资金结转——年初余额调整　　2 000

经上述一系列结转后，“工会资金结转”科目只有“工会资金结转——累计结转”明细科目有余额 74 000 元。

【例 4-5】年末，将符合结余资金性质的剩余资金转入“工会资金结余”

202×年 12 月 31 日，YF 集团工会进行年度财务结转，在收支结转后，

对“工会资金结转——累计结转”的明细项目进行分析：上级工会“困难帮扶补助”专项资金100 000元，本年支出90 000元，剩余10 000元经同意转为一般性转移支付补助，符合结余资金性质，进行结转，会计处理如下：

借：工会资金结转——累计结转 10 000

　贷：工会资金结余——结转转入 10 000

通过以上结转，“工会资金结转——累计结转”本期发生额的余额为63 000元（“工会资金结转——本年收支结转”未结转到“累计结转”之前的余额73 000元-符合结余资金性质的上级工会“困难帮扶补助”专项剩余资金10 000元转出），具体包括：

（1）可结转下年可按原用途继续使用的资金有两项，一是上级工会劳模创新工作室补助50 000元；二是行政单位给予的劳动竞赛补助10 000元；

（2）改变用途调整用于次年的“提素建功”3 000元。

第四节 工会资金结余

一、工会资金结余的概念

《工会会计制度》第五十三条指出，工会资金结余是指工会年度预算执行终了，预算收入实际完成数扣除预算支出和工会结转资金后剩余的工会资金。工会结余资金是工会非专项资金，可以用于工会的任何活动，不受限制。通常而言，基层工会除了前文所述的上级补助收入——专项转移支付补助、行政补助收入和指定用途的其他收入，如接受捐赠的防疫专项资金等三项资金收入属于专项资金收入外，其余资金一般均属非专项资金收入。

二、会计科目设置

（一）总账科目

基层工会应设置“工会资金结余”总账科目，用来核算工会资金结余资金的调整、结余和滚存情况。该科目属于净资产类科目，贷方表示增加，登记工会资金结余资金的增加数；借方表示减少，登记工会资金结余资金的减少数。期末余额在贷方，反映基层工会滚存的工会资金结余资金数额。

“工会资金结余”科目的账户结构如图 4-3 所示。

借　　工会资金结余	贷
减少：工会资金结余资金的减少数	增加：工会资金结余资金的增加数
	余额：基层工会滚存的工会结余资金数额

图 4-3　“工会资金结余”科目的账户结构

（二）明细科目

在“工会资金结余”总账科目下，基层工会还应根据工会资金结余资金增加减少变动的原因，分别设置“年初余额调整”“单位内部调剂”“本年收支结转”“结转转入”“累计结余”五个明细科目进行明细核算。如表 4-14 所示。

表 4-14　“工会资金结余”的明细科目

归属类别	明细科目	核算内容	期末余额
1. 调整年初余额	年初余额调整	因发生会计差错更正、以前年度支出收回等原因，需要调整工会资金结转的金额	年末结账后，应无余额
2. 调整工会结余资金用途	单位内部调剂	经批准对工会结余资金改变用途，调整用于工会其他未完成项目等的金额	年末结账后，应无余额
3. 期末结转	本年收支结转	本期各非专项工会资金收支相抵后的余额	期末结账后，应无余额
	结转转入	按规定转入工会资金结余的工会结转资金	年末结账后，应无余额
	累计结余	工会滚存的工会结余资金	贷方余额，反映工会滚存的工会结余资金

三、主要业务和事项账务处理

基层工会“工会资金结余”的主要业务和事项包括三类：一是调整年初

余额；二是将工会结余资金调整用于工会其他未完成项目；三是“工会资金结余”的期末结转。

（一）调整年初余额

基层工会因发生会计差错更正、以前年度支出收回等原因，需要调整工会结余资金金额的，应按照调整或收回的属于工会资金结余的金额，借记或贷记“银行存款”等科目，贷记或借记“工会资金结余——年初余额调整”科目。

（二）将工会结余资金调整用于工会其他未完成项目

基层工会如果改变工会结余资金用途，将其调整用于工会其他未完成项目，需履行一定的批准程序。经批准后，按照批准的金额，借记“工会资金结余——单位内部调剂”科目，贷记“工会资金结转——单位内部调剂”科目。

（三）期末结转

基层工会“工会资金结余”的期末结转包括三种：一是期末，结转工会非专项资金收支的本期发生额；二是年末，将符合结余资金性质的项目余额转入；三是年末，冲销“工会资金结余”有关明细科目余额。

1. 期末，结转工会非专项资金收支的本期发生额

期末，基层工会需将各项工会经费非专项资金收入和支出的本期发生额转入“工会资金结余——本年收支结转”科目。其中，对于各收入类会计科目，应借记收入类科目下各非专项资金收入明细科目，贷记“工会资金结余——本年收支结转”科目；对于各支出类科目，应借记“工会资金结余——本年收支结转”科目，贷记支出类科目下各非专项资金支出明细科目。

该结转需要注意的是，通过“工会资金结余”科目结转的一定是工会经费各非专项资金的收支；工会经费专项资金收支的期末结转则是通过“工会资金结转——本年收支结转”科目核算。

如前文所述，基层工会需将除了上级补助收入——专项转移支付补助、行政补助收入和指定用途的其他收入，如接受捐赠的防疫专项资金等三项专项资金收入以外的其余非专项资金收入及其支出通过“工会资金结余——本年收支结转”进行期末结转。

2. 年末，将符合结余资金性质的项目余额转入

年末，基层工会在完成以上工会非专项资金收支结转后，还需对工会结

转资金各明细项目执行情况进行分析，并按照有关规定将符合结余资金性质的项目余额转入“工会资金结余”。借记“工会资金结转——累计结转”科目，贷记“工会资金结余——结转转入”科目。

3. 年末，冲销“工会资金结余”有关明细科目余额

年末，基层工会完成以上两项结转后，需冲销“工会资金结余”的有关明细科目余额。即将“工会资金结余”科目下除“累计结余”明细科目外的其他明细科目（即“本年收支结转”“年初余额调整”“单位内部调剂”“结转转入”）的余额全部转入“工会资金结余——累计结余”。因此该结转后，“工会资金结余”科目除“累计结余”明细科目外，其他明细科目应无余额。

基层工会“工会资金结余”科目的主要业务和事项的账务处理如表 4-15 所示。

表 4-15　基层工会“工会资金结余”科目的主要业务和事项的账务处理

主要业务和事项		新制度	原制度
1. 调整年初余额	（1）调增工会资金结余	借：银行存款等 贷：工会资金结余——年初余额调整	借：银行存款等 贷：结余
	（2）调减工会资金结余	借：工会资金结余——年初余额调整 贷：银行存款等	借：结余 贷：银行存款等
2. 将工会结余资金调整用于工会其他未完成项目		借：工会资金结余——单位内部调剂 贷：工会资金结转——单位内部调剂	——
3. 期末结转	（1）期末，结转各工会经费非专项资金收支本期发生额	① 结转工会经费非专项资金收入： 借：收入类科目下各非专项资金收入明细科目 贷：工会资金结余——本年收支结转	①结转收入： 借：各收入类科目 贷：结余
		② 结转工会经费非专项资金支出： 借：工会资金结余——本年收支结转 贷：支出类科目下各非专项资金支出明细科目	②结转支出： 借：结余 贷：各支出类科目

续表

主要业务和事项		新制度	原制度
	（2）年末，将符合结余资金性质的项目余额转入	借：工会资金结转——累计结转 　贷：工会资金结余——结转转入	—
	（3）年末，冲销“工会资金结余”有关明细科目余额	借：工会资金结余——本年收支结转 　　工会资金结余——单位内部调剂 　　工会资金结余——年初余额调整 　　工会资金结余——结转转入 　贷：工会资金结余——累计结余 　　　工会资金结余——年初余额调整	—

四、主要业务和事项账务处理举例

【例 4-6】调增工会资金结余的年初余额

YF 集团工会上年支付一笔款项 4 000 元，入账时误计为本级工会的支出，年初发现应为代管单位羽毛球队的经费支出内容。YF 集团工会财务部门根据有关凭证，应编制如下会计分录：

借：代管经费——羽毛球队　　　　4 000

　贷：工会资金结余——年初余额调整　　　　4 000

【例 4-7】调减工会资金结余的年初余额

YF 集团工会上年支付一笔款项 3 500 元，入账时误计为其他应收款，年初发现应为某项目的支出内容。YF 集团工会财务部门根据有关凭证，应编制如下会计分录：

借：工会资金结余——年初余额调整　　　　3 500

　贷：其他应收款　　　　3 500

【例 4-8】将工会结余资金调整用于工会其他未完成项目

举例见【例 4-2】。

【例 4-9】期末，结转本年各工会非专项资金收支

202×年 12 月 31 日，YF 集团工会进行年度财务结转，发现有如表 4-16 所示的工会非专项资金收支。

表 4-16　YF 集团工会 202×年的非专项资金收支项目

非专项资金收支	具体收支项目	金额（元）
非专项资金收入	1. 会费收入	100 000
	2. 拨缴经费收入	800 000
	3. 上级补助收入——一般性转移支付补助	50 000
	4. 其他收入——利息	5 000
	小计	**955 000**
非专项资金支出	1. 职工活动支出	200 000
	2. 职工服务支出	500 000
	3. 维权支出	70 000
	4. 业务支出	30 000
	5. 资本性支出	100 000
	小计	**900 000**

1. 202×年 12 月 31 日，YF 集团工会结转本年工会非专项资金收入的分录为：

借：会费收入　　100 000
　　拨缴经费收入　　800 000
　　上级补助收入——一般性转移支付补助　　50 000
　　其他收入——利息　　5 000
　贷：工会资金结余——本年收支结转　　955 000

2. 202×年 12 月 31 日，YF 集团工会结转本年工会非专项资金支出的分录为：

借：工会资金结余——本年收支结转　　900 000
　贷：职工活动支出　　200 000
　　　职工服务支出　　500 000
　　　维权支出　　70 000
　　　业务支出　　30 000
　　　资本性支出　　100 000

经过上述工会非专项资金收支的结转后，“工会资金——本年收支结转”

的年末余额为55 000元（工会非专项资金收入955 000元-工会非专项资金支出900 000元），该余额需在年末时进一步结转至“工会资金结余——累计结余”。

【例4-10】年末，将符合结余资金性质的项目余额转入

举例见【例4-5】。

【例4-11】年末，冲销“工会资金结余”有关明细科目余额

202×年12月31日，YF集团工会进行年度财务结转，在收支结转后，“工会资金结余”除“累计结转”外各明细科目的发生额及余额如表4-17所示。

表4-17　YF集团工会202×年12月31日“工会资金结余”除“累计结转”外各明细科目的发生额及余额

总账科目	明细科目	本期借方发生额（元）	本期贷方发生额（元）	期末余额（元）
工会资金结余	年初余额调整	3 500	4 000	500（贷方）
	本年收支结转	900 000	955 000	55 000（贷方）
	单位内部调剂	3 000	3 000	——
	结转转入	3 000	13 000	10 000（贷方）

202×年12月31日，YF集团工会冲销“工会资金结余”除“累计结余”外的明细科目余额的分录为：

借：工会资金结余——年初余额调整　　500

　　工会资金结余——本年收支结转　　55 000

　　工会资金结余——结转转入　　10 000

　贷：工会资金结余——累计结余　　65 500

经上述一系列结转后，“工会资金结余——累计结余”本期发生额的余额为65 500元，具体包括：

（1）调整年初余额增加500元（调增4 000元-调减3 500元）；

（2）本年非专项资金收支结余55 000元；

（3）已完成项目“困难帮扶”专项资金剩余10 000元转入。

第五章

收　入

第一节 收入概述

一、新旧会计制度收入的比较

（一）内容比较

新旧会计制度正文关于收入的比较如表5-1所示。可见，对于基层工会而言，收入总体变化不大。

表5-1 新旧会计制度“收入”的比较

新制度：2条	原制度：2条	比较
第五十六条 收入是指…… 收入按照来源分为……附属单位上缴收入…… 拨缴经费收入指……中归属于本级工会的经费。 上级补助收入指……包括一般性转移支付补助和专项转移支付补助。 ……	**第三十七条** 收入是指…… 收入按照来源分为……事业收入…… （二）拨缴经费收入……中归属于本级工会的经费及建会筹备金。 （三）上级补助收入指……包括回拨补助、专项补助、超收补助、帮扶补助、送温暖补助、救灾补助、其他补助。 ……	1. 将“事业收入”调整为“附属单位上缴收入” 2. 收到的建会筹备基金不再作为拨缴经费收入 3. 调整了上级补助收入的分类
第五十七条 工会各项收入应当按照实际发生额入账。	**第三十八条** 各项收入应当按照实际发生额入账。	——

（二）会计科目比较

如表5-2所示，新制度中适用于基层工会的收入类会计科目一共五个，分别是会费收入、拨缴经费收入、上级补助收入、行政补助收入和其他收入。相较于原制度，新制度明确了基层工会通常情况下只能使用以上五个会计科目，一般不会发生政府补助收入、附属单位上缴收入和投资收益。

表 5-2　新旧制度收入类会计科目对照表

新制度收入类会计科目（基层工会）			原制度收入类会计科目		
1	401	会费收入	1	401	会费收入
2	402	拨缴经费收入	2	402	拨缴经费收入
3	403	上级补助收入	3	403	上级补助收入
4	405	行政补助收入	4	404	政府补助收入
5	408	其他收入	5	405	行政补助收入
新制度收入类会计科目（县级以上工会）			6	406	事业收入
1	402	拨缴经费收入	7	407	投资收益
2	403	上级补助收入	8	408	其他收入
3	404	政府补助收入			
4	406	附属单位上缴收入			
5	407	投资收益			
6	408	其他收入			
7	411	动用预算稳定调节基金			

二、收入的定义、分类和特征

（一）收入的定义和分类

《工会会计制度》第五十六条规定，收入是指工会根据工会法以及有关政策规定开展业务活动所取得的非偿还性资金。

基层工会收入按照来源分为会费收入、拨缴经费收入、上级补助收入、行政补助收入和其他收入。

1. 会费收入

会费收入是指工会会员依照规定向基层工会缴纳的会费。

2. 拨缴经费收入

拨缴经费收入是指基层单位行政拨缴、下级工会按规定上缴及上级工会按规定转拨的工会拨缴经费中归属于本级工会的经费。

3. 上级补助收入

上级补助收入是指本级工会收到的上级工会补助的款项，包括一般性转移支付补助和专项转移支付补助。

4. 行政补助收入

行政补助收入是指基层工会取得的所在单位行政方面按照工会法和国家有关规定给予工会的补助款项。

5. 其他收入

基层工会的其他收入是指除会费收入、拨缴经费收入、上级补助收入、行政补助收入之外的各项收入。

（二）收入的特征

收入一般具有以下特征：

1. 依法取得

工会的各项收入都是根据工会法及有关政策规定取得的，具有一定的法律或制度保障。

2. 多种渠道形成

《工会法》第四十三条规定，工会经费的来源包括：工会会员缴纳的会费；建立工会组织的企业、事业单位、社会组织、机关按每月全部职工工资总额的百分之二向工会拨缴的经费；工会所属的企业、事业单位上缴的收入；人民政府的补助；其他收入。

3. 非偿还性

工会组织取得的各项收入是不需要偿还的，可以按照规定安排用于开展工会业务工作。如果工会组织收到的资金未来需要偿还，就不能确认为收入。例如，工会收到的暂存款项，将来需要归还给对方，就只能作为其他应付款处理，而不能确认为收入。如果工会取得的资金尚不能确定是否需要偿还，也不能作为收入处理，只能作为负债（其他应付款）处理，如收到下级工会筹建单位交来的建会筹备金。

4. 主要表现为现金的流入

为准确反映预算收支执行情况，会计核算的收支口径应当与预算收支口径一致。我国目前的预算管理对象是现金资源，因此工会收入的核算主要反映现金的流入。需要注意的是，对于年末清算时应收但未收到的拨缴经费和上级补助等应收款项也应分别确认为本年度的拨缴经费收入和上级补助收入；除此之外，在某些情况下，工会的货币资金溢余（如库存现金盘盈），以及其他应付款的核销，也作为收入处理。

如果工会取得的是非货币资产，而不是货币资金，一般不作为收入核算。如工会接受捐赠、无偿调入的实物资产和无形资产等，应作为资产和净资产增加处理，而不应确认为收入。

5. 引起工会净资产的增加

工会收入能够增加资产或减少负债，最终会引起工会净资产的增加。如果取得的现金流入不能引起净资产的增加，则不能确认为收入。例如，如果工会收到的资金，确定是转付给付款人指定的接受人的（如收到要求转拨或转赠的款项）；再如，收到按规定需要上缴财政的资金等，都不能作为收入处理，应确认为负债。因为工会在收到这些资金时，资产增加的同时负债也在增加，净资产不变，因而也就不符合收入的特征。需要注意的是，无偿调入非货币性资产时的净资产增加并不能确认为工会收入。

三、收入的确认和计量

（一）收入的确认

《工会会计制度》第八条规定，工会会计处理一般采用收付实现制，部分经济业务或者事项应当按照本制度的规定采用权责发生制。所以，各项工会收入的确认，主要以收付实现制为基础，但对个别事项或以特殊支付方式取得的收入，应以权责发生制作为补充。新制度规定基层工会应按权责发生制确认收入的事项主要包括：

1. 年末存在的应收未收的拨缴经费

对于拨缴经费收入，《工会会计制度》规定，为了保证收入会计处理与预算执行的一致性，拨缴经费收入仅在年末存在应收未收经费时采用权责发生制，其余时点均按照收付实现制确认收入。

2. 年末存在的上级应付未付的补助款项

对于上级补助收入，平时各级工会应在实际收到补助款时，按照收付实现制，确认为上级补助收入。在年末清算时，对存在上级应付未付补助款项的，应采用权责发生制，根据上级工会已确定的应付未付的各项补助经费的通知数确认为本级工会的上级补助收入。

3. 无法查明原因的现金溢余和其他应付款的核销

新制度规定，工会发现的现金溢余，如果无法查明原因的，需报经批准后，通过“待处理财产损溢”科目确认为其他收入；而非像原制度规定的，直接计入其他收入。

此外，因故无法偿付或债权人豁免偿还的其他应付款项，也应当按规定报经批准后核销时，确认为其他收入。

（二）收入的计量

《工会会计制度》第五十七条规定，工会各项收入应当按照实际发生额入账。即工会的各项收入一般按照实际收到金额进行计量。几个比较特殊的计量为：

1. 年末应收未收的拨缴经费收入：按照下级工会经费收缴报告表（或上级工会经费转拨通知）中的金额计量；

2. 年末应收未收的上级补助收入：按照上级补助通知单中的金额计量；

3. 无法查明原因的现金溢余和其他应付款的核销而产生的其他收入：按照实际溢余的现金金额和其他应付款项核销金额计量。

四、收入核算的基本要求

工会收入是各级工会开展业务活动的起点，也是各级工会履行职能的财力保障。在制度允许的范围内，最大限度地增加收入是各级工会的重要工作内容。为确保工会收入核算的正确性和完整性，收入的会计核算应注意以下几个问题：

（一）建立和完善与收入核算相关的内部控制体系

各级工会应当建立健全内部控制体系，完善岗位责任制度和内部稽核制度。收入核算时，建立和完善内部控制制度十分必要，可以确保收入核算的真实、完整和准确。各级工会在建立与收入有关的内部控制体系时，应注意以下几个问题：

1. 严格按照收入预算的安排，明确相关岗位和责任人，确保预算进度的执行，使工会各项业务活动能够正常进行。

2. 严格与收入相关的票据管理，做到所有收入的取得必须开具相关的业务单据，为收入的完整核算提供基础。

3. 按照不相容职务分离原则，将资金的收取和票据的出具、复核等岗位适度分开，尤其是资金收取和票据开具的岗位必须分离，严禁出现收钱和开票由一个人办理。

4. 建立和完善与收入有关的复核制度，复核的重点应包括：收入进度与预算执行进度是否一致；收入的渠道、性质是否明确；与之相关的会计核算是否合规等。

（二）明确收入的确认标准，确保收入核算的合法性、准确性和完整性

各级工会一定要明确各项工会收入的确认标准，尤其是部分采用权责发生制确认收入的情况。

当一项业务被确认为收入时，各级工会应按照制度的规定，在报告期间进行合法、准确和完整的记录。这就要求在对收入进行会计核算时，不得有下列行为：

1. 利用会计报告时点，对收入进行操纵，将本应属于报告年度的收入人为地进行调整，提前或者延后对收入进行确认。

2. 各级工会在对收入核算时，必须全部入账，不允许“账外记录”或者有“小金库”等违反财经纪律的行为。

3. 与收入相关的业务单据，凡是有统一规定的，应当使用统一的业务单据，凡是没有统一规定的，各级工会可以根据需要，设置相应的业务单据，但在业务单据的设计过程中，应体现“不相容职务”分离的原则，严禁一人全程经办与收入相关的业务。

（三）区分收入来源，明确收入性质，严格专款专用

基层工会收入包括会费收入、拨缴经费收入、上级补助收入、行政补助收入和其他收入。基层工会在进行收入核算时，应严格区分收入的来源，按照收入的性质分类核算。对于基层工会而言，上级补助收入的专项转移支付补助、行政补助收入以及有指定用途的其他收入，如接受捐赠的防疫专项资金等，都具有专用资金的性质，基层工会应进行单独核算单独反映，为经费的使用提供依据。

需要说明的是，收入核算时区分工会收入来源、性质的目的在于：一是为工会会计信息使用者提供有关收入决策的信息；二是为各级工会分析收入

结构、编制收入预算以及向相关各方争取经费提供依据。

（四）规范科目设置，确保收入核算做到方法一致、口径相同、信息可比

《工会会计制度》附录1的总说明中第一条明确规定："本制度统一规定工会会计科目的名称和编号，以便于编制会计凭证，登记会计账簿，查阅账目，实行会计信息化管理。本制度已规定的一级科目，不得减并、自行增设；本制度已规定的明细科目，不得减并，不得擅自更改科目名称，不需要的科目可以不用。各省级工会可以根据需要自行增设未规定的明细科目，或将相应权限授权给所属下级工会。"

规定表明，各级工会在进行收入核算时，必须做到科目统一、核算规范、内容明确、要素完整。凡是制度规定的统一科目（含明细科目，下同），可以不用，但不能更改；凡是制度没有规定的明细科目，可以自行增设，但在相关数据汇总时，应予以调整，确保收入核算做到方法一致、口径相同、信息可比。

第二节　会费收入

一、新旧会计制度会费收入的比较

新旧会计制度关于会费收入科目使用说明的比较如表5-3所示。

表5-3　新旧会计制度"会费收入"科目的比较

新制度	原制度	比较
一、本科目核算基层工会会员依照规定向工会组织缴纳的会费。	一、本科目核算工会会员依照规定向工会组织缴纳的会费。	明确了"基层工会"才会有会费收入
二、会费收入的主要账务处理如下： （一）取得会费时…… （二）期末结转时，将本科目本年发生额转入工会资金结余，借记本科目，贷记"工会资金结余——本年收支结转"科目。	二、会费收入的主要账务处理如下： （一）取得会费时…… （二）期末结转时……贷记"结余"科目。	会费收入的期末结转科目，由"结余"调整为"工会资金结余"
三、本科目期末结转后无余额。	三、本科目期末结转后无余额。	——

二、会费收入概述

（一）会费收入的概念

会费收入是指基层工会会员依照规定向工会组织缴纳的会费。工会会员定期向所在工会组织缴纳会费，是《工会法》赋予工会会员的法定义务。《中国工会章程》第四条第六款明确指出，按月交纳会费是工会会员应履行的义务之一；同时，第六条规定：“会员没有正当理由连续六个月不交纳会费、不参加工会组织生活，经教育拒不改正，应视为自动退会。”

（二）会费收入的计算

根据《关于收交工会会费的通知》（工发〔1978〕101号），工会会员每月应向工会组织交纳本人每月工资收入百分之零点五的会费，工资尾数不足十元的不计交会费。

要正确计算会员会费，就要明确两个口径：一是会员的范围，二是工资收入的范围。

1. 会员的范围

《中国工会章程》第一条规定：“凡在中国境内的企业、事业单位、机关和其他社会组织中，以工资收入为主要生活来源或者与用人单位建立劳动关系的体力劳动者和脑力劳动者，不分民族、种族、性别、职业、宗教信仰、教育程度，承认工会章程，都可以加入工会为会员。”

《工会会员会籍管理办法》（总工发〔2016〕35号）第七条规定：“非全日制等形式灵活就业的职工，可以申请加入所在单位工会，也可以申请加入所在地的乡镇（街道）、开发区（工业园区）、村（社区）工会和区域（行业）工会联合会等。”第九条规定：“劳务派遣工可以在劳务派遣单位加入工会，也可以在用工单位加入工会。劳务派遣单位没有建立工会的，劳务派遣工在用工单位加入工会。”

2. 工资收入的范围

计算会费收入的工资收入是指基本工资，会员所得各种奖金、津贴、稿费收入以及按劳动保险条例或其他法令规定所领取的各种补助费、救济费、退休金、退职金等，均不计算交纳会费。

根据全国总工会财务部《关于机关和事业单位工会会员交纳会费问题的通知》（工财字〔1994〕69号）等其他相关文件，机关、事业单位和企业的会员“工资收入”具体包括：

（1）机关的工会会员：职务工资，级别工资，基础工资，工龄工资；

（2）事业单位的工会会员：职务工资，等级工资；

（3）机关、事业单位的工人会员：岗位工资，等级工资；

（4）至于企业工会会员的工资收入和奖金津贴收入如何区分的问题，可按各企业的支付办法掌握处理：凡是企业作为工资发给的，应计算交纳会费；凡是作为津贴奖金发给的，不计算交纳会费。

3. 关于会员会费的几个特殊规定

（1）无固定收入的会员，可按本人上月所得工资额计算交纳会费；

（2）工资尾数不足十元的不计交会费；

（3）会员没有正当理由连续六个月不交纳会费、不参加工会组织生活，经教育拒不改正，应当视为自动退会；

（4）会员离休、退休和失业，可保留会籍。保留会籍期间免交会费；

（5）机关提前离岗休息的会员和企业下岗待岗的会员，如已不属于本单位职工，所得收入已不列入本单位的工资总额组成范围，可以保留会籍，免交会费。如仍属于本单位职工，所得收入仍是本单位工资总额的组成部分，则仍应按照本人实际工资收入计算交纳会费。

（三）会费收入的管理要求

会员会费是会员在工会组织内享受权利的物质基础。各基层工会应当依据相关法律法规的要求，广泛宣传，扎实做好收缴会费的基础工作，如实编制会员名册，全面统计会员工资收入，准确计算缴费数额，主动及时送交工会财务部门等，确保会员会费能够及时收足收齐。

同时，要以工会会员实名制管理为基础，以为广大会员提供普惠化服务为抓手，加强会员会费管理，让会员会费更加直接为职工群众服务，团结组织动员广大会员听党话、跟党走，进一步增强工会组织的吸引力和凝聚力。

规范收取会员会费还能帮助基层工会进一步加强会员身份确认和会员会籍管理等基础工作。会员身份的明晰确认直接关乎会员的慰问、会员集体活动的开展、优秀工会干部和积极分子的奖励等支出，避免出现工会经费的超范围开支。

此外，会员会费的规范收取建议由工会小组长直接向会员收取；还需要注意的是，基层工会在会费收取后应及时向会员公布会费的收支情况，并出具会费收据。

（四）会费收入的确认和计量

基层工会的会费收入采用收付实现制核算，在实际收到会费时按照实际收到的金额，予以确认和计量。

三、会计科目设置

为了核算基层工会会员依照规定向工会组织缴纳的会费收入，基层工会组织应当设置“会费收入”一级科目。该科目属于收入类科目，贷方表示增加，登记基层工会当期取得的会员会费收入；借方表示减少，登记冲销或期末结转的数额。期末结转后，本科目无余额。

“会费收入”科目的账户结构如图 5-1 所示。

借　　　　会费收入	贷
减少：冲销或期末结转	增加：当期取得的会员会费收入

图 5-1　“会费收入”科目的账户结构

四、主要业务和事项账务处理

按照《工会会计制度》规定，会费收入的主要业务和事项涉及两个基本业务环节：一是取得会费，二是会费收入的期末结转。

（一）取得会费

基层工会在取得会费时，应按照实际收到的金额，借记“库存现金”“银行存款”等科目，贷记“会费收入”科目。

（二）期末结转

期末结转时，应将“会费收入”科目本年发生额转入工会资金结余，借记“会费收入”科目，贷记“工会资金结余——本年收支结转”科目。

会费收入科目的主要业务和事项的账务处理如表 5-4 所示。

表 5-4 基层工会“会费收入”科目的主要业务和事项的账务处理

主要业务和事项	新制度	原制度
1. 取得会费	借：库存现金/银行存款等 　贷：会费收入	一致
2. 期末结转	借：会费收入 　贷：工会资金结余——本年收支结转	借：会费收入 　贷：结余

五、主要业务和事项账务处理举例

【例 5-1】202×年 1 月 6 日，某基层工会收到会员缴纳会费 67 800 元，并于当日存入开户银行。该基层工会财务部门根据有关凭证，应编制如下会计分录：

借：库存现金　　67 800

　贷：会费收入　　67 800

借：银行存款　　67 800

　贷：库存现金　　67 800

【例 5-2】对例 5-1 中的“会费收入”本期发生额 67 800 元进行期末结转。相关的账务处理如下：

借：会费收入　　67 800

　贷：工会资金结余——本年收支结转　　67 800

第三节 拨缴经费收入

一、新旧会计制度拨缴经费收入的比较

新旧会计制度关于拨缴经费收入科目使用说明的比较如表 5-5 所示。

表 5-5　新旧会计制度“拨缴经费收入”的比较

新制度	原制度	比较
一、本科目核算……归属于本级工会的经费。	一、本科目核算……归属于本级工会的经费及建会筹备金。	收到的建会筹备金不再作为拨缴经费收入处理
二、工会可以根据需要在本科目下设置明细科目，进行明细核算。 拨缴经费收入中如有专项资金收入，还应按照具体项目进行明细核算。	二、工会可以根据需要在本科目下设置明细科目，进行明细核算。	新增：拨缴经费收入中如有专项资金收入，还应按照具体项目进行明细核算
三、拨缴经费收入的主要账务处理如下： （一）采用自主拨缴方式收缴工会经费的： 收到工会经费，按实际收到的总金额，借记“银行存款”科目…… 年末，存在应收未收的拨缴经费收入的，按照下级工会经费收缴报告表中的金额，借记“应收下级经费”科目，按规定属于本级工会的部分，贷记本科目…… （二）采用税务代收、财政划拨方式收取工会经费的： …… 年末，存在应收未收的拨缴经费收入的，按照上级工会经费转拨通知中的金额……贷记本科目…… （三）期末结转时，将本科目本期发生额中的专项资金收入转入工会资金结转……将本科目本期发生额中的非专项资金收入转入工会资金结余……	三、拨缴经费收入的主要账务处理如下： （一）工会经费的处理 1. 采用自主收缴工会经费的： 收到工会经费，按下级工会经费收缴报告表中的相关金额或实际收到的总金额，借记“应收下级经费”“银行存款”科目…… 2. 采用税务代收、财政划拨方式收取工会经费的： …… （二）建会筹备金的处理 …… （三）期末结转时，借记本科目，贷记“结余”科目。	1. 调整了拨缴经费收入的确认基础：新制度规定，仅在年末存在应收未收经费时采用权责发生制确认收入，其余时点采用收付实现制 2. 删除了建会筹备金的处理 3. 期末结转由“结余”调整为要区分专项资金收入和非专项资金收入两种不同的情况，并分别结转至“工会资金结转”和“工会资金结余”
四、本科目期末结转后无余额。	四、本科目期末结转后无余额。	——

二、拨缴经费收入概述

（一）拨缴经费收入的概念

《工会会计制度》第五十六条指出，拨缴经费收入指基层单位行政拨缴、下级工会按规定上缴及上级工会按规定转拨的工会拨缴经费中归属于本级工会的经费。

《工会法》第四十三条规定，建立工会组织的企业、事业单位、社会组织、机关按每月全部职工工资总额的百分之二向工会拨缴经费。即拨缴经费收入只反映归属于本级工会的经费，应上缴上级工会和转拨下级工会的拨缴经费不属于本级工会的收入，应确认为本级工会的负债。

拨缴经费收入是我国各级工会最主要的经费来源，约占全部收入来源的70%以上。

（二）拨缴经费收入的特征

拨缴经费收入是国家通过法律规定，在国民收入的初次分配中提取部分费用直接拨缴给工会，是以立法形式维护工会权益的具体表现。《工会法》第四十三条规定：“企业、事业单位拨缴的经费在税前列支。”这一规定明确了工会经费的性质是劳动力再生产费用。

拨缴经费收入具有强制性、无偿性和固定性三大特征。

1. 强制性

《工会法》不仅在第四十三条对机关和企事业单位按职工工资总额的百分之二拨缴工会经费作出了明确规定；同时在第四十四条规定：“企业、事业单位、社会组织无正当理由拖延或者拒不拨缴工会经费，基层工会或者上级工会可以向当地人民法院申请支付令；拒不执行支付令的，工会可以依法申请人民法院强制执行。”这一规定为催缴工会经费提供了法律保障。但对具体操作还缺乏明确的规范。为此，最高人民法院《关于在民事审判工作中适用〈中华人民共和国工会法〉若干问题的解释》（法释〔2003〕11号）中对支付令申请主体、条件、案件管辖及效力作出了更具操作性的详细规定。

最高人民法院《关于产业工会、基层工会是否具备社团法人资格和工会经费集中户可否冻结划拨问题的批复》（法复〔1997〕6号）第三条规定："工会的经费一经拨交，所有权随之转移。"

由《工会法》和最高人民法院的相关规定可以看出，拨缴经费收入的首要特征是强制性。所以，凡是组建工会的单位向工会组织拨缴经费和依法纳税一样，是每个单位应尽的法律责任和义务，必须履行。如果不履行，将承担相应的法律责任。

2. 无偿性

拨缴经费收入的无偿性是指企事业单位、社会组织和机关的行政方面向工会拨缴的经费是无偿的，是国家未来支持工会履行社会职能的需要，因此是不需要偿还的。

3. 固定性

拨缴经费收入的固定性是指行政方面每月按全部职工工资总额的百分之二向工会拨缴经费，这是1950年我国第一部《工会法》就明确规定了的，具有长期的法律效力。

（三）拨缴经费收入的计提依据和标准

《工会法》第四十三条指出，工会经费来源包括建立工会组织的企业、事业单位、社会组织、机关按每月全部职工工资总额的百分之二向工会拨缴的经费。所以，要正确计算拨缴经费收入必须掌握"全部职工"和"工资总额"的统计范畴。根据《全国总工会财务部转发国家统计局有关工资总额规定文件的通知》（工财字〔1990〕29号）和《全国总工会财务部转发国家统计局〈劳动统计指标解释〉中有关"职工"和"职工工资总额及构成"的规定的通知》（工财字〔1995〕11号）等可知："全部职工"主要是按照国家统计局1994年10月编印的《劳动统计指标解释》中"从业人员和职工人数统计"有关"职工"的规定执行；"工资总额"主要是以国家统计局1990年的第1号文件《关于工资总额组成的规定》和《国家统计局〈关于工资总额组成的规定〉若干具体范围的解释》为准执行。同时，还应关注国家统计局在后续年份中发布的《关于印发××××年报劳动统计新增指标解释及问题解答的通知》中有关"职工"和"工资总额"的一些新增补充规定。

1. 全部职工

全部职工是指由建立工会组织的单位支付劳动报酬的各类人员（含港澳

台及外方人员），包括正式职工、合同制职工、临时工和计划外用工等。

各基层单位的“全部职工”人数，原则上应按“谁发工资谁统计”的办法进行统计。因此，不论是编制内的还是编制外的人员，不论是出勤的还是因故未出勤的人员，不论是在国内工作的还是在国外工作的人员，不论是正式的还是试用期间的人员，不论是在本单位工作的还是临时借调到外单位工作的人员，只要由本单位支付工资均应统计为职工。

2. 工资总额

工资总额是指各单位在一定时期内直接支付给本单位全部职工的劳动报酬总额，包括计时工资、计件工资、奖金、津贴和补贴、加班加点工资、特殊情况下支付的工资。“工资总额”按应发工资计算，但对逢节日提前预发下月的工资，仍应统计在应发月的工资总额中。在实务中，有些实行税务代收工会经费的地方一般把计税工资作为工会经费计提的依据。

工资总额的计算原则应以直接支付给职工的全部劳动报酬为根据。各单位支付给职工的劳动报酬以及其他根据有关规定支付的工资，不论是计入成本的还是不计入成本的，不论是按国家规定列入计征奖金税项目的还是未列入计征奖金税项目的，不论是以货币形式支付的还是以实物形式支付的，均应列入工资总额的计算范围。

国家统计局同时列举出了 14 项不应包括在工资总额范畴的项目，常见的有：有关劳动保险和职工福利方面的各项费用；有关离休、退休、退职人员待遇的各项支出；劳动保护的各项支出；出差伙食补助费、误餐补助、调动工作的旅费和安家费等。

（四）拨缴经费收入的拨缴形式

自 2003 年以来，我国工会对工会经费收缴体制进行了持续改革，称为“一改三策”。所以，拨缴经费收入当前的拨缴形式有三种：自主收缴、财政统一划拨、委托税务机关代收。

1. 自主收缴

拨缴经费的自主收缴是指基层工会所在单位的行政方面每月按照上个月本单位职工工资总额的百分之二，向本单位工会拨缴当月的工会经费。工会在收到工会经费后，按照全国总工会、国家税务总局《关于进一步加强工会经费税前扣除管理的通知》（总工发〔2005〕9 号），应向缴款单位行政开具

《工会经费收入专用收据》。企事业单位凭该专用收据在税前列支工会经费。基层工会在收到百分之二全额经费后，按照规定的比例数额向上一级工会上缴经费。上一级工会按照规定比例留成经费后，逐级上解，直至全国总工会。

2. 财政统一划拨

全国总工会和财政部发布《关于财政拨款的行政事业单位计拨工会经费有关问题的通知》（总工发〔2003〕25号），要求："各级财政部门要将应由财政负担的工会经费列入财政预算。有条件的地区在推行财政国库管理制度改革时，可考虑根据当地财政部门的规定，对工会经费实行国库集中支付。"所以，对财政供养的各级行政机关、事业单位的拨缴经费收入，是由各级财政部门年初列入财政预算，并由财政部门统一拨付到同级地方总工会的。

目前，各省级工会的行政事业单位工会经费基本实现了由财政统一划拨。

3. 委托税务机关代收

委托税务机关代收是指县以上总工会委托当地税务机关代为收缴行政单位应拨缴的工会经费。具体有两种模式：一是由省级总工会集中对代收工会经费实行管理的模式；二是由各级地方总工会负责各级工会经费的管理模式。

全国总工会财务部发布《关于转发国家税务总局〈关于加强税务机关代收费项目管理的通知〉的通知》（工财字〔2005〕81号），该通知对工会经费委托税务代收工作作了较为明确的规定。目前，大多数建立了工会组织的企业、非财政全额拨款事业单位、自收自支事业单位以及其他社会组织的工会经费一般都是采用委托税务机关代收的形式拨缴。实务中，存在委托税务机关全额代收和只代收应上缴上级工会的部分代收两种不同形式。

（五）拨缴经费收入的分成

工会组织的五项收入来源中的拨缴经费收入需要在五级工会组织之间分成，该拨缴经费自下而上逐级上解，从而形成各级工会的经费来源。

全国总工会和全国总工会财务部曾多次发文规定和调整工会经费的分成。早在1982年，中华全国总工会就在《关于工会财务管理体制和经费分成的暂行规定》（工发财字〔1982〕2 号）中规定：行政拨缴的工会经费上交全国总工会百分之五。全国总工会财务部在《关于省级以下各级工会经费分成比例有关事项的通知》（工财字〔2009〕19 号）中明确规定："省以下各级工会（含基层工会）的经费分成比例，由各省级工会（含铁路、民航、金融产业工会）根据本地区（产业）实际情况自行确定。"

为进一步加大对乡镇（街道）、开发区（工业园区）工会和基层工会的经费支持力度，全国总工会办公厅在 2016 年又发布了《关于加大对乡镇（街道）、开发区（工业园区）工会和基层工会经费支持力度的若干规定》（总工办发〔2016〕18 号），进一步明确了三点：

1. 全国工会经费全年收入的 95% 留在地方和基层工会；全国总工会本级集中 5%。

2. 基层工会的经费分成比例不低于 60%。现低于 60% 的，一律调整为 60%。

3. 各省级工会按照省以下各级工会经费分成比例由省级工会确定的原则，明确所辖乡镇（街道）、开发区（工业园区）工会的经费分成比例，报全国总工会备案。

（六）拨缴经费收入管理

因拨缴经费收入一方面具有强制性，另一方面也是基层工会最为主要的工会经费来源，基层工会要加强对拨缴经费收入的管理，要严格按照国家统计局公布的职工工资总额口径和所在省级工会规定的分成比例，及时足额拨缴工会经费。

实践中，对于实行财政划拨或委托税务代收部分工会经费的基层工会，还应加强与本单位党政部门的沟通，依法足额落实基层工会按照省级工会确定的留成比例应当留成的经费。

三、会计科目设置

为了核算基层单位行政拨缴、下级工会按规定上缴及上级工会按规定转拨的工会拨缴经费中归属于本级工会的经费，工会组织应当设置"拨缴经费收入"一级科目。该科目属于收入类科目，贷方表示增加，登记工会当期收到或应确认的拨缴经费收入金额；借方表示减少，登记冲销或期末结转的金额。期末结转后，本科目无余额。

基层工会可以根据需要在本科目下设置明细科目，进行明细核算。拨缴经费收入中如有专项资金收入，还应按照具体项目进行明细核算。

“拨缴经费收入”科目的账户结构如图 5-2 所示。

借　　　　　　　　拨缴经费收入	贷
减少：冲销或期末结转	增加：工会当期收到或应确认的拨缴经费收入

图 5-2　“拨缴经费收入”科目的账户结构

在实际工作中，工会拨缴经费可能会在不同级次的工会之间进行分解。因此，为记录拨缴经费在不同工会级次之间的分解情况，与“拨缴经费收入”核算相关的会计科目还包括：银行存款、应付上级经费和应付下级经费等（可参见本书负债部分的相关内容）。

四、主要业务和事项账务处理

拨缴经费收入的主要业务和事项主要包括两种情形：一是确认拨缴经费收入；二是拨缴经费收入的期末结转。

（一）确认拨缴经费收入

因实务中拨缴经费收入的拨缴形式存在差异，相应的账务处理也会不同。

如前文所述，拨缴经费收入只在年末存在应收未收的经费时才采用权责发生制确认，其余时点均采用收付实现制确认。

1. 采用自主拨缴方式收缴工会经费

采用自主拨缴方式收缴工会经费的，在收到工会经费时，应按照实际收到的总金额，借记“银行存款”科目，按规定属于本级工会的部分，确认为拨缴经费收入，贷记“拨缴经费收入”，按规定应上缴上级工会的部分，贷记“应付上级经费”科目。

年末，如果存在应收未收的拨缴经费收入的，基层工会则应根据权责发生制原则，按照单位行政应拨缴的金额，借记“其他应收款”科目，按规定属于本级工会的部分，贷记“拨缴经费收入”科目，按规定应上缴上级工会的部分，贷记“应付上级经费”科目。

2. 采用税务代收、财政划拨方式收取工会经费

采用税务代收、财政划拨方式收取工会经费的，实务中又分为本级工会通过税务部门代收、财政部门划拨和本级工会收到上级工会转拨的通过税务部门代收、财政部门划拨两种不同情形。对于基层工会而言通常属于第二种情形，只是会有全额代收和部分代收的差异。

基层工会收到上级工会转拨的通过税务部门代收、财政部门划拨的工会经费，按照实际收到的总金额，借记“银行存款”科目，按规定属于本级工会的部分，贷记“拨缴经费收入”科目，按规定属于下级工会的部分，贷记“应付下级经费——应付下级转拨经费”科目。

年末，存在应收未收的拨缴经费收入的，按照上级工会经费转拨通知中的金额，借记“应收上级经费——应收上级转拨经费”科目，按规定属于本级工会的部分，贷记“拨缴经费收入”科目，按规定属于下级工会的部分，贷记“应付下级经费——应付下级转拨经费”科目。

（二）期末结转

会计期末时，需将“拨缴经费收入”结转，结转后，科目无余额。即将“拨缴经费收入”科目本期发生额中的专项资金收入转入工会资金结转，借记“拨缴经费收入”科目各专项资金收入明细科目，贷记“工会资金结转——本年收支结转”科目；将本科目本期发生额中的非专项资金收入转入工会资金结余，借记“拨缴经费收入”科目各非专项资金收入明细科目，贷记“工会资金结余——本年收支结转”科目。

对于基层工会而言，拨缴经费收入通常都是非专项资金收入。

基层工会“拨缴经费收入”科目的主要业务和事项的账务处理如表5-6所示。①

① 此表只列示基层工会的拨缴经费收入账务处理。

表 5-6　基层工会“拨缴经费收入”科目的主要业务和事项的账务处理

<table>
<tr><th colspan="2">主要业务和事项</th><th>新制度</th><th>原制度</th></tr>
<tr><td rowspan="4">1. 确认拨缴经费收入</td><td rowspan="2">（1）自主拨缴</td><td>①实际收到经费时：
借：银行存款
　贷：拨缴经费收入
　　　应付上级经费</td><td rowspan="2">无论是平时还是年末，收到时和应收未收时，均确认为收入；分录一致</td></tr>
<tr><td>②年末，存在应收未收的拨缴经费收入时：
借：其他应收款
　贷：拨缴经费收入
　　　应付上级经费</td></tr>
<tr><td rowspan="2">（2）采用税务代收、财政划拨方式收取</td><td>①实际收到经费时：
借：银行存款
　贷：拨缴经费收入
　　　应付下级经费——应付下级转拨经费</td><td rowspan="2">无论是平时还是年末，收到时和应收未收时，均确认为收入；分录一致</td></tr>
<tr><td>②年末，存在应收未收的拨缴经费收入时：
借：应收上级经费——应收上级转拨经费
　贷：拨缴经费收入
　　　应付下级经费——应付下级转拨经费</td></tr>
<tr><td colspan="2" rowspan="2">2. 期末结转①</td><td>（1）发生额中的专项资金收入：
借：拨缴经费收入（各专项资金收入明细科目）
　贷：工会资金结转——本年收支结转</td><td rowspan="2">借：拨缴经费收入
　贷：结余</td></tr>
<tr><td>（2）发生额中的非专项资金收入：
借：拨缴经费收入（各非专项资金收入明细科目）
　贷：工会资金结余——本年收支结转</td></tr>
</table>

① 基层工会拨缴经费收入通常都是非专项资金，其期末结转通常只需转入工会资金结余。

五、主要业务和事项账务处理举例

【例 5-3】自主拨缴

某基层工会采用自主拨缴方式收缴工会经费。202×年 3 月 2 日，收到行政拨缴上月工会经费 100 000 元，其中，本级留成 60 000 元，应上缴上级工会 40 000 元。该基层工会财务部门根据有关凭证，应编制如下会计分录：

1. 收到工会经费时：

借：银行存款　　100 000

　贷：拨缴经费收入　　60 000

　　　应付上级经费　　40 000

2. 向上级工会拨缴经费时：

借：应付上级经费　　40 000

　贷：银行存款　　40 000

3. 期末，该基层工会结转 60 000 元的拨缴经费收入时：

借：拨缴经费收入　　60 000

　贷：工会资金结余——本年收支结转　　60 000

【例 5-4】税务代收

K 市工会经费统一由省总工会委托税务全额代收，然后借助财税库银联网系统进行分解核算。TH 集团公司工会直属该省总工会。202×年 12 月 20 日，收到税务分解的应属于本集团工会第四季度的工会经费 1000 000 元。其中，属于集团本级工会的为 200 000 元，其余 800 000 元为集团下属的股份公司工会。

1. 收到税务分解的 1000 000 元工会经费时，该集团工会财务部门根据有关凭证，应编制如下会计分录：

借：银行存款　　1 000 000

　贷：拨缴经费收入　　200 000

　　　应付下级经费——应付下级转拨经费　　800 000

2. 集团工会实际转拨给下属股份公司工会时，该集团工会财务部门根据有关凭证，应编制如下会计分录：

借：应付下级经费——应付下级转拨经费　　800 000

　贷：银行存款　　800 000

3. 该集团下属股份公司工会在收到集团工会转拨的工会经费时，应编制如下会计分录：

借：银行存款　　800 000

　贷：拨缴经费收入　　800 000

4. 若年底因资金划拨滞后导致集团下属股份公司工会尚未收到该笔款项，则下属股份公司工会财务人员应根据权责发生制确认收入，并编制如下会计分录：

借：应收上级经费——应收上级转拨经费　　800 000

　贷：拨缴经费收入　　800 000

5. 期末，集团工会结转 200 000 元的拨缴经费收入时，应编制如下结转分录：

借：拨缴经费收入　　200 000

　贷：工会资金结余——本年收支结转　　200 000

6. 期末，集团下属股份公司工会结转 800 000 元的拨缴经费收入时，应编制如下结转分录：

借：拨缴经费收入　　800 000

　贷：工会资金结余——本年收支结转　　800 000

【例 5-5】 财政划拨

Q 市机关事业单位的工会经费统一由市财政按月划拨给 Q 市总工会，然后由 Q 市总工会按季再统一转拨给所属的市直工会。Q 市文旅局工会属于 Q 市总工会直属工会。202×年 4 月 20 日，文旅局工会收到市总工会转拨的第一季度工会经费 120 000 元。其中属于文旅局工会本级的经费为 20 000 元，其余 100 000 元属于文旅局工会下属事业单位工会。文旅局工会根据银行回单及经费分配表，应编制如下会计分录：

借：银行存款　　120 000

　贷：拨缴经费收入　　20 000

　　　应付下级经费——应付下级转拨经费　　100 000

第四节 上级补助收入

一、新旧会计制度上级补助收入的比较

新旧会计制度关于上级补助收入科目使用说明的比较如表 5-7 所示。

表 5-7 新旧会计制度“上级补助收入”的比较

新制度	原制度	比较
一、本科目核算本级工会收到的上级工会补助的款项。	一、本科目核算本级工会收到的上级工会补助的款项。	——
二、本科目应设置以下明细科目： 一般性转移支付补助、专项转移支付补助。	二、本科目应设置以下明细科目： 回拨补助、专项补助、超收补助、帮扶补助、送温暖补助、救灾补助、其他补助。	调整了二级明细科目
三、上级补助收入的主要账务处理如下： （一）收到上级补助收入时，按照银行收款单的金额，借记“银行存款”科目，贷记本科目。 （二）年末清算时，存在上级应付未付补助款项的，借记“应收上级经费——应收上级补助”科目，贷记本科目。 （三）期末结转时……专项资金收入转入工会资金结转……贷记“工会资金结转——本年收支结转”科目……非专项资金收入转入工会资金结余……贷记“工会资金结余——本年收支结转”科目。	三、上级补助收入的主要账务处理如下： （一）按银行收款单或上级工会的补助通知单，借记“银行存款”“应收上级经费——应收上级补助”科目，贷记本科目相关明细科目。 （二）年末清算时，存在上级应付未付补助款项的，借记“应收上级经费——应收上级补助”科目，贷记本科目相关明细科目。 （三）期末结转时……贷记“结余”科目。	1. 新制度规定只有年末存在应收未收的上级补助收入时才采用权责发生制确认收入，平时按收付实现制确认收入 2. 期末结转由“结余”调整为要区分专项资金收入和非专项资金收入两种不同的情况，并分别结转至“工会资金结转”和“工会资金结余”

续表

新制度	原制度	比较
	四、本科目的余额要与上级工会的补助下级支出科目金额核对一致。	删除了核对余额的要求
四、本科目期末结转后无余额。	五、本科目期末结转后无余额。	——

二、上级补助收入概述

（一）上级补助收入的概念

上级补助收入指本级工会收到的上级工会补助的款项，包括一般性转移支付补助和专项转移支付补助。

一般性转移支付补助是指上级工会按照有关规定拨付给下级工会的未指定专门用途的补助。专项转移支付补助是指上级工会拨付的指定专门用途的项目补助，包括帮扶困难职工的补助、用于开展向困难职工和家庭送温暖活动的补助、救灾补助等。

上级补助收入属于工会经费的二次分配，其来源包括《工会法》中所规定的多种渠道。

（二）上级补助收入的管理

为了更好地体现“权随责走，费随事转”的资金管理原则，2015 年全国总工会印发了《关于对下补助实行项目补助管理的通知》（总工办发〔2015〕10 号），把全国总工会对省级工会的回拨补助、超收补助和专项补助合并为项目补助，实行项目补助管理。全国总工会对省级工会项目补助分五类：全国总工会安排的重点工作补助，乡镇（街道）和基层工会经费补助，省级工会重点工作经费补助，地（市）级、县（区）级工会工作经费补助和其他项目补助。近年来，全国总工会通过省级工会、市级工会以及县级工会，逐渐将项目补助管理的内容、要求等传递到基层工会。所以，基层工会对于上级补助收入中的专项转移支付补助应根据补助用途不同分类，专款专用，不能挪作他用，如果确需改变用途性质，必须严格履行报批程序。

基层工会应如何申报项目补助呢？以产业工会为例，《关于对下补助实行项目补助管理的通知》(总工办发〔2015〕10号)中规定，对经批准独立管理经费的三大产业工会向全国总工会申报的项目补助为所属工会重大活动经费补助、本级工会重点工作经费补助和其他项目补助三类。

1. 所属工会重大活动经费补助申报

根据《基层工会预算管理办法》，基层工会经费支出分为职工活动支出、职工服务支出、维权支出、业务支出、资本性支出和其他支出等。职工活动支出中的重大文体活动项目、职工服务支出中的各项目支出、维权支出中的帮扶救助、业务支出中的各专项业务支出、必要的资本性支出等，都可以作为项目进行申报。基层工会应根据年度重点工作，分别确定项目补助的申报。

2. 本级工会重点工作经费补助申报

根据全国总工会年度工作要求，确定本级工会的重点工作。如2020年全国总工会确定的重点工作经费包括继续对乡镇（街道）和基层工会建设、社会化工会工作者、“八大群体”入会、农民工入会与服务专项行动等重点工作给予经费补助，增加家政培训补助和全国示范性劳模和工匠人才创新工作室命名等重点工作。而“八大群体”入会等重点工作与产业工会有关，因此，产业工会申报项目补助可以从这三项重点工作内容考虑，同时结合自身实际，做好重点工作经费补助申报工作。

3. 其他项目补助申报

《关于对下补助实行项目补助管理的通知》(总工办发〔2015〕10号)规定，其他项目补助主要用于职工教育、文体活动、疗休养、工会办公场所和职工帮扶服务中心等维修改造、设施设备更新，政府资金投入不足部分的补助。对于基层工会而言，如果所在企事业单位对上述项目资金投入不足，而产业工会又有资金结余的情况下，是可以给予的项目补助。因此，产业基层工会应根据本产业的相关规定来确定其他补助项目。

基层工会进行项目申报时，应按照上级工会的要求，履行项目论证等相关手续，将项目所需资金纳入预算管理，履行相关审批程序，报上级工会批准。尤其要注意提高项目预算编制的科学性和准确性。

三、会计科目设置

为了核算本级工会收到上级工会的各类补助款项，基层工会应当设置

“上级补助收入”一级科目。该科目属于收入类科目，贷方表示增加，登记本级工会当期收到或应确认的上级补助收入金额；借方表示减少，登记冲销或会计期末结转的金额。期末结转后，本科目无余额。

“上级补助收入”科目的账户结构如图 5-3 所示。

借　　　　上级补助收入	贷
减少：冲销或期末结转	增加：本级工会当期收到或应确认的上级补助收入

图 5-3　“上级补助收入”科目的账户结构

为详细记录上级工会补助经费的类别，为经费的管理和使用提供依据，《工会会计制度》规定，工会应在本科目下分别设置“一般性转移支付补助”和“专项转移支付补助”两个二级明细科目。其中，专项转移支付补助还应当按照具体项目进行明细核算，如表 5-8 所示。

表 5-8　“上级补助收入”的明细科目

总账科目	二级明细科目	三级明细科目/项目辅助核算	核算内容
上级补助收入	一般性转移支付补助	——	上级工会按照有关规定拨付给下级工会的未指定专门用途的补助
	专项转移支付补助	具体项目，例如：困难职工帮扶补助/送温暖补助等	上级工会拨付的指定专门用途的项目补助，包括帮扶困难职工的补助、用于开展向困难职工和家庭送温暖活动的补助、救灾补助等

四、主要业务和事项账务处理

上级补助收入的主要业务和事项主要包括三种：一是收到上级补助收入；二是年末清算上级应付未付的补助款项；三是期末结转。

上级补助收入的确认与拨缴经费收入的确认一样，只是在年末存在应收未收的上级补助款项时需采用权责发生制确认为收入，其余时点均采用收付实现制确认收入。

（一）收到上级补助收入

基层工会在收到上级补助收入时，应按照银行收款单的金额，借记“银行存款”科目，贷记“上级补助收入”科目。

（二）年末清算上级应付未付的补助款项

年末清算时，基层工会如果存在上级应付未付补助款项的，应按照权责发生制确认为收入，借记“应收上级经费——应收上级补助”科目，贷记“上级补助收入”的相关明细科目。

（三）期末结转

会计期末时，基层工会需结转“上级补助收入”，同样需要区分专项资金收入和非专项资金收入，并分别结转。即将“上级补助收入”科目本期发生额中的专项资金收入转入工会资金结转，借记“上级补助收入——专项转移支付补助”，贷记“工会资金结转——本年收支结转”科目；将“上级补助收入”科目本期发生额中的非专项资金收入转入工会资金结余，借记“上级补助收入——一般性转移支付补助”，贷记“工会资金结余——本年收支结转”科目。

基层工会“上级补助收入”科目的主要业务和事项的账务处理如表5-9所示。

表5-9 基层工会“上级补助收入”科目的主要业务和事项的账务处理

主要业务和事项	新制度	原制度
1. 收到上级补助收入	借：银行存款 贷：上级补助收入——一般性转移支付补助/专项转移支付补助	借：银行存款/应收上级经费 贷：上级补助收入——帮扶/送温暖等
2. 年末清算时，存在上级应付未付补助款项的	借：应收上级经费 贷：上级补助收入——一般性转移支付补助/专项转移支付补助	借：应收上级经费 贷：上级补助收入——帮扶/送温暖等

续表

主要业务和事项	新制度	原制度
3. 期末结转	(1) 发生额中的专项资金收入： 借：上级补助收入——专项转移支付补助 　贷：工会资金结转——本年收支结转	借：上级补助收入—— 　　帮扶/送温暖等 　贷：结余
	(2) 发生额中的非专项资金收入： 借：上级补助收入——一般性转移支付补助 　贷：工会资金结余——本年收支结转	

五、主要业务和事项账务处理举例

【例 5-6】202×年 3 月 2 日，某局工会因工作经费严重不足，向市总工会申请工作经费支持，收到市总工会安排的一般性补助经费 50 000 元。该局工会财务部门根据有关凭证，应编制如下会计分录：

1. 收到上级补助收入时：

借：银行存款　　50 000

　贷：上级补助收入——一般性转移支付补助　　50 000

2. 期末，该笔上级补助收入的结转分录为：

借：上级补助收入——一般性转移支付补助　　50 000

　贷：工会资金结余——本年收支结转　　50 000

【例 5-7】202×年 3 月 20 日，该局工会收到市总工会安排的困难职工帮扶的补助款 100 000 元。该局工会财务部门根据有关凭证，应编制如下会计分录：

1. 收到上级补助收入时：

借：银行存款　　100 000

　贷：上级补助收入——专项转移支付补助——困难帮扶　　100 000

2. 期末，该笔上级补助收入的结转分录为：

借：上级补助收入——专项转移支付补助——困难帮扶　　100 000

　贷：工会资金结转——本年收支结转　　100 000

【例 5-8】202×年 12 月 10 日，该局工会收到市总工会补助通知，安排两节送温暖资金补助 80 000 元。年末决算前，该款项尚未收到。该局工会财务部门应根据补助通知的内容和金额，按照权责发生制确认为收入，并编制如下会计分录：

1. 年末，根据补助通知，确认上级补助收入时：

借：应收上级经费——应收上级补助　　80 000

　贷：上级补助收入——专项转移支付补助——送温暖　　80 000

2. 年末，该笔上级补助收入的结转分录为：

借：上级补助收入——专项转移支付补助——送温暖　　80 000

　贷：工会资金结转——本年收支结转　　80 000

第五节　行政补助收入

一、新旧会计制度行政补助收入的比较

新旧会计制度关于行政补助收入科目使用说明的比较如表 5-10 所示。

表 5-10　新旧会计制度“行政补助收入”的比较

新制度	原制度	比较
一、本科目核算基层工会取得的所在单位行政方面……	一、本科目核算工会取得的所在单位行政方面……	明确了是基层工会的收入
二、行政补助收入中如有专项资金收入，应按照具体项目进行明细核算。		新增：如有专项资金收入，应按照具体项目进行明细核算
三、行政补助收入的主要账务处理如下： （一）收到行政补助时…… （二）期末结转时……专项资金收入转入工会资金结转……贷记“工会资金结转——本年收支结转”科目……非专项资金收入转入工会资金结余……贷记“工会资金结余——本年收支结转”科目。	二、行政补助收入的主要账务处理如下： （一）收到行政补助时…… （二）期末结转时，借记本科目，贷记“结余”科目。	期末结转由“结余”调整为要区分专项资金收入和非专项资金收入两种不同的情况，并分别结转至“工会资金结转”和“工会资金结余”
四、本科目期末结转后无余额。	三、本科目期末结转后无余额。	——

二、行政补助收入概述

（一）行政补助收入的概念

行政补助收入是指基层工会取得的所在单位行政方面按照《工会法》和国家的有关规定给予工会的补助款项，包括工会收到行政拨付的劳动竞赛经费、工会开展活动的费用补助等，不包括行政方面按规定向工会拨缴的工会经费。

需要注意的是，尽管行政补助收入也是工会经费合法的五项来源之一，但并不具有强制性，这点和拨缴经费收入是完全不一样的。国家对行政给予工会的经费补助的标准、限额和补助方式等方面并没有具体规定。因此，工会要加大与单位行政的沟通力度，主动争取党政领导的重视和支持，从而最大限度取得行政对工会组织开展的重大活动等方面的支持，以缓解基层工会经费不足的压力。

（二）行政补助的资金来源

对于不同的行政主体，补助工会经费的资金来源有所不同。

1. 对于财政供养的机关事业单位，用于行政补助工会经费的资金来源为财政预算的公用经费和部门业务费结余。

2. 对于财政差额拨补、自收自支的事业单位和企业而言，用于行政补助工会经费的资金来源为职工福利费（基金）、职工教育经费和单位自有资金。

（三）行政补助收入的管理

《基层工会经费收支管理办法》（总工办发〔2017〕32 号，以下简称“全总 32 号文”）第五条对基层工会加强行政补助收入的管理提出了三点要求：

1. 要统筹安排行政补助收入

基层工会要加强与单位行政部门的沟通，根据单位年度工作和经费计划，统筹安排工会活动和行政补助收入。对因工会经费不足确需单位行政给予补助的，应在制定活动计划和编制经费预算之前征得单位行政和主要负责人的同意。

2. 按照预算确定的用途开支

工会预算是刚性执行，同样行政补助收入要按照预算确定的用途开支，不能随意改变预算资金的用途，要做到专款专用。

3. 不得将与工会无关的经费以行政补助名义纳入账户管理

基层工会收到的行政补助收入一定要用于和工会工作相关的内容，如可以用于开展职工活动（如教育活动、文体活动等）、职工服务支出、维权支出、业务支出、资本性支出（如购买职工之家的设备）等，但通常不能用于逢年过节的慰问会员支出。基层工会不得将与工会无关的经费以行政补助名义纳入账户管理，坚决抵制行政把一些资金以行政补助收入的名义转移到工会，进而利用工会账户发放津补贴或“三公”经费的报销等不合法行为。

对基层工会组织合法、合规地争取行政补助收入提出如下三点建议：

一是要依规争取行政补助收入，以防“小金库”。基层工会应根据《工会法》和《中国工会章程》的相关规定争取行政补助收入，资金使用一定要和工会工作相关，用于为职工服务和工会活动，以防工会的行政补助收入成为单位行政的“小金库”。

二是要按照预算管理的要求来争取。事先统筹，并将行政补助收入列入预算收入管理，根据资金的使用项目形成详细的预算报告。

三是要严格按照预算确定的补助项目开支补助资金，做到专款专用。根据《企业会计准则》相关条款的规定对企业行政补助经费的内容和形式进行合理的筹划，以获得行政补助收入的最大效果。

三、会计科目设置

为了核算基层工会取得的所在单位行政方面按照《工会法》和国家的有关规定给予工会的各类补助款项，基层工会应当设置“行政补助收入”一级科目。该科目属于收入类科目，贷方表示增加，登记基层工会当期实际收到所在单位行政方面给予的各类补助金额；借方表示减少，登记会计期末结转的金额。期末结转后，本科目无余额。此外，《工会会计制度》新增规定，行政补助收入中如有专项资金收入，应按照具体项目进行明细核算。

“行政补助收入”科目的账户结构如图 5-4 所示。

借	行政补助收入 贷
减少：期末结转	增加：基层工会当期实际收到的行政补助

图 5-4 “行政补助收入”科目的账户结构

四、主要业务和事项账务处理

行政补助收入的主要业务和事项主要包括两种情形：一是收到行政补助款；二是行政补助收入的期末结转。

（一）收到行政补助

基层工会收到行政补助时，应根据实际收到的金额，借记“银行存款”等科目，贷记“行政补助收入”科目。

（二）期末结转

会计期末时，基层工会需结转“行政补助收入”，同样需要区分专项资金收入和非专项资金收入，并分别结转。即将“行政补助收入”科目本期发生额中的专项资金收入转入工会资金结转，借记“行政补助收入”科目各专项资金收入明细科目，贷记“工会资金结转——本年收支结转”科目；将“行政补助收入”科目本期发生额中的非专项资金收入转入工会资金结余，借记“行政补助收入”科目各非专项资金收入明细科目，贷记“工会资金结余——本年收支结转”科目。

基层工会“行政补助收入”科目的主要业务和事项的账务处理如表 5-11 所示。

表 5-11 基层工会“行政补助收入”科目的主要业务和事项的账务处理

主要业务和事项	新制度	原制度
1. 收到行政补助	借：银行存款等 贷：行政补助收入——××项目	借：银行存款等 贷：行政补助收入

续表

主要业务和事项	新制度	原制度
2. 期末结转①	(1) 发生额中的专项资金收入： 借：行政补助收入——××项目 　贷：工会资金结转——本年收支结转	借：行政补助收入 　贷：结余
	(2) 发生额中的非专项资金收入： 借：行政补助收入——××项目 　贷：工会资金结余——本年收支结转	

五、主要业务和事项账务处理举例

【例 5-9】202×年 5 月 10 日，某基层工会收到行政拨付的职工运动会补助款 40 000 元。该基层工会财务部门根据有关凭证，应编制如下会计分录：

借：银行存款　　40 000

　贷：行政补助收入——职工运动会　　40 000

【例 5-10】202×年 5 月 20 日，某基层工会收到行政拨付的职工劳动竞赛补助款 60 000 元。该基层工会财务部门根据有关凭证，应编制如下会计分录：

借：银行存款　　60 000

　贷：行政补助收入——劳动竞赛　　60 000

【例 5-11】期末，对“行政补助收入”的以上本期发生额 100 000 元作期末结转处理。该基层工会应编制如下结转会计分录：

借：行政补助收入——职工运动会　　40 000

　　行政补助收入——劳动竞赛　　60 000

　贷：工会资金结转——本年收支结转　　100 000

第六节　其他收入

一、新旧会计制度其他收入的比较

新旧会计制度关于其他收入科目使用说明的比较如表 5-12 所示。

---

① 基层工会的行政补助收入通常是单位行政指定用途的工会专项资金收入，故其期末结转通常应转入“工会资金结转”。

表 5-12　新旧会计制度“其他收入”的比较

新制度	原制度	比较
一、本科目核算除上述收入以外的各项收入……	一、本科目核算除上述收入以外的各项收入……	——
二、其他收入中如有专项资金收入，应按照具体项目进行明细核算。		新增：如有专项资金收入，应按照具体项目进行明细核算
三、其他收入的主要账务处理如下： （一）取得银行存款利息收入…… （二）接受捐赠的款项…… （三）……现金溢余，属于无法查明原因的…… （四）已核销其他应收款在以后期间收回的…… （五）盘亏或者毁损、报废的各类资产……处理收入减去相关费用后的净收入，借记“待处理财产损溢”科目，贷记本科目…… （六）有偿调出、出售的固定资产和无形资产……取得的收入扣减相关支出后的净额…… （七）期末结转时，将本科目本期发生额中的专项资金收入转入工会资金结转……贷记“工会资金结转——本年收支结转”科目；将本科目本期发生额中的非专项资金收入转入工会资金结余……贷记“工会资金结余——本年收支结转”科目。	二、其他收入的主要账务处理如下： （一）取得其他收入时 1. 取得银行存款利息收入…… 2. 接受捐赠…… 3. 盘盈的库存物品，借记“库存物品”科目，贷记本科目。 4. ……毁损、报废的固定资产……清理过程中发生的净收入，借记“库存现金”“银行存款”等科目，贷记本科目…… 4. 有偿调出、出售的固定资产……取得的收入扣减相关支出后的净额，借记“银行存款”等科目，贷记本科目…… （二）期末结转时，借记本科目，贷记“结余”科目。	1. 列举了更为全面的应确认为其他收入的情形 2. 表述更为准确：是接受捐赠的款项，非其他实物资产 3. 新增列出：无法查明原因的现金溢余及收回已经核销的其他应收款也作为其他收入① 4. 盘盈的库存物品不再作为其他收入处理 5. 新增：无形资产的有偿调出、出售取得的收入扣减相关支出后的净额也作为其他收入 6. 期末结转由“结余”调整为要区分专项资金收入和非专项资金收入两种不同的情况，并分别结转至“工会资金结转”和“工会资金结余”
四、本科目期末结转后无余额。	三、本科目期末结转后无余额。	——

① 原制度中无法查明原因的现金溢余及收回已经核销的其他应收款也是作为其他收入处理，只是没有在其他收入的会计科目使用说明中明确列示。

二、其他收入概述

基层工会的其他收入指除会费收入、拨缴经费收入、上级补助收入和行政补助收入之外的各项收入。具体包括资产盘盈、固定资产处置净收入、接受捐赠收入、银行存款利息收入等。

其他收入项目多、不固定、发生次数少，如果放松管理，容易造成疏漏和流失。如本应该记入“行政补助收入”或是“上级补助收入”等科目的，以“其他收入”入账，或者以“其他收入”的形式转移一些暗箱操作或是违规的资金，会造成工会账户的重大安全隐患。因此，各级工会应该重视和加强对其他收入的管理，保证其他收入及时、如数入账同样具有重要意义。

三、会计科目设置

为了核算基层工会取得的除会费收入、拨缴经费收入、上级补助收入和行政补助收入之外的各项收入，应当设置“其他收入”一级科目。该科目属于收入类科目，贷方表示增加，登记工会当期确认的各项其他收入金额；借方表示减少，登记冲销或会计期末结转的金额。期末结转后，本科目无余额。

此外，《工会会计制度》新增规定，其他收入中如有专项资金收入，应按照具体项目进行明细核算。

“其他收入”科目的账户结构如图 5-5 所示。

借　　　　其他收入	贷
减少：冲销或期末结转	增加：当期确认的其他收入

图 5-5　“其他收入”科目的账户结构

四、主要业务和事项账务处理

其他收入的主要业务和事项主要包括两种情形：一是确认其他收入；二是其他收入的期末结转。

（一）确认其他收入

基层工会需要确认为其他收入主要包括：银行存款的利息收入、接受捐赠的款项等六种情形。确认其他收入时，均应按实际金额，贷记“其他收入”，借记相关科目。

1. 银行存款利息收入

基层工会在取得银行存款利息收入时，应借记“银行存款”等科目，贷记“其他收入”科目。

2. 接受捐赠的款项

基层工会对接受捐赠的款项，应按实际收到的金额，借记“银行存款”等科目，贷记“其他收入”科目。

3. 无法查明原因的现金溢余

基层工会对于无法查明原因的现金溢余，在报经批准后也应作为其他收入处理，借记“待处理财产损溢”科目，贷记“其他收入”科目。

4. 收回已经核销的其他应收款

已核销的其他应收款在以后期间收回的，基层工会应按照实际收回的金额，借记“银行存款”等科目，贷记“其他收入”科目。

5. 处理报废或毁损实物资产时的净收入

基层工会对于毁损、报废的库存物品和固定资产的处理收支结清，如果处理收入大于相关费用的，按照处理收入减去相关费用后的净收入，借记“待处理财产损溢——处理净收入”，贷记“其他收入”科目。

6. 有偿调出、出售资产过程中取得的价款

基层工会有偿调出、出售库存物品、固定资产和无形资产过程中取得的价款，也应确认为其他收入，借记“银行存款”等科目，贷记“其他收入”科目。

（二）期末结转

会计期末时，基层工会需结转“其他收入”，同样需要区分专项资金收入和非专项资金收入，并分别结转。即将“其他收入”科目本期发生额中的专项资金收入转入工会资金结转，借记“其他收入”科目各专项资金收入明细科目，贷记“工会资金结转——本年收支结转”科目；将“其他收入”科目本

期发生额中的非专项资金收入转入工会资金结余，借记“其他收入”科目各非专项资金收入明细科目，贷记“工会资金结余——本年收支结转”科目。

基层工会“其他收入”科目的主要业务和事项的账务处理如表5-13所示。

表5-13　基层工会“其他收入”科目的主要业务和事项的账务处理

<table>
<tr><th colspan="2">主要业务和事项</th><th>新制度</th><th>原制度</th></tr>
<tr><td rowspan="6">1. 确认其他收入</td><td>(1) 银行存款利息收入</td><td>借：银行存款
　贷：其他收入</td><td>一致</td></tr>
<tr><td>(2) 接受捐赠的款项</td><td>借：银行存款
　贷：其他收入</td><td>一致</td></tr>
<tr><td>(3) 无法查明原因的现金溢余</td><td>借：待处理财产损溢
　贷：其他收入</td><td>借：库存现金
　贷：其他收入</td></tr>
<tr><td>(4) 收回已核销的其他应收款</td><td>借：银行存款
　贷：其他收入</td><td>一致</td></tr>
<tr><td>(5) 处理毁损、报废实物资产的净收入（库存物品/固定资产）</td><td>借：待处理财产损溢——处理净收入
　贷：其他收入</td><td>借：库存现金/银行存款
　贷：其他收入</td></tr>
<tr><td>(6) 有偿调出、出售资产过程中取得的价款（库存物品/固定资产/无形资产）</td><td>借：银行存款
　贷：其他收入</td><td>只明确了固定资产的：
借：银行存款
　贷：其他收入</td></tr>
<tr><td colspan="2" rowspan="2">2. 期末结转</td><td>(1) 发生额中的专项资金收入：
借：其他收入（各专项资金收入明细科目）
　贷：工会资金结转——本年收支结转</td><td rowspan="2">借：其他收入
　贷：结余</td></tr>
<tr><td>(2) 发生额中的非专项资金收入：
借：其他收入（各非专项资金收入明细科目）
　贷：工会资金结余——本年收支结转</td></tr>
</table>

五、主要业务和事项账务处理举例

【例5-12】202×年4月10日，某基层工会取得银行存款利息收入2 000元。该基层工会财务部门根据银行回单，应编制如下会计分录：

借：银行存款　　2 000

　贷：其他收入　　2 000

【例5-13】202×年4月15日，该基层工会接受ABC基金会的抗灾捐赠专项资金20 000元。该基层工会财务部门根据有关凭证，应编制如下会计分录：

借：银行存款　　20 000

　贷：其他收入　　20 000

【例5-14】202×年4月20日，该基层工会报经批准后处理无法查明原因的现金溢余300元。该基层工会财务部门根据现金盘点表等单据，应编制如下会计分录：

借：待处理财产损溢　　300

　贷：其他收入　　300

【例5-15】202×年4月22日，该基层工会收回此前已经核销的一笔其他应收款项1 200元。该基层工会财务部门根据有关凭证，应编制如下会计分录：

借：银行存款　　1 200

　贷：其他收入　　1 200

【例5-16】202×年4月30日，该基层工会经批准处理一个已报废的可折叠乒乓球台，取得卖废品的净收入100元。该基层工会财务部门根据有关凭证，应编制如下会计分录：

借：待处理财产损溢——处理净收入　　100

　贷：其他收入　　100

【例5-17】202×年4月30日，该基层工会经批准有偿调出文体活动材料一批，取得价款3 000元，银行存款收讫该款项。该基层工会财务部门根据有关凭证，应编制如下会计分录：

借：银行存款　　3 000

贷：其他收入　　3 000

【例5-18】期末，对“其他收入”的以上本期发生额26 600元作期末结转处理，其中专项资金收入为ABC基金会的抗灾捐赠资金20 000元，其余6 600元均为非专项资金收入。该基层工会应编制如下期末结转会计分录：

借：其他收入　　20 000

贷：工会资金结转——本年收支结转　　20 000

借：其他收入　　6 600

贷：工会资金结余——本年收支结转　　6 600

第六章

支　出

第一节　支出概述

一、新旧会计制度支出的比较

（一）内容比较

新旧会计制度正文关于支出的比较如表 6-1 所示。对于基层工会而言，支出总体变化不大。

表 6-1　新旧会计制度“支出”的比较

新制度：2 条	原制度：2 条	比较
第五十八条　支出是指……支出按照功能分为职工活动支出、职工活动组织支出、职工服务支出、维权支出、业务支出、行政支出、资本性支出、补助下级支出、对附属单位的支出和其他支出。 职工活动支出指……劳模疗休养活动、会员活动等发生的支出。 职工活动组织支出指…… 职工服务支出指…… 维权支出指…… ……	**第三十九条**　支出是指……支出按照功能分为职工活动支出、维权支出、业务支出、行政支出、资本性支出、补助下级支出、事业支出和其他支出。 （一）职工活动支出指……活动发生的支出。 （二）维权支出指…… ……	1. 新增：职工活动组织支出、职工服务支出 2. 将事业支出调整为对附属单位的支出 3. 职工活动支出中单列劳模疗休养活动支出和会员活动支出
第五十九条　工会各项支出应当按照实际发生额入账。	**第四十条**　各项支出应当按照实际发生额入账。	——

（二）会计科目比较

如表 6-2 所示，新制度明确规定，一般情况下，基层工会涉及的支出类会计科目为六个，分别是：职工活动支出、职工服务支出、维权支出、业务支出、资本性支出和其他支出。在实务中，集团工会、局工会或产业工会承担了一定的管理工会的职能，由此，可以依据新制度的规定，根据实际需要按照县级以上工会的会计科目进行账务处理。通常，集团工会、局工会或产业工会可以使用县级以上工会的会计科目有两个：职工活动组织支出和补助下级支出。

表 6-2　新旧制度支出类会计科目对照表

新制度支出类会计科目（基层工会）			原制度支出类会计科目		
1	501	职工活动支出	1	501	职工活动支出
2	503	职工服务支出	2	502	维权支出
3	504	维权支出	3	503	业务支出
4	505	业务支出	4	504	行政支出
5	507	资本性支出	5	505	资本性支出
6	510	其他支出	6	506	补助下级支出
新制度支出类会计科目（县级以上工会）			7	507	事业支出
1	502	职工活动组织支出	8	508	其他支出
2	503	职工服务支出			
3	504	维权支出			
4	505	业务支出			
5	506	行政支出			
6	507	资本性支出			
7	508	补助下级支出			
8	509	对附属单位的支出			
9	510	其他支出			
10	521	安排预算稳定调节基金			

二、支出的概念和特征

（一）支出的概念

《工会会计制度》第五十八条指出，支出是指工会为开展各项工作和活动所发生的各项资金耗费和损失。

（二）支出的特征

根据支出的概念，工会支出具有如下特征：

1. 是工会为开展各项工作和活动所发生的

工会组织的经济活动包括保障工会组织运转活动和工作任务活动。工会组织的支出是为保障工会组织正常运转和完成工作任务而发生的，如果某项资金流出并非以此为目的，则不能确认为工会支出。如某些工会组织取得的资金在获取时就被拨款方指定划拨给下级工会，那么这些资金与本级工会自身的机构运转和工作任务无关，则相关的资金收付都不作为本级工会的收入和支出，而应作为负债处理。

2. 是工会组织的现金流出

为准确反映预算收支执行情况，会计核算的收支口径应当与预算收支口径保持一致。目前我国的预算管理对象是现金资源，因此，工会支出的核算主要反映货币资金的流出。在某些情况下，工会组织的货币资金损失（如库存现金盘亏），以及因其他应收款的核销而产生的损失，也作为支出（其他支出）处理。

非货币资金的耗费一般不作为支出处理。如工会组织无偿调出实物资产和无形资产等，只作为资产及净资产减少处理，而不确认为支出。

3. 必须严格遵守有关法律法规制度

工会支出要严格遵守有关法律法规制度的规定。《工会法》第四十三条和《中国工会章程》第三十七条都明确规定，工会经费主要用于为职工服务和开展工会活动。工会经费的具体使用应当遵循中华全国总工会制定的各项管理办法。最主要的两个管理办法，一个是《基层工会经费收支管理办法》（总工办发〔2017〕32 号），另一个是《县级以上工会支出管理暂行办法》（总工办发〔2021〕18 号）。

4. 会导致工会净资产的减少

工会支出能够引起资产的减少或负债的增加，最终导致工会净资产的减少。如果工会的现金流出不会引起净资产的减少，则不能确认为支出。例如，偿还负债导致现金流出时，负债和资产同时减少，但是不减少净资产，因而不能确认为工会支出。需要注意的是，使用专用基金和无偿调出资产时的净资产减少并不能确认为工会支出。

三、支出的确认和计量

（一）支出的确认基础

工会支出的核算基础主要是收付实现制，但对部分经济业务或事项的处理，采用权责发生制。基层工会采用权责发生制确认支出的部分经济业务或事项主要包括：基层工会干部出差暂借款等支付的暂付款项、按照税法规定应代扣代缴个人所得税、年末清算时应付未付的下级补助款项、无法查明原因的现金短缺和其他应收款的核销等。

（二）支出的确认和计量

根据工会支出以收付实现制为主，部分经济业务或事项采用权责发生制的核算基础，工会支出的确认也分为两种不同的情况：

1. 实际支付款项时确认

在大多数情况下，工会在实际支付款项时，应确认为相应的支出。根据《工会会计制度》第五十九条“工会各项支出应当按照实际发生额入账”的规定，工会在实际支付款项时确认的支出，应按实际支付金额计量。

2. 发生时确认

对于部分采用权责发生制确认的工会支出，应当在其发生时予以确认，并按照实际发生额进行计量。根据《工会会计制度》的规定，基层工会采用权责发生制确认支出的情形具体包括：

（1）基层工会干部出差暂借款等支付的暂付款项，在支付暂付款时应作为其他应收款处理，在工会干部出差回来报销暂付款时再确认为工会支出（业务支出——其他业务支出）。

（2）基层工会按照税法规定应代扣代缴个人所得税时，按照应交税费金额，借记相应的支出科目，如“职工活动支出”等，贷记“其他应付款”等科目。

（3）年末清算时，具有管理职能的基层工会如有应付未付的下级补助款项，应按照已确定的应付未付的各项补助经费的通知数，确认为支出，借记“补助下级支出”科目，贷记“应付下级经费——应付下级补助”科目。

（4）无法查明原因的现金短缺或其他应收款的核销，应在报经批准后再确认为其他支出，并按实际损失金额计量。

四、支出的分类

为了全面反映各级工会各项经费支出的内容与结构，便于分析和考核各项经费支出的实际发生情况及其效率水平，以有利于加强对工会组织各项经费支出的管理，各级工会有必要对经费支出按照一定的要求进行适当的分类。

（一）按照资金来源性质分类

按照资金来源性质分类，工会支出可分为财政拨款支出和工会资金支出两类。财政拨款支出是指工会组织因使用财政拨款资金而发生的各项支出；工会资金支出是指工会组织使用工会自身资金而发生的支出。根据工会资金使用的限定性，工会资金支出又可分为工会专项资金支出和工会非专项资金支出。通常，基层工会只涉及工会资金支出。

（二）按照《政府收支分类科目》的要求分类

工会支出应当按照《政府收支分类科目》的要求进行分类，即工会支出既要按功能又要按经济进行分类。功能分类和经济分类结合使用，可以进一步细化对支出的分析，为评估和改进工会工作提供详细信息。

1. 按功能分类

工会支出的功能分类反映工会做了什么。基层工会支出按照功能可以分为职工活动支出、职工服务支出、维权支出、业务支出、资本性支出和其他支出六项。

2. 按经济分类

工会支出的经济分类反映工会支出的经济性质和具体支出方向。例如，基层工会开展文体活动时用于购买服装器材的商品和服务支出、用于支付活动场地租金的租赁费等。支出的经济分类参照财政部《政府收支分类科目》中“部门预算支出经济分类科目”设定。

（三）按照部门预算管理的要求分类

按照部门预算管理的要求，工会支出分为基本支出和项目支出两类。基层工会通常只涉及项目支出。

1. 基本支出

基本支出是指工会组织为保障其正常运转、完成日常工作任务发生的支出，按其性质分为人员经费支出和公用经费支出。人员经费支出是指用于工会开支的在职职工和临时聘用人员的各类劳动报酬，以及上述人员缴纳的各项社会保险费等。公用经费支出是指工会为完成其工作任务，用于公务活动方面所必需的费用开支，如办公及印刷费、水电费、邮电费、交通费、差旅费、办公设备购置等公用经费。

基本支出具有常规性、稳定性的特点。因此，管好基本支出是工会支出管理的最基本的内容。基本支出通常实行定员或定额管理。

2. 项目支出

项目支出是指工会组织为完成特定的工作任务，在基本支出之外发生的支出，属于基本支出外的专项支出。工会组织的项目支出一般包括专项会议支出、专项设备购置支出、专项大型修缮支出和专项业务支出等。

与基本支出相比，项目支出具有非常规性、不稳定性的特点，所以是不宜实行定员定额管理的支出项目。工会组织的项目支出需要经过申报、立项、评审和审批等过程。项目支出是工会组织在保证基本支出的基础上，对某项或特定工作任务所安排的专项资金的保障。因此，加强对项目支出的管理是工会支出管理中的一项重要工作。不论是财政资金还是工会资金，只要资金提供者指定资金用途并要求单独进行资金使用情况报告，相应的资金支出就是项目支出。项目支出应遵循专款专用的原则。

（四）工会支出的综合分类

工会支出的综合分类是指需要将工会支出分别按照部门预算管理的要求、《政府收支分类科目》的要求以及资金来源性质等多维度进行分类。

《工会会计制度》新增规定，各支出类会计科目，除“安排预算稳定调节基金”科目（基层工会不涉及）外，工会应当分别按照“基本支出”（基层工会通常不涉及）和“项目支出”进行明细核算，在“项目支出”下按照具体项目进行明细核算；同时，按照《政府收支分类科目》中“部门预算支出经济分类科目”的款级科目进行明细核算。

工会支出的综合分类如表 6-3 所示。对于基层工会而言，通常只涉及功能分类、经济分类、工会资金和项目支出等。

表 6-3　工会支出的综合分类

<table>
<tr><th>总账科目</th><th>二级明细科目</th><th>三级明细科目/
辅助核算</th><th>四级明细科目/
辅助核算</th><th>五级明细科目/
辅助核算</th><th>六级明细科目/
辅助核算</th></tr>
<tr><td rowspan="8">501
职工活动支出</td><td rowspan="3">50101 职工教育支出</td><td rowspan="3">工会资金</td><td>基本支出</td><td>部门预算支出
经济分类的款级科目</td><td></td></tr>
<tr><td rowspan="2">项目支出</td><td>××项目</td><td rowspan="2">部门预算支出
经济分类的款级科目</td></tr>
<tr><td>××项目</td></tr>
<tr><td>50102 文体活动支出</td><td>同上</td><td>同上</td><td>同上</td><td>同上</td></tr>
<tr><td>50103 宣传活动支出</td><td>同上</td><td>同上</td><td>同上</td><td>同上</td></tr>
<tr><td>50104 劳模职工疗休养支出</td><td>同上</td><td>同上</td><td>同上</td><td>同上</td></tr>
<tr><td>50105 会员活动支出</td><td>同上</td><td>同上</td><td>同上</td><td>同上</td></tr>
<tr><td>50106 其他活动支出</td><td>同上</td><td>同上</td><td>同上</td><td>同上</td></tr>
<tr><td rowspan="4">503
职工服务支出</td><td rowspan="4">50301
劳动和技能竞赛活动支出</td><td rowspan="3">工会资金</td><td>基本支出</td><td>部门预算支出
经济分类的款级科目</td><td></td></tr>
<tr><td rowspan="2">项目支出</td><td>××项目</td><td rowspan="2">部门预算支出
经济分类的款级科目</td></tr>
<tr><td>××项目</td></tr>
<tr><td>财政拨款</td><td>基本支出</td><td>部门预算支出
经济分类的款级科目</td><td></td></tr>
</table>

续表

总账科目	二级明细科目	三级明细科目/辅助核算	四级明细科目/辅助核算	五级明细科目/辅助核算	六级明细科目/辅助核算
503 职工服务支出	50301 劳动和技能 竞赛活动支出	财政拨款	项目支出	××项目 ××项目	部门预算支出 经济分类的款级科目
	50302 建家活动支出	同上	同上	同上	同上
	50303 职工创新活动支出	同上	同上	同上	同上
	50304 职工书屋活动支出	同上	同上	同上	同上
	50305 其他服务支出	同上	同上	同上	同上
……	……	……	……	……	……

五、工会支出核算的基本要求

和收入不同的是，工会支出必须严格按照“服务职工、面向工会”的原则，安排与支出相关的各项业务活动。为确保各级工会支出业务的合法性、真实性和完整性，工会支出核算的基本要求有以下几点：

（一）建立和完善与支出核算相关的内部控制制度

《工会会计制度》规定，各级工会应当建立健全内部控制体系，完善岗位责任制度和内部稽核制度。支出核算时，建立和完善内部控制制度十分必要，可以确保支出核算的真实性、完整性和准确性。各级工会在建立与支出有关的内部控制体系时，应注意以下几个问题：

1. 严格按照支出预算的安排，确保各项支出在内容、时间和资金总量上保持一致，确保支出预算在工会各项支出活动中的“刚性约束”。

2. 按照“一支笔”审批原则，各级工会应建立和完善与支出业务相关的授权标准、支付程序、支付审核以及资金办理的相关业务。在实际工作中，各级工会有关支出的基本流程见图 6-1。

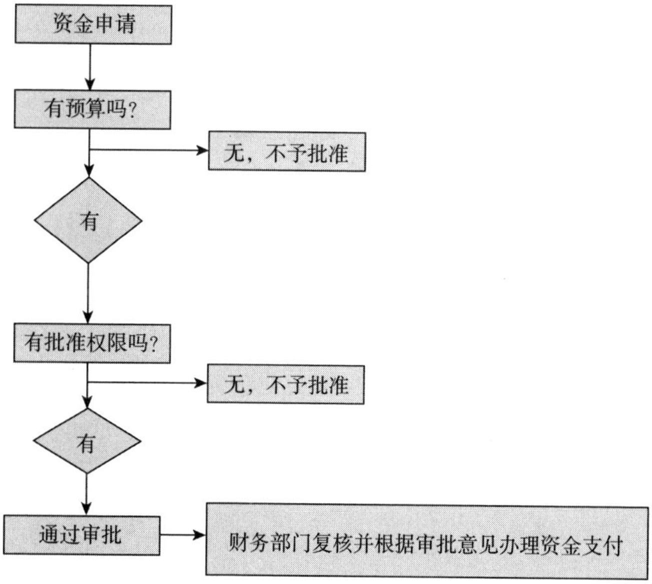

图 6-1　工会支出的基本流程

在图 6-1 中，有关支出控制的几个关键点有：一是所申请的资金是否有预算，如果没有预算，需要按照规定予以调整，否则不予审批；二是负责审批的人是否有权限，如果没有，需要按规定程序将支出业务交由有审批权限的人审批；三是财务部门根据有关审批结果，办理资金支付，在具体的支付过程中，财务机构应按照规定，对审批权限、额度、支付内容等相关内容进行复核，如果不符合要求，财务部门可以拒绝支付或者要求申请人按规定重新办理手续。

3. 建立和完善与支出相关业务的报销管理，尤其要明确报销业务的审批权、报销程序和责任等。

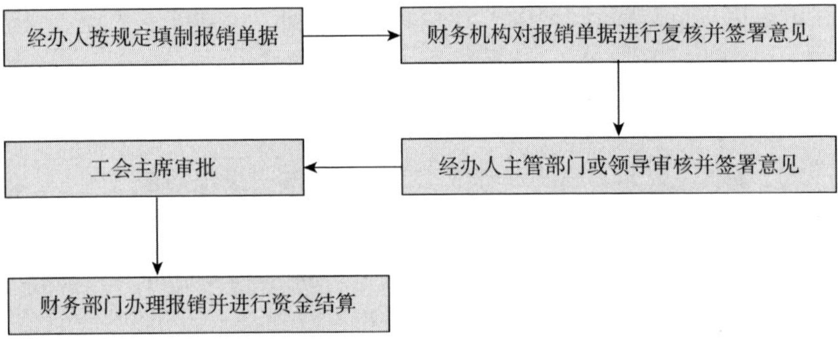

图 6-2　工会支出报销程序示意图

图 6-2 中，财务机构在审核报销单据时，应重点关注单据的规范性、合法性和业务内容的真实性等；如果支出业务属于预付资金一类，还应根据审批的结果，办理资金结算，剩余资金应及时收回，不应长期挂账。

4. 按照不相容职务分离原则，将支出业务的相关岗位进行分离，严禁由一人全程办理与支出相关的所有业务。

（二）明确支出的确认标准，确保支出核算的合法性、准确性和完整性

如前文所述，工会支出一般以收付实现制为基础，部分经济业务或事项采用权责发生制。因此，各级工会在确认支出时，一定要明确采用权责发生制的部分经济业务或事项的情形，以便能正确确认工会支出。

当一项业务被确认为支出时，各级工会应按照制度的规定，在报告期间进行合法、准确和完整的记录。这就要求在对支出进行会计核算时，不得有下列行为：

1. 利用会计报告时点，对支出进行操纵，将本应属于报告年度的支出人为地进行调整，提前或者延后对支出进行确认。

2. 各级工会在对支出核算时，必须全部入账，不允许“账外记录”或者有“小金库”等违反财经纪律的行为。

3. 与支出取得的相关业务单据，凡是有统一规定的，应当使用统一的业务单据；没有统一规定的，各级工会可以根据需要，设置相应的业务单据，但在业务单据的设计过程中，应体现不相容职务分离的原则，严禁由一人全程办理与支出相关的所有业务。

（三）区分支出的资金来源，做到预算控制、专款专用

为应对劳动关系领域的新变化和新问题，在党政的支持下，工会加大了职工权益的维护和帮扶力度，党政所需、职工所急、工会所能的事情也更多地交给工会或者工会牵头去办。为使工会做好这些工作，党政和社会都给予工会大力的资金支持。但是，这些资金支持并非无条件，而是要求工会完成相应的受托责任，如困难职工的帮扶、再就业培训、困难职工子女求学和困难职工慰问等。因此，各级工会应合理统筹各项资源，并按照资源的规定用途，严格规定资金使用内容，确保专款专用，最大限度提高资金使用的经济效率和社会效果。

需要说明的是，支出核算时区分用途的目的在于：一是为各级工会及其利益相关者了解工会资金配置提供依据；二是为社会各界了解工会、认识工会、支持工会工作提供信息，最大限度扩大工会影响力，最大限度彰显工会的社会责任。《工会会计制度》之所以强调按功能对支出进行分类，根本的目的也在于使各级工会的会计信息与工会的职能发挥高度吻合，提高工会会计信息的公允性和可信性。

（四）规范科目设置，确保支出核算做到方法一致、口径相同、信息可比

《工会会计制度》规定，各级工会的会计核算应统一规定工会会计科目的名称和编号，以便于编制会计凭证、登记会计账簿、查阅账目，实行会计信息化管理。凡是制度已规定的一级科目和明细科目，不得减并、自行增设，不得擅自更改科目名称，不需要的科目可以不用；各省级工会可以根据需要自行增设未规定的明细科目，或将相应权限授权给所属下级工会。这些规定表明，各

级工会在进行支出核算时，必须做到科目统一、核算规范、内容明确、要素完整。凡是制度规定的统一科目（含明细科目，下同），不需要的可以不用，但不能更改；凡是制度没有规定的科目，可以自行增设，但在相关数据汇总时，应予以调整，确保支出核算做到方法一致、口径相同、信息可比。

第二节　职工活动支出

一、新旧会计制度职工活动支出的比较

新旧会计制度关于职工活动支出科目使用说明的比较如表 6-4 所示。

表 6-4　新旧会计制度“职工活动支出”的比较

新制度	原制度	比较
一、本科目核算基层工会开展教育活动、文体活动、宣传活动、劳模疗休养活动、会员活动等发生的支出。	一、本科目核算工会为会员及其他职工开展教育、文体、宣传等活动发生的支出。基层工会组织会员开展集体活动，列入本科目核算。	1. 明确了该科目是基层工会所用 2. 新增了劳模疗休养活动支出、会员活动支出的核算内容 3. 核算内容不再包括会员特殊困难补助的费用
二、本科目应设置以下明细科目： 50101 职工教育支出：核算基层工会用于开展的政治、法律、科技、业务等专题培训和职工技能培训所需的教材资料、教学用品、场地租金等方面的支出…… 50102 文体活动支出…… 50103 宣传活动支出…… 50104 劳模职工疗休养支出…… 50105 会员活动支出…… 50106 其他活动支出……	二、本科目应设置以下明细科目： 50101 职工教育费：核算工会开展职工教育活动的各项支出。 50102 文体活动费…… 50103 宣传活动费…… 50104 其他活动支出……	1. 规范了二级明细科目的名称：由××费全部统一改成××支出 2. 新增了两个二级明细科目：劳模职工疗休养支出、会员活动支出 3. 根据全总 32 号文，详细解释了各二级明细科目所核算的具体内容

续表

新制度	原制度	比较
三、职工活动支出的主要账务处理如下： （一）发生职工活动支出时……支出的款项中有形成库存物品等资产的，应当同时按照确定的成本借记“库存物品”等科目，贷记“资产基金”科目。 （二）期末结转时，将本科目本期发生额中的工会资金专项资金支出转入工会资金结转，借记“工会资金结转——本年收支结转”科目，贷记本科目；将本科目本期发生额中的工会资金非专项资金支出转入工会资金结余，借记“工会资金结余——本年收支结转”科目，贷记本科目。	三、职工活动费的主要账务处理如下： （一）发生职工活动支出时…… （二）期末结转时，借记“结余”科目，贷记本科目。	1. 新增支出的款项中有形成库存物品等资产的核算要求 2. 期末结转由“结余”调整为要区分专项资金支出和非专项资金支出两种不同的情况，并分别结转至“工会资金结转”“工会资金结余”
四、本科目期末结转后无余额。	四、本科目期末结转后无余额。	——

二、职工活动支出概述

（一）职工活动支出的概念

《工会会计制度》第五十八条指出，职工活动支出指工会开展职工教育活动、文体活动、宣传活动、劳模疗休养活动、会员活动等发生的支出。

（二）职工活动支出的管理

从支出的功能看，职工活动支出的受益对象是会员及其他职工。职工活动支出是工会参与、教育职能的重要体现，也是工会实现组织职能和履行维护职能的重要基础。在实际工作中，职工活动支出具有三个方面的功能：一是有利于工会紧紧围绕大局，组织职工参与各项生产经营活动；二是有利于提高工会的影响力和凝聚力，巩固执政党的阶级基础；三是有利于充分调动职工参与生产的积极性，有利于职工技能的提高，以促进组织的文化建设。

职工活动支出一般应当在基层工会支付款项时予以确认，并按照实际支付的金额计量。

三、会计科目设置

（一）总账科目

基层工会应当设置“职工活动支出”总账科目，用来核算基层工会开展职工教育活动、文体活动、宣传活动、劳模疗休养活动和会员活动等发生的支出。该科目属于支出类科目，借方表示增加，登记发生的各项职工活动支出；贷方表示减少，登记职工活动支出的冲销或期末结转的金额。期末结转后，本科目无余额。

“职工活动支出”科目的账户结构如图6–3所示。

借　　　　　　职工活动支出	贷
增加：发生的各项职工活动支出	减少：冲销的职工活动支出或期末结转

图6–3　“职工活动支出”科目的账户结构

（二）明细科目

如前文所述，“职工活动支出”应按照具体项目进行明细核算；同时，又要按照《政府收支分类科目》中“部门预算支出经济分类科目”的款级科目进行明细核算。《工会会计制度》规定，“职工活动支出”总账科目应设置如表6–5所示的六个明细科目：

表6–5　“职工活动支出”的明细科目

明细科目	核算内容
50101 职工教育支出	基层工会用于开展政治、法律、科技、业务等专题培训和职工技能培训所需的教材资料、教学用品、场地租金等方面的支出，用于支付职工教育活动聘请授课人员的酬金，用于基层工会开展的职工素质提升补助和职工教育培训优秀学员的奖励

续表

明细科目	核算内容
50102 文体活动支出	基层工会用于开展或参加上级工会组织的职工业余文体活动所需器材、服装、用品等购置、租赁与维修方面的支出以及活动场地、交通工具的租金支出等，用于文体活动优胜者的奖励支出，用于文体活动中必要的伙食补助费
50103 宣传活动支出	基层工会用于开展重点工作、重大主题和重大节日宣传活动所需的材料消耗、场地租金、购买服务等方面的支出，用于培育和践行社会主义核心价值观，弘扬劳模精神、劳动精神、工匠精神等经常性宣传活动方面的支出，用于基层工会开展或参加上级工会举办的知识竞赛、宣讲、演讲比赛、展览等宣传活动的支出
50104 劳模职工疗休养支出	基层工会用于组织和开展的劳动模范和先进职工疗休养活动的公杂费等补助
50105 会员活动支出	基层工会用于组织会员观看电影、文艺演出、开展春游秋游，为会员购买当地公园年票等的支出；用于基层工会在重大节日（传统节日）和会员生日、婚丧嫁娶、退休离岗的慰问支出
50106 其他活动支出	基层工会用于开展其他活动的各项职工活动支出

（三）职工活动支出明细科目的新旧对比

通过新旧制度的比较，职工活动支出明细科目的核算内容变化如表 6-6 所示。

表 6-6 新旧会计制度“职工活动支出”明细科目的变化

原制度下的会计科目	业务内容	新制度下的会计科目
职工活动支出 ——文体活动费	会员集体活动支出：观看电影、文艺演出、开展春游秋游，为会员购买当地公园年票等的支出	职工活动支出 ——会员活动支出
职工活动支出 ——其他活动支出	1. 慰问支出：重大节日（传统节日）和会员生日、婚丧嫁娶、退休离岗等	
	2. 劳动模范和先进职工疗休养活动的公杂费等补助支出	职工活动支出 ——劳模职工疗休养支出

四、主要业务和事项账务处理

职工活动支出的主要业务和事项主要包括两种：一是发生职工活动支出；二是职工活动支出的期末结转。

（一）发生职工活动支出

发生职工活动支出时，基层工会应按照实际支付的金额，借记“职工活动支出”科目，贷记“库存现金”“银行存款”等科目。

《工会会计制度》新增规定，如果支出的款项中有形成库存物品等资产的，应当同时按照确定的成本借记“库存物品”等科目，贷记“资产基金”科目。

（二）期末结转

会计期末时，基层工会需结转“职工活动支出”的本期发生额。结转时需区分职工活动支出的资金来源是专项资金收入还是非专项资金收入，并分别结转。即将“职工活动支出”科目本期发生额中的工会资金专项资金支出转入工会资金结转，借记“工会资金结转——本年收支结转”科目，贷记“职工活动支出”科目；将“职工活动支出”科目本期发生额中的工会资金非专项资金支出转入工会资金结余，借记“工会资金结余——本年收支结转”科目，贷记“职工活动支出”科目。

基层工会“职工活动支出”科目的主要业务和事项的账务处理如表 6-7 所示。

表 6-7　基层工会“职工活动支出”科目的主要业务和事项的账务处理

主要业务和事项	新制度	原制度
1. 发生职工活动支出	（1）发生时： 借：职工活动支出 　贷：库存现金/银行存款等	借：职工活动支出 　贷：库存现金/ 　　银行存款等
	（2）支出的款项中有形成库存物品等资产的： 借：库存物品等 　贷：资产基金——库存物品	

续表

主要业务和事项	新制度	原制度
2. 期末结转	(1) 发生额中的工会资金专项资金支出： 借：工会资金结转——本年收支结转 　贷：职工活动支出	借：结余 　贷：职工活动支出
	(2) 发生额中的工会资金非专项资金支出： 借：工会资金结余——本年收支结转 　贷：职工活动支出	

五、主要业务和事项账务处理举例

【例6-1】202×年4月20日，某公司工会为普及《民法典》知识，决定在公司内举办专题讲座活动，发生了场租费20 000元和优秀学员的奖品费用3 000元，以上资金来源为行政专项补助收入。该公司工会财务部门根据有关凭证，应编制如下会计分录①：

1. 发生支出时：

借：职工活动支出——职工教育支出（二级明细科目）/项目支出（分基本支出和项目支出）/《民法典》专题讲座（具体项目）/商品和服务支出-租赁费（部门预算支出经济分类的款级科目）　20 000

　　职工活动支出——职工教育支出（二级明细科目）/项目支出（分基本支出和项目支出）《民法典》专题讲座（具体项目）/对个人和家庭的补助-奖励金（部门预算支出经济分类的款级科目）　3 000

　贷：银行存款　23 000

2. 期末，该笔职工活动支出的期末结转会计分录为：

借：工会资金结转——本年收支结转　23 000

　贷：职工活动支出——职工教育支出（二级明细科目）/项目支出（分基本支出和项目支出）/《民法典》专题讲座（具体项目）/商品和服务支出-租赁

① 分录中的“具体项目”和“部门预算支出经济分类的款级科目”均可通过会计信息系统中的辅助核算或更多级次的明细科目核算实现。以下略。

费（部门预算支出经济分类的款级科目） 20 000

职工活动支出——职工教育支出（二级明细科目）/项目支出（分基本支出和项目支出）/《民法典》专题讲座（具体项目）/对个人和家庭的补助-奖励金（部门预算支出经济分类的款级科目） 3 000

【例6-2】202×年6月18日，该公司工会举办一年一度的职工羽毛球比赛，发生场租费1 000元，羽毛球等耗材500元，裁判劳务费1 000元，优胜者的奖励支出2 200元。该公司工会财务部门根据有关凭证，应编制如下会计分录：

1. 发生支出时：

借：职工活动支出——文体活动支出（二级明细科目）/项目支出（分基本支出和项目支出）/羽毛球比赛（具体项目）/商品和服务支出-租赁费（部门预算支出经济分类的款级科目） 1 000

职工活动支出——文体活动支出（二级明细科目）/项目支出（分基本支出和项目支出）/羽毛球比赛（具体项目）/商品和服务支出-专用材料费（部门预算支出经济分类的款级科目） 500

职工活动支出——文体活动支出（二级明细科目）/项目支出（分基本支出和项目支出）/羽毛球比赛（具体项目）/商品和服务支出-劳务费（部门预算支出经济分类的款级科目） 1 000

职工活动支出——文体活动支出（二级明细科目）/项目支出（分基本支出和项目支出）/羽毛球比赛（具体项目）/对个人和家庭的补助-奖励金（部门预算支出经济分类的款级科目） 2 200

贷：银行存款 4 660

其他应付款——代扣个人所得税 40

2. 期末，该笔职工活动支出的结转会计分录为：

借：工会资金结余——本年收支结转 4 700

贷：职工活动支出——文体活动支出（二级明细科目）/项目支出（分基本支出和项目支出）/羽毛球比赛（具体项目）/商品和服务支出-租赁费（部门预算支出经济分类的款级科目） 1 000

职工活动支出——文体活动支出（二级明细科目）/项目支出（分基本支出和项目支出）/羽毛球比赛（具体项目）/商品和服务支出-专用材料费

（部门预算支出经济分类的款级科目）　500

职工活动支出——文体活动支出（二级明细科目）/项目支出（分基本支出和项目支出）/羽毛球比赛（具体项目）/商品和服务支出-劳务费（部门预算经济分类的款级科目）　1 000

职工活动支出——文体活动支出（二级明细科目）/项目支出（分基本支出和项目支出）/羽毛球比赛（具体项目）/对个人和家庭的补助-奖励金（部门预算支出经济分类的款级科目）　2 200

【例 6-3】202×年 9 月 20 日，为庆祝中秋佳节，该公司工会购买米面油慰问会员，发生费用 221 500 元，用支票支付。该公司工会财务部门根据有关凭证，应编制如下会计分录：

1. 发生支出时：

借：职工活动支出——会员活动支出（二级明细科目）/项目支出（分基本支出和项目支出）/年节慰问（中秋）（具体项目）/对个人和家庭的补助-其他个人和家庭的补助支出（部门预算支出经济分类的款级科目）　221 500

贷：银行存款　221 500

2. 期末，该笔职工活动支出的结转会计分录为：

借：工会资金结余——本年收支结转　221 500

贷：职工活动支出——会员活动支出（二级明细科目）/项目支出（分基本支出和项目支出）/年节慰问（中秋）（具体项目）/对个人和家庭的补助-其他个人和家庭的补助支出（部门预算支出经济分类的款级科目）　221 500

第三节　职工服务支出

一、职工服务支出的概念

职工服务支出属于《工会会计制度》新增会计科目。《工会会计制度》第五十八条指出，职工服务支出指工会开展职工劳动和技能竞赛活动、职工创新活动、建家活动、职工书屋、职工互助保障、心理咨询等工作发生的支出。

可见，职工服务支出所包括的内容实际上是属于原制度中的业务支出和维权支出中有关工会服务职工方面的支出内容。但从会计科目来看，属于新增科目。

新增职工服务支出科目的背景是《中国工会章程》的修订。中国工会第十七次全国代表大会通过的《中国工会章程》，将中国工会的基本职责从“维护职工合法权益”修订为“维护职工合法权益、竭诚服务职工群众”。新时期，中国工会的基本职责有二：一是维权，二是服务职工。为适应新时期工会工作的新要求，新制度增设了“职工服务支出”科目，集中全面反映工会在服务职工方面的资金投入情况。

二、会计科目设置

（一）总账科目

基层工会应当设置“职工服务支出”总账科目，用来核算工会开展职工劳动和技能竞赛活动、职工创新活动、建家活动、职工书屋、职工互助保障、心理咨询等工作发生的支出。该科目属于支出类科目，借方表示增加，登记发生的各项职工服务支出；贷方表示减少，登记职工服务支出的冲销或期末结转的金额。期末结转后，本科目无余额。

“职工服务支出”科目的账户结构如图6-4所示。

借　　　　职工服务支出	贷
增加：发生的各项职工服务支出	减少：冲销的职工服务支出 或期末结转
	=

图6-4　“职工服务支出”科目的账户结构

（二）明细科目

如前文所述，“职工服务支出”需按照具体项目进行明细核算；同时，又要按照《政府收支分类科目》中“部门预算支出经济分类科目”的款级科目进行明细核算。

根据《工会会计制度》，“职工服务支出”总账科目应设置如表6-8所示的明细科目。

表 6-8　“职工服务支出”的明细科目

明细科目	核算内容
50301 劳动和技能竞赛活动支出	工会组织开展合理化建议、技术革新、发明创造、岗位练兵、技术比武、技术培训等劳动和技能竞赛活动支出及其奖励支出
50302 建家活动支出	工会组织建设、建家活动方面的支出
50303 职工创新活动支出	工会开展的劳模和工匠人才创新工作、职工创新工作活动发生的支出
50304 职工书屋活动支出	工会为建设职工书屋而发生的图书购置以及维护的支出
50305 其他服务支出	工会组织和开展会员和职工普惠制服务、心理咨询、互助保障等其他方面的职工服务支出

（三）服务职工支出的新旧会计科目对比

新旧会计制度下，基层工会在服务职工方面支出所使用的不同会计科目对比如表 6-9 所示。

表 6-9　新旧制度下“服务职工支出”会计科目对照表

<table>
<tr><th>新制度</th><th>核算内容</th><th>原制度</th></tr>
<tr><td>50301
职工服务支出——劳动和技能竞赛活动支出</td><td>职工劳动和技能竞赛活动</td><td rowspan="4">50304
业务支出
——专项业务费</td></tr>
<tr><td>50302 职工服务支出——建家活动支出</td><td>建家活动</td></tr>
<tr><td>50303
职工服务支出——职工创新活动支出</td><td>职工创新活动</td></tr>
<tr><td>50304
职工服务支出——职工书屋活动支出</td><td>职工书屋活动</td></tr>
<tr><td rowspan="2">50305
职工服务支出——其他服务支出</td><td>职工互助保障</td><td>50206
维权支出
——其他维权支出</td></tr>
<tr><td>心理咨询</td><td>未明确</td></tr>
</table>

三、主要业务和事项账务处理

职工服务支出的主要业务和事项主要包括两种：一是发生职工服务支出；二是职工服务支出的期末结转。

（一）发生职工服务支出

发生职工服务支出时，基层工会应按照实际支付的金额，借记“职工服务支出”科目，贷记“库存现金”“银行存款”等科目。

《工会会计制度》同时新增规定，如果支出的款项中有形成库存物品等资产的，应当同时按照确定的成本借记“库存物品”等科目，贷记“资产基金”科目。

（二）期末结转

会计期末时，基层工会需结转“职工服务支出”的本期发生额。结转时需区分职工服务支出的资金来源是专项资金收入还是非专项资金收入，并分别结转。即将“职工服务支出”科目本期发生额中的工会资金专项资金支出转入工会资金结转，借记“工会资金结转——本年收支结转”科目，贷记“职工服务支出”科目；将“职工服务支出”科目本期发生额中的工会资金非专项资金支出转入工会资金结余，借记“工会资金结余——本年收支结转”科目，贷记“职工服务支出”科目。

基层工会“职工服务支出”科目的主要业务和事项的账务处理如表6-10所示。

表6-10 基层工会“职工服务支出”科目的主要业务和事项的账务处理

主要业务和事项	账务处理
1. 发生职工服务支出	（1）发生时： 借：职工服务支出 　贷：库存现金/银行存款等
	（2）支出的款项中有形成库存物品等资产的： 借：库存物品等 　贷：资产基金——库存物品

续表

主要业务和事项	账务处理
2. 期末结转	(1) 发生额中的工会资金专项资金支出： 借：工会资金结转——本年收支结转 　贷：职工服务支出
	(2) 发生额中的工会资金非专项资金支出： 借：工会资金结余——本年收支结转 　贷：职工服务支出

四、主要业务和事项账务处理举例

【例 6-4】 202×年 4 月 15 日，某公司工会为提升工人技能，在全公司范围内举办焊工技能竞赛活动。活动所需物品购置费用 3 500 元，竞赛奖励支出 30 000 元，共计 33 500 元。该公司工会财务部门根据有关凭证，应编制如下会计分录：

借：职工服务支出——劳动和技能竞赛活动支出　　3 500
　　职工服务支出——劳动和技能竞赛活动支出　　30 000
　贷：银行存款　　33 500

该笔职工服务支出的期末结转会计分录为：

借：工会资金结余——本年收支结转　　33 500
　贷：职工服务支出——劳动和技能竞赛活动支出　　33 500

【例 6-5】 202×年 8 月 20 日，该公司工会的精密加工创新工作室开展创新系列活动，共花费 22 000 元。使用资金为此前获评市总工会“市级创新工作室”称号的奖补资金 50 000 元。该公司工会财务部门根据有关凭证，应编制如下会计分录：

借：职工服务支出——职工创新活动支出　　22 000
　贷：银行存款　　22 000

该笔职工服务支出的期末结转会计分录为：

借：工会资金结转——本年收支结转　　22 000
　贷：职工服务支出——职工创新活动支出　　22 000

【例 6-6】 202×年 9 月 10 日，该公司工会为公司职工书屋“书香工会”

添置一批价值10 000元的图书，并维修了阅读桌椅，共花费1 500元。该公司工会财务部门根据有关凭证，应编制如下会计分录：

借：固定资产——图书　　10 000
　贷：资产基金——固定资产　　10000

同时：

借：职工服务支出——职工书屋活动支出　　10 000
　　职工服务支出——职工书屋活动支出　　1 500
　贷：银行存款　　11 500

该笔职工服务支出的期末结转会计分录为：

借：工会资金结余——本年收支结转　　11 500
　贷：职工服务支出——职工书屋活动支出　　11 500

【例6-7】202×年10月9日，该公司工会为缓解公司职工工作压力，组织了为职工提供心理咨询服务的活动，共花费3 000元。该公司工会财务部门根据有关凭证，应编制如下会计分录：

借：职工服务支出——其他服务支出　　3 000
　贷：银行存款　　3 000

该笔职工服务支出的期末结转会计分录为：

借：工会资金结余——本年收支结转　　3 000
　贷：职工服务支出——其他服务支出　　3 000

【例6-8】202×年11月20日，该公司工会组织职工参加市总工会的职工互助保障活动，采用职工、公司和工会三方各负担三分之一的方式。公司工会为职工提供了50 000元的资金支持。该公司工会财务部门根据有关凭证，应编制如下会计分录：

借：职工服务支出——其他服务支出　　50 000
　贷：银行存款　　50 000

该笔职工服务支出的期末结转会计分录为：

借：工会资金结余——本年收支结转　　50 000
　贷：职工服务支出——其他服务支出　　50 000

第四节　维权支出

一、新旧会计制度维权支出的比较

新旧会计制度关于维权支出科目使用说明的比较如表 6-11 所示。

表 6-11　新旧会计制度“维权支出”的比较

新制度	原制度	比较
一、本科目核算工会用于维护职工权益的支出，包括劳动关系协调、劳动保护、法律援助、困难职工帮扶、送温暖和其他维权支出。	一、本科目核算工会直接用于维护职工权益的支出。	新增了维权支出核算所包括具体内容
二、本科目应设置以下明细科目： 50401 劳动关系协调支出：核算工会用于推进创建劳动关系和谐企业活动、加强劳动争议调解和队伍建设、开展劳动合同咨询活动、集体合同示范文本印制与推广等方面的支出。 50402 劳动保护支出…… 50403 法律援助支出…… 50404 困难职工帮扶支出…… 50405 送温暖支出…… 50406 其他维权支出……	二、本科目应设置以下明细科目： 50201 劳动关系协调费：核算工会在协调劳动关系争议中发生的支出。 50202 劳动保护费…… 50203 法律援助费…… 50204 困难职工帮扶费…… 50205 送温暖费…… 50206 其他维权支出……	1. 规范了二级明细科目的名称：由××费全部统一改成××支出 2. 结合全总 32 号文，详细解释了各二级明细科目所核算的具体内容
三、维权支出的主要账务处理如下： （一）发生维权支出时……支出的款项中有形成库存物品等资产的，应当同时按照确定的成本借记“库存物品”等科目，贷记“资产基金”科目。	三、维权支出的主要账务处理如下： （一）发生维权、帮扶支出时……	1. 新增支出的款项中有形成库存物品等资产的核算要求

续表

新制度	原制度	比较
（二）县级以上工会…… （三）期末结转时……将本科目本期发生额中的工会资金专项资金支出转入工会资金结转，借记“工会资金结转——本年收支结转”科目，贷记本科目；将本科目本期发生额中的工会资金非专项资金支出转入工会资金结余，借记“工会资金结余——本年收支结转”科目，贷记本科目。	（二）县级以上工会…… （三）期末结转时，借记“结余”科目，贷记本科目。	2. 期末结转由“结余”调整为要区分专项资金支出和非专项资金支出两种不同的情况，并分别结转至“工会资金结转”“工会资金结余”
四、本科目期末结转后无余额。	四、本科目期末结转后无余额。	——

二、维权支出概述

（一）维权支出的概念

《工会会计制度》第五十八条指出，维权支出指工会用于维护职工权益的支出，包括劳动关系协调、劳动保护、法律援助、困难职工帮扶、送温暖和其他维权支出。

（二）维权支出的管理

表达和维护职工合法权益是中国工会的基本职责之一，也是工会一切工作的出发点和落脚点。加强劳动关系协调、开展劳动关系保护、积极主动为职工提供法律援助和对困难职工群体进行帮扶是工会的基本职责，也是工会的社会责任所在。因此，需要将用于职工权益维护方面的资金使用单独反映，其目的有二：一是检验和考核工会基本职能的履行情况；二是向社会彰显工会代表、维护职工权益，体现工会经费服务职工的基本原则。

三、会计科目设置

（一）总账科目

基层工会应当设置“维权支出”总账科目，用来核算工会用于维护职工权益的支出。该科目属于支出类科目，借方表示增加，登记工会发生的各项维权支出；贷方表示减少，登记维权支出的冲销或会计期末结转的金额。期末结转后，本科目无余额。

“维权支出”科目的账户结构如图 6-5 所示。

借　　　　维权支出	贷
增加：发生的各项维权支出	减少：冲销的维权支出或期末结转

=

图 6-5　“维权支出”科目的账户结构

（二）明细科目

如前文所述，“维权支出”需要按照具体项目进行明细核算；同时，又要按照《政府收支分类科目》中“部门预算支出经济分类科目”的款级科目进行明细核算。

根据维权活动的具体内容，“维权支出”总账科目应设置如表 6-12 所示的明细科目。

表 6-12　“维权支出”的明细科目

明细科目	核算内容
50401 劳动关系协调支出	工会用于推进创建劳动关系和谐企业活动、加强劳动争议调解和队伍建设、开展劳动合同咨询活动、集体合同示范文本印制与推广等方面的支出
50402 劳动保护支出	工会用于开展群众性安全生产和职业病防治活动、加强群众安全监督检查员队伍建设、开展职工心理健康维护等以促进安全健康生产、保护职工生命安全为宗旨开展的职工劳动保护发生的支出
50403 法律援助支出	工会用于向职工群众提供法律咨询、法律服务等发生的支出
50404 困难职工帮扶支出	工会用于对困难职工提供资金和物质帮助等发生的支出
50405 送温暖支出	工会用于开展春送岗位、夏送清凉、金秋助学和送温暖等活动发生的支出
50406 其他维权支出	工会用于补助职工等其他方面的维权支出

四、主要业务和事项账务处理

基层工会维权支出的主要业务和事项主要包括两种：一是发生维权支出；二是维权支出的期末结转。

（一）发生维权支出

基层工会发生维权支出时，应按照实际支付的金额，借记“维权支出”科目，贷记“库存现金”“银行存款”等科目。

《工会会计制度》同时新增规定，如果支出的款项中有形成库存物品等资产的，应当同时按照确定的成本借记“库存物品”等科目，贷记“资产基金”科目。

（二）期末结转

会计期末时，基层工会需结转“维权支出”的本期发生额。结转时需区分维权支出的资金来源是专项资金收入还是非专项资金收入，并分别结转。即将“维权支出”科目本期发生额中的工会资金专项资金支出转入工会资金结转，借记“工会资金结转——本年收支结转”科目，贷记“维权支出”科目；将“维权支出”科目本期发生额中的工会资金非专项资金支出转入工会资金结余，借记“工会资金结余——本年收支结转”科目，贷记“维权支出”科目。

基层工会“维权支出”科目的主要业务和事项的账务处理如表 6-13 所示。

表 6-13　基层工会“维权支出”科目的主要业务和事项的账务处理

主要业务和事项	新制度	原制度
1. 发生维权支出	（1）发生时： 借：维权支出 　贷：库存现金/银行存款等	借：维权支出 　贷：库存现金/ 　　银行存款等
	（2）支出的款项中有形成库存物品等资产的： 借：库存物品等 　贷：资产基金——库存物品	

续表

主要业务和事项	新制度	原制度
2. 期末结转	(1) 发生额中的工会资金专项资金支出： 借：工会资金结转——本年收支结转 贷：维权支出	借：结余 贷：维权支出
	(2) 发生额中的工会资金非专项资金支出： 借：工会资金结余——本年收支结转 贷：维权支出	

五、主要业务和事项账务处理举例

【例 6-9】 202×年 4 月 15 日，某基层工会按规定支付职工劳动争议仲裁费 10 000 元。该公司工会财务部门根据有关凭证，应编制如下会计分录：

借：维权支出——劳动关系协调支出　　10 000

　贷：银行存款　　10 000

该笔维权支出的期末结转会计分录为：

借：工会资金结余——本年收支结转　　10 000

　贷：维权支出——劳动关系协调支出　　10 000

【例 6-10】 202×年 5 月 20 日，该基层工会用上级工会的专项补助资金，组织本系统安全员举办安全生产经验交流会，发生材料费 3 000 元，场租费 2 000 元，食宿费 10 000 元，用支票支付。该公司工会财务部门根据有关凭证，应编制如下会计分录：

借：维权支出——劳动保护支出　　15 000

　贷：银行存款　　15 000

该笔维权支出的期末结转会计分录为：

借：工会资金结转——本年收支结转　　15 000

　贷：维权支出——劳动保护支出　　15 000

【例 6-11】 202×年 8 月 15 日，该基层工会按照规定，通过银行转账支付公司 3 名困难职工子女学费 16 000 元。该公司工会财务部门根据有关凭证，应编制如下会计分录：

借：维权支出——困难职工帮扶支出　　16 000

　贷：银行存款　　16 000

该笔维权支出的期末结转会计分录为：

借：工会资金结余——本年收支结转　　16 000

　贷：维权支出——困难职工帮扶支出　　16 000

【例 6-12】202×年 1 月 5 日，春节前夕，该基层工会开展对 10 名困难职工送温暖活动，每位困难职工会得到一份粮油一份慰问金，粮油价值 200 元（用支票购买），慰问金 1 000 元（银行转账支付），共发生费用 12 000 元，资金来源为上级工会补助的送温暖专项资金。该公司工会财务部门根据有关凭证，应编制如下会计分录：

借：维权支出——送温暖支出　　12 000

　贷：银行存款　　12 000

该笔维权支出的期末结转会计分录为：

借：工会资金结转——本年收支结转　　12 000

　贷：维权支出——送温暖支出　　12 000

【例 6-13】202×年 3 月 12 日，该基层工会报销工会干部刘某代表公司参与三方联席会议研讨会资料费等 3 500 元。该公司工会财务部门根据有关凭证，应编制如下会计分录：

借：维权支出——其他维权支出　　3 500

　贷：银行存款　　3 500

该笔维权支出的期末结转会计分录为：

借：工会资金结余——本年收支结转　　3 500

　贷：维权支出——其他维权支出　　3 500

第五节　业务支出

一、新旧会计制度业务支出的比较

新旧会计制度关于业务支出科目使用说明的比较如表 6-14 所示。

表 6-14 新旧会计制度“业务支出”的比较

新制度	原制度	比较
一、本科目核算工会培训工会干部、加强自身建设及开展业务工作发生的各项支出。	一、本科目核算工会培训工会干部、加强自身建设及开展业务工作发生的各项支出。	——
二、本科目应设置以下明细科目： 50501 培训支出…… 50502 会议支出…… 50503 专项业务支出：核算工会用于开展组织建设、专题调研、专项工作、劳模津贴、劳模专项补助、扶贫活动及外事活动的支出。 50504 其他业务支出……	二、本科目应设置以下明细科目： 50301 培训费…… 50302 会议费…… 50303 外事费…… 50304 专项业务费：核算工会开展工会组织建设、考核表彰、建家活动、大型专题调研、经审专用经费等专项业务发生的支出。 50305 其他业务支出……	1. 规范了二级明细科目的名称：由××费全部统一改成××支出 2. 删除了“外事费”二级明细科目，将其合并到“专项业务支出”核算 3. 调整了专项业务支出的核算内容
三、业务支出主要账务处理如下： （一）发生业务支出时……支出的款项中有形成库存物品等资产的，应当同时按照确定的成本借记“库存物品”等科目，贷记“资产基金”科目。 （二）期末结转时，……将本科目本期发生额中的工会资金专项资金支出转入工会资金结转，借记“工会资金结转——本年收支结转”科目，贷记本科目；将本科目本期发生额中的工会资金非专项资金支出转入工会资金结余，借记“工会资金结余——本年收支结转”科目，贷记本科目。	三、业务支出主要账务处理如下： （一）发生业务支出时…… （二）期末结转时，借记“结余”科目，贷记本科目。	1. 新增支出的款项中有形成库存物品等资产的核算要求 2. 期末结转由“结余”调整为要区分专项资金支出和非专项资金支出两种不同的情况，并分别结转至“工会资金结转”“工会资金结余”
四、本科目期末结转后无余额。	四、本科目期末结转后无余额。	——

二、业务支出概述

（一）业务支出的概念

《工会会计制度》第五十八条指出，业务支出指工会培训工会干部、加强自身建设及开展业务工作发生的各项支出。与职工活动支出、职工服务支出、维权支出不同的是，业务支出的受益对象是各级工会，支出是因工会业务活动而发生。业务支出包括：培训支出、会议支出、专项业务支出和其他业务支出等。

（二）业务支出的管理

培训支出和会议支出是企事业单位行政和工会组织都会发生的费用，是审计的重点之一。

1. 培训支出

工会业务支出中的培训支出是指工会开展工会干部和积极分子培训发生的支出。需要注意的是，培训的对象一定是工会干部或是工会积极分子，如若培训对象是职工或是普通工会会员，则属于职工活动支出中的职工教育支出。

此外，基层工会的培训支出的开支范围和标准按照省总工会制定的基层工会经费收支管理办法实施细则的规定执行，通常都是以同级财政部门或行政单位制定的培训费管理办法为准。

2. 会议支出

工会业务支出中的会议支出是指工会召开的专业会议，如工会会员大会或会员代表大会、委员会、常委会、经费审查委员会以及其他专业工作会议的各项支出。而职代会，企业、事业单位召开的劳模、积极分子及先进生产（工作）者等会议则不属于工会的专业工作会议，其支出不能使用工会经费，应由企事业单位开支。

同样，基层工会的会议支出的开支范围和标准按照省总工会制定的基层工会经费收支管理办法实施细则的规定执行，通常都是以同级财政部门或行政单位制定的会议费管理办法为准。

3. 专项业务支出

根据《基层工会经费收支管理办法》，结合《工会会计制度》的相关内容，工会业务支出中的专项业务支出的开支范围调整为开展以下七项专项业务的支出：（1）组织建设；（2）专题调研；（3）专项工作；（4）劳模津贴；（5）劳模专项补助；（6）扶贫活动；（7）外事活动。

4. 其他业务支出

基层工会业务支出中的其他业务支出的具体开支范围包括以下五项：

（1）兼职工会干部的补贴：范围和标准以省总工会制定的基层工会经费收支管理办法实施细则为准，若细则中未明确的，基层工会需结合本单位实际，经相关民主程序制定后公布，并严格执行。

（2）专职社会化工会工作者补贴：补贴的标准按照省总工会有关文件执行。

（3）优秀工会干部和积极分子的奖励：该评选表彰必须有书面的党政认可和上级工会的批复；奖励范围和标准以省总工会制定的基层工会经费收支管理办法实施细则为准。

（4）基层工会必要的办公费、差旅费：注意使用的会计科目是“业务支出——其他业务支出”；县级以上工会的办公费和差旅费使用的则是“行政支出——商品和服务支出”科目。

（5）支付代理记账、中介机构审计等购买服务方面的支出。

三、会计科目设置

（一）总账科目

基层工会应当设置“业务支出”总账科目，用来核算工会培训工会干部、加强自身建设及开展业务工作发生的各项支出。该科目属于支出类科目，借方表示增加，登记工会发生的各项业务支出；贷方表示减少，登记业务支出的冲销或会计期末结转的金额。期末结转后，本科目无余额。

“业务支出”科目的账户结构如图 6-6 所示。

借　　　　　　　　业务支出	贷
增加：发生的各项业务支出	减少：冲销的业务支出或期末结转

=

图 6-6　“业务支出”科目的账户结构

（二）明细科目

如前文所述，“业务支出”需按照具体项目进行明细核算；同时，又要按照《政府收支分类科目》中“部门预算支出经济分类科目”的款级科目进行明细核算。

为详细反映工会业务经费的开支情况，加强经费管理，提高经费使用效率，根据具体的业务内容，“业务支出”总账科目应设置如表6-15所示的明细科目：

表6-15 “业务支出”的明细科目

明细科目	核算内容
50501 培训支出	工会用于开展工会干部和积极分子培训发生的支出
50502 会议支出	工会用于工会会员大会或会员代表大会、委员会、常委会、经费审查委员会以及其他专业工作会议的各项支出
50503 专项业务支出	工会用于开展组织建设、专题调研、专项工作、劳模津贴、劳模专项补助、扶贫活动及外事活动的支出
50504 其他业务支出	工会发生的不属于以上业务开支的其他业务支出，如工会用于发放兼职工会干部和专职社会化工会工作者补贴的支出等

需要注意的是，《工会会计制度》新增了“职工服务支出”，用来核算原制度中属于“业务支出——专项业务费”的工会开展职工劳动和技能竞赛活动、职工创新活动、建家活动、职工书屋等工作发生的支出。因而，新制度下，“业务支出——专项业务支出”的核算内容有所减少；同时又新增了劳模津贴、劳模专项补助、扶贫活动等支出的核算内容。详细比较如表6-16所示。

表 6-16　新旧会计制度“业务支出——专项业务支出”调整对照表

<table>
<tr><th>新制度</th><th>核算内容</th><th>原制度</th></tr>
<tr><td>50301
职工服务支出
——劳动和技能竞赛活动支出</td><td>职工劳动和
技能竞赛活动支出</td><td rowspan="4">50304
业务支出
——专项业务费</td></tr>
<tr><td>50302
职工服务支出——建家活动支出</td><td>建家活动支出</td></tr>
<tr><td>50303
职工服务支出——职工创新活动支出</td><td>职工创新活动支出</td></tr>
<tr><td>50304
职工服务支出——职工书屋活动支出</td><td>职工书屋活动支出</td></tr>
<tr><td>50503
业务支出——专项业务支出</td><td>外事活动方面的费用</td><td>50303
业务支出——外事费</td></tr>
<tr><td>50503
业务支出——专项业务支出</td><td>新增：劳模津贴、劳模专项补助、扶贫活动的支出</td><td>——</td></tr>
</table>

四、主要业务和事项账务处理

业务支出的主要业务和事项主要包括两种：一是发生业务支出；二是业务支出的期末结转。

（一）发生业务支出

基层工会发生业务支出时，应按照实际支付的金额，借记“业务支出”科目，贷记“库存现金”“银行存款”等科目。

《工会会计制度》同时新增规定，如果支出的款项中有形成库存物品等资产的，应当同时按照确定的成本借记“库存物品”等科目，贷记“资产基金”科目。

（二）期末结转

会计期末时，基层工会需结转“业务支出”的本期发生额。结转时需区分业务支出的资金来源是专项资金收入还是非专项资金收入，并分别结转。即将“业务支出”科目本期发生额中的工会资金专项资金支出转入工会资金结转，借记“工会资金结转——本年收支结转”科目，贷记“业务支出”科目；将“业务支出”科目本期发生额中的工会资金非专项资金支出转入工会资金结余，借记“工会资金结余——本年收支结转”科目，贷记“业务支出”科目。

基层工会“业务支出”科目的主要业务和事项的账务处理如表6-17所示。

表6-17 基层工会“业务支出”科目的主要业务和事项的账务处理

主要业务和事项	新制度	原制度
1. 发生业务支出	(1) 发生时： 借：业务支出 贷：库存现金/银行存款等	借：业务支出 贷：库存现金/银行存款等
	(2) 支出的款项中有形成库存物品等资产的： 借：库存物品等 贷：资产基金——库存物品	
2. 期末结转	(1) 发生额中的工会资金专项资金支出： 借：工会资金结转——本年收支结转 贷：业务支出	借：结余 贷：业务支出
	(2) 发生额中的工会资金非专项资金支出： 借：工会资金结余——本年收支结转 贷：业务支出	

五、主要业务和事项账务处理举例

【例6-14】 202×年11月2日，某集团工会报销工会财务人员参加新《工会会计制度》培训班的培训费2 500元。该集团工会财务部门根据有关凭证，应编制如下会计分录：

借：业务支出——培训支出 2 500

贷：银行存款 2 500

该笔业务支出的期末结转会计分录为：

借：工会资金结余——本年收支结转 2 500

贷：业务支出——培训支出 2 500

【例 6-15】202×年 3 月 10 日，该集团工会在花园酒店召开会员代表大会，发生按规定开支的酒店会场租金 1 800 元（此前预付 2 000 元），伙食费和文件印刷费等共计 3 000 元，款项通过银行存款付讫。该集团工会财务部门根据有关凭证，应编制如下会计分录：

1. 预付会场租金时：

借：其他应收款——花园酒店 2 000

贷：银行存款 2 000

2. 实际结算时：

借：业务支出——会议支出 4 800

贷：其他应收款——花园酒店 2 000

银行存款 2 800

3. 该笔业务支出的期末结转会计分录为：

借：工会资金结余——本年收支结转 4 800

贷：业务支出——会议支出 4 800

【例 6-16】202×年 7 月 15 日，为全面了解新冠肺炎疫情对系统职工权益的影响，该集团工会聘请专门机构开展调研并支付调研经费 3 000 元。此项工作上级工会安排有专门补助。该集团工会财务部门根据有关凭证，应编制如下会计分录：

借：业务支出——专项业务支出 3 000

贷：银行存款 3 000

该笔业务支出的期末结转会计分录为：

借：工会资金结转——本年收支结转 3 000

贷：业务支出——专项业务支出 3 000

【例 6-17】202×年 12 月 15 日，根据表彰通知，发放评选的本年度优秀工会干部和工会积极分子的奖励，共计 30 000 元。该集团工会财务部门根据有关凭证，应编制如下会计分录：

借：业务支出——其他业务支出 30 000

贷：银行存款　　30 000

该笔业务支出的期末结转会计分录为：

借：工会资金结余——本年收支结转　　30 000

贷：业务支出——其他业务支出　　30 000

【例 6-18】该集团工会 12 月的网银支付手续费为 100 元。该集团工会财务部门根据有关凭证，应编制如下会计分录：

借：业务支出——其他业务支出　　100

贷：银行存款　　100

该笔业务支出的期末结转会计分录为：

借：工会资金结余——本年收支结转　　100

贷：业务支出——其他业务支出　　100

第六节　资本性支出

一、新旧会计制度资本性支出的比较

新旧会计制度关于资本性支出科目使用说明的比较如表 6-18 所示。

表 6-18　新旧会计制度“资本性支出”的比较

新制度	原制度	比较
一、本科目核算工会从事建设工程、设备工具购置、大型修缮和信息网络购建而发生的实际支出。	一、本科目核算工会从事建设工程、设备工具购置、大型修缮和信息网络购建而发生的实际支出。	——
二、本科目应设置以下明细科目： 房屋建筑物购建、办公设备购置、专用设备购置、交通工具购置、大型修缮、信息网络购建、其他资本性支出……	二、本科目应设置以下明细科目： 房屋建筑物购建、办公设备购置、专用设备购置、交通工具购置、大型修缮、信息网络购建、其他资本性支出……	——

续表

新制度	原制度	比较
三、资本性支出的主要账务处理如下： （一）购置、有偿调入固定资产、无形资产等时，按照实际支出的金额，借记本科目，贷记“银行存款”……科目；同时，按照确定的资产成本，借记“固定资产”“无形资产”科目，贷记“资产基金”科目。	三、资本性支出的主要账务处理如下： （一）购置房屋建筑物等，借记本科目，贷记“银行存款”科目，同时借记“固定资产”科目，贷记“固定基金”科目。	1. 增加了购置无形资产、有偿调入固定资产/无形资产的核算情形 2. 固定基金调整为资产基金
（二）自行建造房屋建筑物……	（二）自行建造房屋建筑物……	
（三）发生长期待摊费用时……		3. 增加了发生长期待摊费用时的核算情形
（四）期末结转时……将本科目本期发生额中的工会资金专项资金支出转入工会资金结转，借记“工会资金结转——本年收支结转”科目，贷记本科目；将本科目本期发生额中的工会资金非专项资金支出转入工会资金结余，借记“工会资金结余——本年收支结转”科目，贷记本科目。	（三）期末结转时，借记“结余”科目，贷记本科目。	4. 期末结转由“结余”调整为要区分专项资金支出和非专项资金支出两种不同的情况，并分别结转至“工会资金结转”“工会资金结余”
四、本科目期末结转后无余额。	四、本科目期末结转后无余额。	——

二、资本性支出概述

（一）资本性支出的概念

《工会会计制度》第五十八条指出，资本性支出指工会从事建设工程、设备工具购置、大型修缮和信息网络购建等而发生的实际支出。

资本性支出的最大特征是使用期限长、使用过程中一般不改变其实物形态等，它一般构成工会的长期资产。资本性支出主要是各级工会进行工程建设、设备购置等资金需求量较大、使用期限较长的固定资产和无形资产等支出活动。

（二）资本性支出的管理

由于基层工会经费有限，在实际工作中，与资本性支出相关的经费一般由行政单位予以保障，尤其是工会从事的建设工程和大型修缮等项目，仅仅依靠工会自身的经费实力一般难以保障。

《工会法》第四十六条规定："各级人民政府和用人单位应当为工会办公和开展活动，提供必要的设施和活动场所等物质条件。"但并不意味着基层工会就不能有资本性支出。

《基层工会经费收支管理办法》第十四条规定："所在单位保障不足且基层工会经费预算足以保证的前提下，可以用工会经费适当弥补。"但基层工会在资本性支出时要注意以下四点：一是资本性支出所形成的资产一定要服务于工会工作；二是资本性支出所形成的资产一定要纳入工会资产进行管理；三是资本性支出一定要纳入预算管理；四是通常资本性支出的金额较大，所以资本性支出应遵循"三重一大"的集体研究讨论决策程序。

资本性支出核算应注意以下三点：一是工会的基建支出和改扩建支出均应计入资本性支出；二是注意区分资本性支出和收益性支出，比如房屋建筑物日常维修支出属于收益性支出，不应计入资本性支出，而增加、改良固定资产功能或延长使用年限的大型修缮应计入资本性支出；三是凡达不到固定资产或无形资产确认标准的支出不得计入资本性支出。

三、会计科目设置

（一）总账科目

基层工会应当设置"资本性支出"总账科目，用来核算工会从事建设工程、设备工具购置、大型修缮和信息网络购建而发生的实际支出。该科目属于支出类科目，借方表示增加，登记工会发生的各项资本性支出；贷方表示减少，登记资本性支出的冲销或会计期末结转的金额。期末结转后，本科目无余额。

"资本性支出"科目的账户结构如图 6–7 所示。

借　　资本性支出　　贷	
增加：发生的各项资本性支出	减少：冲销的资本性支出或期末结转

图 6-7　“资本性支出”科目的账户结构

（二）明细科目

如前文所述，“资本性支出”需要按照具体项目进行明细核算；同时，又要按照《政府收支分类科目》中“部门预算支出经济分类科目”的款级科目进行明细核算。

为反映资本性支出的具体项目，“资本性支出”总账科目应设置如表 6-19 所示的明细科目。

表 6-19　“资本性支出”的明细科目

明细科目	核算内容
50701 房屋建筑物购建	工会用于购买、自行建造办公用房、仓库、食堂等建筑物（含附属设施，如电梯、通讯线路、电缆、水气管道等）的支出
50702 办公设备购置	工会购置纳入固定资产核算范围的办公家具和办公设备的支出
50703 专用设备购置	工会购置具有专门用途、纳入固定资产核算范围的各类专用设备的支出
50704 交通工具购置	工会用于购置各类交通工具的支出（含车辆购置税）
50705 大型修缮	工会各类设备、建筑物等的大型修缮支出
50706 信息网络购建	工会用于信息网络方面的支出。如计算机硬件、软件购置、开发、应用支出等。购建的计算机硬件、软件等不符合固定资产、无形资产确认标准的，不在此科目核算
50707 其他资本性支出	工会其他上述科目中未包括的资本性支出

四、主要业务和事项账务处理

资本性支出的主要业务和事项主要包括两种：一是发生资本性支出；二是资本性支出的期末结转。

（一）发生资本性支出

由于资本性支出通常会形成固定资产或是无形资产等长期资产，因此基层工会发生资本性支出时要编制双分录，即在确认为资本性支出的同时要确认为相应的资产和资产基金。基层工会发生资本性支出的情形主要有三种：购置、有偿调入固定资产、无形资产；自行建造房屋建筑物等固定资产、对固定资产进行大型修缮等；发生长期待摊费用。

1. 购置、有偿调入固定资产、无形资产

基层工会在购置、有偿调入固定资产、无形资产等时，应按照实际支出的金额，借记“资本性支出”科目，贷记“银行存款”等科目；同时，按照确定的资产成本，借记“固定资产”“无形资产”科目，贷记“资产基金——固定资产/无形资产”等科目。

2. 自行建造房屋建筑物等固定资产、对固定资产进行大型修缮

基层工会自行建造房屋建筑物等固定资产、对固定资产进行大型修缮等时，按照自行建造过程中发生的实际支出，借记“资本性支出”科目，贷记“银行存款”等科目；同时，借记“在建工程”科目，贷记“资产基金——在建工程”科目。

3. 发生长期待摊费用

基层工会发生长期待摊费用时，应按照实际支出的金额，借记“资本性支出”科目，贷记“银行存款”等科目；同时，借记“长期待摊费用”科目，贷记“资产基金——长期待摊费用”科目。

（二）期末结转

会计期末时，基层工会需结转“资本性支出”的本期发生额。结转时需区分资本性支出的资金来源是专项资金收入还是非专项资金收入，并分别结转。即将“资本性支出”科目本期发生额中的工会资金专项资金支出转入工会资金结转，借记“工会资金结转——本年收支结转”科目，贷记“资本性支出”科目；将“资本性支出”科目本期发生额中的工会资金非专项资金支出转入工会资金结余，借记“工会资金结余——本年收支结转”科目，贷记“资本性支出”科目。

基层工会“资本性支出”科目的主要业务和事项的账务处理如表6-

20 所示。

表 6-20　基层工会“资本性支出”科目的主要业务和事项的账务处理

<table>
<tr><th colspan="3">主要业务和事项</th><th>新制度</th><th>原制度</th></tr>
<tr><td rowspan="4">1. 发生资本性支出</td><td colspan="2">(1) 购置、有偿调入固定资产、无形资产</td><td>双分录：
① 借：资本性支出
　贷：银行存款等
② 借：固定资产/无形资产
　贷：资产基金——固定资产/无形资产</td><td>只核算固定资产的
①借：资本性支出
　贷：银行存款等
②借：固定资产
　贷：固定基金</td></tr>
<tr><td rowspan="2">(2) 自行建造房屋建筑物等固定资产、对固定资产进行大型修缮</td><td>发生基建支出时</td><td>双分录：
①借：资本性支出
　贷：银行存款等
②借：在建工程
　贷：资产基金——在建工程</td><td>双分录：
①借：资本性支出
　贷：银行存款等
②借：在建工程
　贷：在建工程占用资金</td></tr>
<tr><td>工程完工时</td><td>①借：资产基金——在建工程
　贷：在建工程
②借：固定资产
　贷：资产基金——固定资产</td><td>①借：固定资产
　贷：在建工程
②借：在建工程占用资金
　贷：固定资金</td></tr>
<tr><td colspan="2">(3) 发生长期待摊费用时</td><td>双分录：
①借：资本性支出
　贷：银行存款等
②借：长期待摊费用
　贷：资产基金——长期待摊费用</td><td>——</td></tr>
<tr><td colspan="3" rowspan="2">2. 期末结转</td><td>(1) 发生额中的工会资金专项资金支出：
借：工会资金结转——本年收支结转
　贷：资本性支出</td><td rowspan="2">借：结余
　贷：资本性支出</td></tr>
<tr><td>(2) 发生额中的工会资金非专项资金支出：
借：工会资金结余——本年收支结转
　贷：资本性支出</td></tr>
</table>

五、主要业务和事项账务处理举例

【例6-19】202×年11月18日，某基层工会因开展活动需要，用支票支付了35 000元购置2台跑步机。该基层工会财务部门根据有关凭证，应编制如下会计分录：

借：资本性支出——专用设备购置 35 000
　贷：银行存款 35 000

同时：

借：固定资产——专用设备 35 000
　贷：资产基金——固定资产 35 000

【例6-20】该基层工会对行政提供的职工活动中心进行大型修缮，经核算共发生大型修缮支出30 000元，修理间隔期为5年。该基层工会财务部门根据有关凭证，应编制如下会计分录：

借：资本性支出——大型修缮 30 000
　贷：银行存款 30 000

同时：

借：长期待摊费用——职工活动中心 30 000
　贷：资产基金——长期待摊费用 30 000

【例6-21】期末结转“资本性支出”的本期发生额65 000元。该基层工会财务部门应编制如下结转会计分录：

借：工会资金结余——本年收支结转 65 000
　贷：资本性支出——专用设备购置 35 000
　　　资本性支出——大型修缮 30 000

第七节　补助下级支出[①]

一、新旧会计制度补助下级支出的比较

新旧会计制度关于补助下级支出科目使用说明的比较如表 6-21 所示。

表 6-21　新旧会计制度“补助下级支出”的比较

新制度	原制度	比较
一、本科目核算县级以上工会为解决下级工会经费不足或根据有关规定给予下级工会的各类补助款项。	一、本科目核算工会为解决下级工会经费不足或根据有关规定给予下级工会的各类补助款项。	明确了是“县级以上工会”的会计科目
二、本科目应设置以下明细科目： 一般性转移支付补助、专项转移支付补助……	二、本科目应设置以下明细科目： 回拨补助、专项补助、超收补助、帮扶补助、送温暖补助、救灾补助、其他补助……	将二级明细科目调整为一般性转移支付补助和专项转移支付补助
三、补助下级支出的主要账务处理如下： （一）发生补助下级支出时…… （二）年末清算时，存在应付未付下级补助款项的，借记本科目，贷记“应付下级经费——应付下级补助”科目。 （三）期末结转时……将本科目本期发生额中的工会资金专项资金支出转入工会资金结转，借记“工会资金结转——本年收支结转”科目，贷记本科目；将本科目本期发生额中的工会资金非专项资金支出转入工会资金结余，借记“工会资金结余——本年收支结转”科目，贷记本科目。	三、补助下级支出的主要账务处理如下： （一）发生补助下级支出时…… （二）期末结转时，借记“结余”科目，贷记本科目。	1. 进一步明确了年末清算时应付未付的下级补助款应按权责发生制确认为支出 2. 期末结转由“结余”调整为要区分专项资金支出和非专项资金支出两种不同的情况，并分别结转至“工会资金结转”“工会资金结余”
四、本科目期末结转后无余额。	四、本科目期末结转后无余额。	——

① 《工会会计制度》“基层工会主要会计科目名称和编号”24 个会计科目中并无“补助下级支出”，但基于部分局工会、集团工会的业务需要会使用该科目，故在此一并介绍。

二、补助下级支出概述

《工会会计制度》第五十八条指出，补助下级支出指县级以上工会为解决下级工会经费不足或根据有关规定给予下级工会的各类补助款项。补助下级支出包括一般性转移支付补助和专项转移支付补助。

按照工会财务管理制度的相关规定，本级工会经费不足，可以向上级工会申请补助，尤其是工会经费上缴体制改革以来，随着全总经济调控能力的增强，对欠发达地区工会补助支持力度将会加大，以实现中国工会均衡、可持续发展。

三、会计科目设置

（一）总账科目

县级以上工会应当设置“补助下级支出”总账科目，用来核算给予下级工会的各类补助款项。该科目属于支出类科目，借方表示增加，登记工会发生的各项补助下级支出；贷方表示减少，登记冲销的补助下级支出或会计期末结转的金额。期末结转后，本科目无余额。

“补助下级支出”科目的账户结构如图 6-8 所示。

借	补助下级支出 贷
增加：发生的各项补助下级支出	减少：冲销的补助下级支出或期末结转
	=

图 6-8 “补助下级支出”科目的账户结构

（二）明细科目

如前文所述，“补助下级支出”要按照具体项目进行明细核算；同时，又要按照《政府收支分类科目》中“部门预算支出经济分类科目”的款级科目进行明细核算。

为反映补助下级支出的具体项目，“补助下级支出”总账科目应设置如表 6-22 所示的明细科目。

表 6-22　“补助下级支出”的明细科目

明细科目	核算内容
50801 一般性转移支付补助	工会按有关规定对下级未指定用途的补助
50802 专项转移支付补助	工会按有关规定对下级指定专门用途的项目补助，包括对下级的帮扶困难职工的补助、用于开展向困难职工和家庭送温暖活动的补助、救灾补助等

四、主要业务和事项账务处理

补助下级支出的主要业务和事项主要包括三种：一是发生补助下级支出；二是年末清算存在的应付未付下级补助款项；三是补助下级支出的期末结转。

（一）发生补助下级支出

工会发生补助下级支出时，按照实际支付的金额，借记“补助下级支出”科目，贷记“银行存款”等科目。

（二）年末清算存在的应付未付下级补助款项

年末清算时，工会存在应付未付下级补助款项的，应按权责发生制确认为支出，借记“补助下级支出”科目，贷记“应付下级经费——应付下级补助”科目。

（三）期末结转

会计期末时，各级工会需结转“补助下级支出”。结转时需区分补助下级支出的资金来源是专项资金收入还是非专项资金收入，并分别结转。即将“补助下级支出”科目本期发生额中的工会资金专项资金支出转入工会资金结转，借记“工会资金结转——本年收支结转”科目，贷记“补助下级支出”科目；将“补助下级支出”科目本期发生额中的工会资金非专项资金支出转入工会资金结余，借记“工会资金结余——本年收支结转”科目，贷记“补助下级支出”科目。

“补助下级支出”科目的主要业务和事项的账务处理如表 6-23 所示。

表 6-23 “补助下级支出”科目的主要业务和事项的账务处理

主要业务和事项	新制度	原制度
1. 发生补助下级支出	借：补助下级支出——一般性转移支付补助/专项转移支付补助 贷：银行存款等	借：补助下级支出——回拨补助/专项补助等 贷：银行存款等
2. 年末清算存在的应付未付下级补助款项	借：补助下级支出——一般性转移支付补助/专项转移支付补助 贷：应付下级经费	借：补助下级支出——回拨补助/专项补助等 贷：应付下级经费
3. 期末结转	(1) 发生额中的工会资金专项资金支出： 借：工会资金结转——本年收支结转 贷：补助下级支出	借：结余 贷：补助下级支出——回拨补助/专项补助等
	(2) 发生额中的工会资金非专项资金支出： 借：工会资金结余——本年收支结转 贷：补助下级支出	

五、主要业务和事项账务处理举例

【例 6-22】202×年 3 月 10 日，某集团工会按照规定支付给下属二级公司工会补助款 80 000 元，资金来源为上级工会拨付的专项资金。其中：送温暖活动补助 20 000 元，困难职工帮扶补助 30 000 元，救灾补助 30 000 元。上述款项均通过银行存款付讫。该集团工会财务部门根据有关凭证，应编制如下会计分录：

1. 支付下级补助时：

借：补助下级支出——专项转移支付补助——送温暖　　20 000

　　补助下级支出——专项转移支付补助——困难职工帮扶　　30 000

　　补助下级支出——专项转移支付补助——救灾　　30 000

　贷：银行存款　　80 000

2. 会计期末，该笔补助下级支出的结转会计分录为：

借：工会资金结转——本年收支结转　　80 000

　贷：补助下级支出——专项转移支付补助——送温暖　　20 000

　　补助下级支出——专项转移支付补助——困难职工帮扶

　　　30 000

　　补助下级支出——专项转移支付补助——救灾　　30 000

【例 6-23】202×年末，CY 集团工会评选全集团下属工会的十佳职工之家，根据相关管理规定，对评选出来的十佳职工之家每个补助 50 000 元，截至年末尚未支付该补助款项。CY 集团工会的相关账务处理如下：

1. 202×年末，清算存在的应付未付的补助下级款项时：

借：补助下级支出——专项转移支付补助——职工之家

　500 000

　贷：应付下级经费——应付下级补助　　500 000

2. 202×年末，该笔补助下级支出的结转会计分录为：

借：工会资金结余——本年收支结转　　500 000

　贷：补助下级支出——专项转移支付补助——职工之家　　500 000

3. 次年，实际支付该补助款项时：

借：银行存款　　500 000

　贷：应付下级经费——应付下级补助　　500 000

第八节　其他支出

一、新旧会计制度其他支出的比较

新旧会计制度关于其他支出科目使用说明的比较如表 6-24 所示。

表 6-24　新旧会计制度“其他支出”的比较

新制度	原制度	比较
一、本科目核算工会除上述支出以外的各项支出，如资产盘亏、资产处置净损失、捐赠支出、汇兑损益以及按规定计提有关专用基金等。	一、本科目核算各级工会以上支出项目以外的各项支出。如资产盘亏、固定资产处置净损失、捐赠支出以及按规定计提有关专用基金等。	1. 将固定资产处置损失调整为“资产处置净损失” 2. 新增汇兑损益的核算

续表

新制度	原制度	比较
二、其他支出的主要账务处理如下：	二、其他支出的主要账务处理如下：	
（一）每日现金账款核对中如发现现金短缺…… （二）核销预计无法收回的其他应收款……	（一）发生其他支出时	1. 补充列举了更多记入“其他支出”的情形：现金短缺、核销其他应收款
（三）接受捐赠、无偿调入或对外捐赠、无偿调出、实物资产、无形资产时，发生应由本级工会承担的相关税费、运输费等的……		2. 新增确认为其他支出的业务情形
	1. 盘亏的库存物品……	3. 盘亏的库存物品不再作为“其他支出”处理
（四）报废、毁损的实物资产，处理收支结清时，如果处理收入小于相关费用的，按照相关费用减去处理收入后的净支出，借记本科目，贷记“待处理财产损溢”科目。	报废、毁损的库存物品…… 2. 报废、毁损的固定资产……按清理过程中发生的支出，贷记“库存现金”“银行存款”等科目，按清理净收入（或净支出），贷记“其他收入”科目或借记本科目。	4. 调整了报废、毁损实物资产的账务处理：要通过“待处理财产损溢”科目
（五）对外捐赠支出……	3. 对外捐赠支出……	
（六）提取权益保障金以外的专用基金时……	4. 提取增收留成基金、财务专用基金时……	5. 删除了“增收留成基金和财务专用基金”
（七）期末确认外币汇兑损益时……		6. 新增外币汇兑损益需确认为其他支出
（八）期末结转时……将本科目本期发生额中的工会资金专项资金支出转入工会资金结转，借记“工会资金结转——本年收支结转”科目，贷记本科目；将本科目本期发生额中的工会资金非专项资金支出转入工会资金结余，借记“工会资金结余——本年收支结转”科目，贷记本科目。	（二）期末结转时，借记“结余”科目，贷记本科目。	7. 期末结转由“结余”调整为要区分专项资金支出和非专项资金支出两种不同的情况，并分别结转至“工会资金结转”“工会资金结余”
三、本科目期末结转后无余额。	三、本科目期末结转后无余额。	——

二、其他支出概述

（一）其他支出的概念

《工会会计制度》第五十八条指出，其他支出指工会除职工活动支出、职工活动组织支出、职工服务支出、维权支出、业务支出、行政支出、资本性支出、补助下级支出和对附属单位的支出以外的各项支出。

（二）其他支出的管理

和“其他收入”一样，虽然称为“其他支出”，但实际上是明确有所指的支出，具体包括：资产盘亏、资产处置净损失、捐赠支出、汇兑损益以及按规定计提的有关专用基金（基层工会不涉及）等。所以，工会财务人员必须正确使用该科目，不能把“其他支出”科目作为一个筐，什么都往里装。《基层工会经费收支管理办法》第二十二条第（八）项明确规定：“不准用工会经费报销与工会活动无关的费用。”因此，对“其他支出”科目的使用，要严格执行这一点。

三、会计科目设置

基层工会应当设置“其他支出”总账科目，用来核算各种其他支出。该科目属于支出类科目，借方表示增加，登记工会发生的各项其他支出；贷方表示减少，登记其他支出的冲销或会计期末结转的金额。期末结转后，本科目无余额。

“其他支出”科目的账户结构如图 6-9 所示。

借　　　　其他支出	贷
增加：发生的各项其他支出	减少：冲销的其他支出或期末结转
=	

图 6-9 “其他支出”科目的账户结构

此外，“其他支出”还需要按照具体项目进行明细核算；同时，又要按照《政府收支分类科目》中“部门预算支出经济分类科目”的款级科目进行明细核算。

四、主要业务和事项账务处理

其他支出的主要业务和事项主要包括两种：一是发生其他支出；二是其他支出的期末结转。

（一）发生其他支出

基层工会发生其他支出的业务情形主要包括六种。

1. 无法查明原因的现金短缺

基层工会在每日现金账款核对中如发现现金短缺，属于无法查明原因的部分，报经批准后，借记“其他支出”科目，贷记“待处理财产损溢”科目。

2. 核销预计无法收回的其他应收款

基层工会核销预计无法收回的其他应收款时，报经批准后，借记“其他支出”科目，贷记“待处理财产损溢”科目。

3. 调拨或捐赠资产时承担的相关税费、运输费

基层工会接受捐赠、无偿调入或对外捐赠、无偿调出实物资产、无形资产时，发生应由本级工会承担的相关税费、运输费等的，应借记“其他支出”科目，贷记“银行存款”等科目。

4. 报废、毁损实物资产的处理净支出

基层工会在处理报废、毁损的实物资产时，对于处理收支结清，如果处理收入小于相关费用的，按照相关费用减去处理收入后的净支出，借记“其他支出”科目，贷记“待处理财产损溢”科目。

5. 对外捐赠支出

基层工会的对外捐赠支出，应根据实际捐赠金额，借记“其他支出”科目，贷记“库存现金”“银行存款”等科目。

6. 外币汇兑损益

有外币的基层工会，在期末确认外币汇兑损益时，应借记或贷记“其他支出”，贷记或借记“银行存款”等科目。

（二）期末结转

会计期末时，基层工会需结转“其他支出”的本期发生额。结转时需区分其他支出的资金来源是专项资金收入还是非专项资金收入，并分别结转。

即将“其他支出”科目本期发生额中的工会资金专项资金支出转入工会资金结转，借记“工会资金结转——本年收支结转”科目，贷记“其他支出”科目；将“其他支出”科目本期发生额中的工会资金非专项资金支出转入工会资金结余，借记“工会资金结余——本年收支结转”科目，贷记“其他支出”科目。

基层工会“其他支出”科目的主要业务和事项的账务处理如表 6-25 所示。

表 6-25 基层工会“其他支出”科目的主要业务和事项的账务处理

<table>
<tr><th colspan="2">主要业务和事项</th><th>新制度</th><th>原制度</th></tr>
<tr><td rowspan="7">1. 发生其他支出</td><td>(1) 无法查明原因的现金短缺</td><td>借：其他支出
贷：待处理财产损溢</td><td>借：其他支出
贷：库存现金</td></tr>
<tr><td>(2) 核销预计无法收回的其他应收款</td><td>借：其他支出
贷：待处理财产损溢</td><td>借：其他支出
贷：其他应收款</td></tr>
<tr><td>(3) 调拨或捐赠资产时承担的相关税费、运输费</td><td>借：其他支出
贷：银行存款等</td><td>——</td></tr>
<tr><td>(4) 报废、毁损实物资产的处理净支出</td><td>借：其他支出
贷：待处理财产损溢</td><td>借：其他支出
贷：银行存款等</td></tr>
<tr><td>(5) 对外捐赠支出</td><td>借：其他支出
贷：库存现金/银行存款等</td><td>一致</td></tr>
<tr><td rowspan="2">(6) 期末确认的汇兑损益</td><td>①汇兑收益：
借：银行存款等
贷：其他支出</td><td rowspan="2">——</td></tr>
<tr><td>②汇兑损失：
借：其他支出
贷：银行存款等</td></tr>
</table>

续表

<table>
<tr><th>主要业务和事项</th><th>新制度</th><th>原制度</th></tr>
<tr><td rowspan="2">2. 期末结转</td><td>（1）发生额中的工会资金专项资金支出：
借：工会资金结转——本年收支结转
贷：其他支出</td><td rowspan="2">借：结余
贷：其他支出</td></tr>
<tr><td>（2）发生额中的工会资金非专项资金支出：
借：工会资金结余——本年收支结转
贷：其他支出</td></tr>
</table>

五、主要业务和事项账务处理举例

核销其他应收款的举例见【例 2-17】。

【例 6-24】 现金短缺

202×年 3 月 5 日，A 基层工会出纳对现金进行盘点，现金日记账余额为 1 600 元，实际盘点数为 1 300 元，现金短缺 300 元。3 月 7 日，经过查实，其中 100 元应由责任人赔偿，剩余 200 元的短缺无法查明原因，报经批准核销。该基层工会财务部门根据有关凭证，应编制如下会计分录：

（1）202×年 3 月 5 日，盘点后：

借：待处理财产损溢　　300

　贷：库存现金　　300

（2）202×年 3 月 7 日，报经批准后：

借：其他应收款　　100

　　其他支出　　200

　贷：待处理财产损溢　　300

（3）会计期末，该笔其他支出的结转会计分录为：

借：工会资金结余——本年收支结转　　200

　贷：其他支出　　200

【例 6-25】 调拨资产时承担的运费

202×年 4 月 8 日，某基层工会接受上级工会无偿调入的用于发放活动奖品的物品一批，但需支付同城快递费200元。该基层工会财务部门根据有关凭证，应编制如下会计分录：

借：其他支出　　200

　贷：库存现金　　200

会计期末，该笔其他支出的结转会计分录为：

借：工会资金结余——本年收支结转　　200

　贷：其他支出　　200

【例6-26】报废实物资产的处理净支出

202×年11月25日，某基层工会处理一批报废的体育用品器材，处理后净损失300元。该基层工会财务部门根据有关凭证，应编制如下会计分录：

借：其他支出　　300

　贷：待处理财产损溢——处理净收入　　300

会计期末，该笔其他支出的结转会计分录为：

借：工会资金结余——本年收支结转　　300

　贷：其他支出　　300

【例6-27】对外捐赠款项

202×年12月2日，某基层工会响应号召，经集体研究后决定向发生大型灾害所在地的市总工会捐款20 000元。该基层工会财务部门根据有关凭证，应编制如下会计分录：

借：其他支出　　20 000

　贷：银行存款　　20 000

会计期末，该笔其他支出的结转会计分录为：

借：工会资金结余——本年收支结转　　20 000

　贷：其他支出　　20 000

第七章

工会财务报表

第一节　工会财务报表概述

一、新旧会计制度工会财务报表的比较

新旧会计制度正文关于财务报表的比较如表 7-1 所示。

表 7-1　新旧会计制度“财务报表”的比较

新制度	原制度	比较
第六十条　工会财务报表是反映……	**第四十一条**　工会会计报表是反映……	由“会计报表”调整为“财务报表”
第六十一条　工会财务报表包括会计报表和附注。会计报表分为主表和附表…… 资产负债表，是反映……	**第四十二条**　工会会计报表主要包括资产负债表、收入支出表和附注。 （一）资产负债表，是反映……	1. 明确了财务报表体系包括：会计报表和附注；会计报表分为主表和附表
收入支出表，是反映工会某一会计期间全部收入、支出及结转结余情况的报表。	（二）收入支出表，是反映工会某一会计期间全部收入、支出及结余情况的报表。	2. 收入支出表新增要反映结转情况
财政拨款收入支出表，是反映县级以上工会…… 国有资产情况表，是反映县级以上工会…… 成本费用表，是反映县级以上工会……		3. 新增 3 张附表：财政拨款收入支出表、国有资产情况表、成本费用表；基层工会不涉及
附注是对在资产负债表、收入支出表等报表中列示项目所作的进一步说明，以及未能在这些报表中列示项目的说明。	（三）附注。附注应分析说明工会预算执行情况以及工会在筹集、分配、使用、管理经费过程中的成绩和问题……	4. 调整了附注的内容
第六十二条　工会财务报表分为年度……	**第四十三条**　工会会计报表分为年度……	——
第六十三条　工会要负责对……	**第四十四条**　工会要负责对……	——
第六十四条　……工会财务报表应当由各级工会的法定代表人和主管会计工作的负责人、会计机构负责人（会计主管人员）签名并盖章。	**第四十五条**　……会计报表必须经会计主管人员和单位负责人审阅签章并加盖审查公章。	明晰了需在报表上签名盖章的人员

二、工会财务报表的概念

《工会会计制度》第六十条指出："工会财务报表是反映各级工会财务状况、业务活动和预算执行结果的书面文件。"

其中，财务状况是指截止到报告期末，工会资产、负债及其净资产的总额及结构。通过财务状况，可以评价各级工会资产的来源、分布及结构，也可以在某种程度上评价工会资产营运的效率；业务活动是各级工会根据《工会法》和《中国工会章程》所赋予的职责而开展的各项活动，活动所需经费是通过预算管理来实现的。因此，工会财务报表除了反映财务结构，还反映预算执行情况。

财务报表是工会会计管理的重要方法，在整个财务管理中发挥着重要作用。各级工会在日常会计工作中，通过会计科目设置和记账方法的应用，经过填制会计凭证和登记账簿程序，将资金活动情况全面、连续地反映在会计账簿中，为工会财务管理提供了真实客观的会计账簿核算资料。但是会计账簿提供的会计信息比较分散，难以集中揭示和反映工会财务状况和预算执行情况的全貌。为了全面系统地反映工会的财务状况和单位预算执行情况，需要将会计账簿中分散的数据资料，按照既定的、统一的格式和要求进行整理、分类、计算和汇总，编制相应的财务报表，为财务管理与决策提供综合全面的财务信息。工会财务报表是各级工会领导、上级工会及其他财务报表使用者了解情况、掌握政策、指导工作的重要资料。

三、工会财务报表的分类

通过表 7-2 所示的新旧工会会计制度"财务报表"体系的比较，可以发现，新制度删除了两张附表，又新增了三张附表，但新增附表仅限于县级以上工会编制。由此，基层工会的财务报表体系只包括两张主表和附注。

表 7-2　新旧会计制度“财务报表”体系的比较

<table>
<tr><th colspan="4">新制度财务报表体系</th><th colspan="4">原制度会计报表体系</th></tr>
<tr><th>编号</th><th>会计报表名称</th><th>编制期</th><th>编制主体</th><th>编号</th><th>会计报表名称</th><th>编制期</th><th>编制主体</th></tr>
<tr><td>工会 01 表</td><td>资产负债表</td><td>月度、年度</td><td>各级工会</td><td>工会 01 表</td><td>资产负债表</td><td>月报、年报</td><td>各级工会</td></tr>
<tr><td>工会 02 表</td><td>收入支出表</td><td>月度、年度</td><td>各级工会</td><td>工会 02 表</td><td>收入支出表</td><td>月报、年报</td><td>各级工会</td></tr>
<tr><td>工会附 01 表</td><td>财政拨款收入支出表</td><td>年度</td><td>县级以上工会</td><td>工会 01 表附表 1</td><td>往来款项明细表</td><td>年报</td><td>各级工会</td></tr>
<tr><td>工会附 02 表</td><td>国有资产情况表</td><td>年度</td><td>县级以上工会</td><td>工会 02 表附表 1</td><td>经费收缴情况表</td><td>季报、年报</td><td>各级工会</td></tr>
<tr><td>工会附 03 表</td><td>成本费用表</td><td>月度、年度</td><td>县级以上工会</td><td colspan="2">附注</td><td>年报</td><td>各级工会</td></tr>
<tr><td colspan="2">附注</td><td>年度</td><td>各级工会</td><td colspan="2"></td><td></td><td></td></tr>
</table>

基层工会的财务报表可以从编制内容和编制时间等方面进行不同的划分，基本分类如表 7-3 所示。

表 7-3　基层工会财务报表分类

<table>
<tr><td rowspan="4">按编制内容分类</td><td rowspan="3">会计报表</td><td rowspan="2">主表</td><td>资产负债表</td><td>至少应当编制月度、年度报表</td></tr>
<tr><td>收入支出表</td><td>至少应当编制月度、年度报表</td></tr>
<tr><td>附表</td><td colspan="2">无</td></tr>
<tr><td colspan="3">附注</td><td>编制年度财务报表时需披露</td></tr>
<tr><td rowspan="4">按编制时间分类</td><td colspan="4">年度财务报表</td></tr>
<tr><td colspan="2" rowspan="3">中期财务报表</td><td colspan="2">半年度财务报表</td></tr>
<tr><td colspan="2">季度财务报表</td></tr>
<tr><td colspan="2">月度财务报表</td></tr>
</table>

（一）按编制内容分类

按编制内容分类，基层工会财务报表分为会计报表和附注。其中，会计报表包括主表和附表，主表包括资产负债表和收入支出表。新制度下，基层工会无须编制任何附表。

1. 资产负债表

资产负债表是反映工会某一会计期末全部资产、负债和净资产情况的报表。

2. 收入支出表

收入支出表是反映工会某一会计期间全部收入、支出及结转结余情况的报表。

3. 附注

附注是对在资产负债表、收入支出表等报表中列示项目所作的进一步说明，以及未能在这些报表中列示项目的说明。

（二）按编制时间分类

按编制时间分类，工会财务报表可以分为年度财务报表和中期财务报表。年度财务报表是以整个会计年度为基础编制的财务报表。中期财务报表是以短于一个完整的会计年度的报告期间编制的财务报表，包括月报、季报和半年报。

四、工会财务报表的作用

编制财务报表是各级工会的一项法定义务，也是明确会计工作责任的重要依据。《会计法》规定，单位负责人对本单位的会计工作和会计资料的真实性、完整性负责。其中，单位负责人是指单位法定代表人或者法律、行政法规规定代表单位行使职权的主要负责人。对于各级工会而言，就是各级工会的法定代表人，即工会主席或者行使职权的主要负责人，如常务副主席等。

（一）有助于工会工作的宏观管理

工会财务报表作为各级工会报告期间业务活动的综合反映，可以通过对其分析来了解各级工会的资金使用以及各项工作的开展情况，尤其是各地方工会是否按照全国总工会的统一要求，集中财力服务于各项重点工作。工会财务报表有利于各级工会从总体上对当年工作的开展情况及其经费管理作出总体性评价。

（二）有助于提高工会组织的透明度，增强社会公信力

信息的透明对各级工会组织的发展至关重要，为此通过编制财务报表可以有效提高其透明度，增强其社会公信力，从而有利于各级工会组织在社会公众中树立良好、可信的形象，促进其长远发展。

（三）有助于为会计信息使用者提供决策依据

财务报表的基本功能就是决策的有用性。各级工会组织通过编制财务报表，可以真实、完整地反映工会财务状况、业务活动和预算执行结果。各级工会领导、上级工会及其他财务报表使用者可以通过工会财务报表了解相关信息，从而为他们开展决策、部署工作重点提供依据。

五、工会财务报表的编制程序及编制要求

（一）编制程序

会计信息是对经济业务的综合记录和反映，也是评价报表主体经济活动的重要依据。不同报表编制的具体程序虽然存在差异，但在基本程序方面基本一致，基层工会财务报表的编制程序如图 7-1 所示。

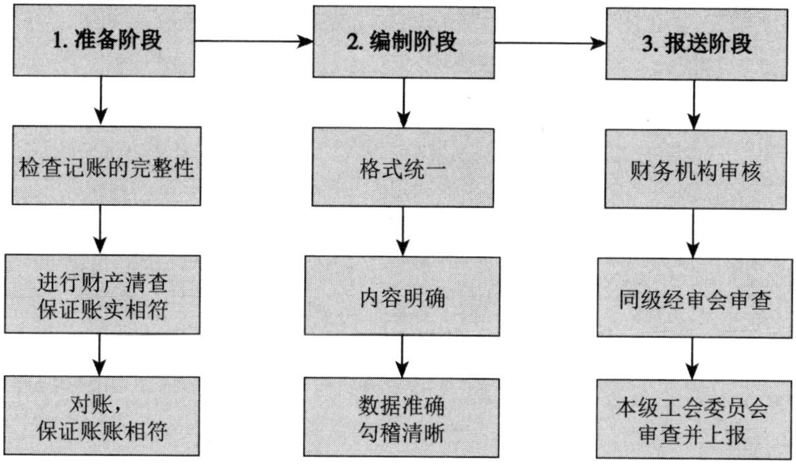

图 7-1　基层工会财务报表的编制程序

（二）编制要求

为最大限度体现财务报表的作用，《工会会计制度》第六十四条规定，工会财务报表要根据登记完整、核对无误的账簿记录和其他有关资料编制，做到数字准确、内容完整、报送及时。工会财务报表应当由各级工会的法定代表人和主管会计工作的负责人、会计机构负责人（会计主管人员）签名并盖章。

1. 数字准确

各级工会在编制财务报表时，要求财务报表如实反映财务状况，数字真实可靠。各级工会应严格按照凭证、账簿和报表的顺序进行处理。在编制报表之前要保证本期发生的全部经济业务或事项必须登记入账，并且要做到账账相符、账实一致。各种会计报表之间、各项目之间凡有对应关系的数字应保持相应一致、勾稽，报表所有项目计算应准确无误、逻辑关系清楚。财务报表数不能以预算数代替实际数，禁止弄虚作假或任意增减数字，以保证会计报表的正确性。

2. 内容完整

财务报表是一套完整的指标体系。工会财务报表内容要严格按《工会会计制度》规定的统一种类、格式和内容进行编制。报表内容必须完整，不得漏编、漏报，不得随意对格式和内容进行增减。报表内容和文字说明应清楚齐全，以有利于工会财务报表数据的汇总和报表使用者的阅读。

此外，为明确财务报表的责任，报表的编制要素必须齐全，包括封面、编制单位、编制日期、填表人、审核人和财务负责人以及单位公章等。

3. 报送及时

财务报表的时效性很强，如果不及时编制，就会失去财务报表应有的作用，不利于各级工会领导了解情况、掌握政策、指导工作。因此，各级工会在保证数字真实准确、内容完整的基础上，必须按上级工会规定的时间和期限及时编制财务报表，并按照规定程序进行上报，以满足预算管理和财务管理的需要。

第二节　资产负债表

一、资产负债表概述

（一）资产负债表的概念

资产负债表是反映工会某一特定会计期末（月末、季末、年末）全部资产、负债和净资产情况的报表。《工会会计制度》规定，基层工会至少应当编制月度、年度资产负债表，可以根据需要编制季度、半年度资产负债表。

从性质上看，资产负债表反映的数据都是“余额数”，是静态的，即截止到特定日期的工会资产余额、负债余额和净资产余额。因此，资产负债表属于“静态报表”，是反映特定时点工会财务状况的报表。

（二）资产负债表的作用

资产负债表可以提供某一特定日期工会资产的总额及其结构，表明工会控制的经济资源及其分布情况，使用者可以一目了然地从资产负债表上了解工会在某一特定日期所拥有的资产总量及其结构。

同时，资产负债表可以提供某一特定日期的负债总额及其结构，表明工会未来需要用多少资产或服务清偿债务以及清偿时间。资产负债表还可以反映工会的净资产总额，据以判断资本保值、增值的情况以及对负债的保障程度。

此外，资产负债表同时提供“年初余额”和“期末余额”数。所以，可以对资产负债表进行前后期的对照比较，从而分析工会资产负债净资产的变化情况和发展趋势。

二、资产负债表的格式

资产负债表的具体格式如表 7-4 所示。

表 7-4　资产负债表

工会 01 表

编制单位：　　　　　　　　＿＿年＿＿月＿＿日　　　　　　　　单位：元

资　产	年初余额	期末余额	负债与净资产	年初余额	期末余额
一、资　产			二、负　债		
流动资产：			应付职工薪酬		
货币资金			应付上级经费		
零余额账户用款额度 *			应付下级经费		
财政应返还额度			其他应付款		
应收上级经费			代管经费		
应收下级经费			负债合计		
其他应收款					
库存物品			三、净资产		
流动资产合计			资产基金		
投 资			专用基金		
在建工程			工会资金结转		
固定资产原值			工会资金结余		
减：累计折旧			财政拨款结转		
固定资产净值			财政拨款结余		
无形资产原值			预算稳定调节基金		
减：累计摊销			净资产合计		
无形资产净值					
长期待摊费用					
待处理财产损溢					
资产总计			负债与净资产总计		

表 7-4 显示，资产负债表一般由表头和表体两部分组成。表头部分应列明报表名称、编制单位名称、资产负债表日、报表编号和计量单位；表体部分是资产负债表的主体，列示了用以说明工会财务状况的各个项目。

资产负债表表体采用账户式结构，分为左右两部分。其逻辑结构是“资产=负债+净资产”的会计恒等式。所以，资产负债表左方列示资产各项目，反映全部资产的分布及存在形态；右方分别列示负债和净资产各项目，反映全部负债和净资产的内容和构成情况。

其中，资产按照其流动性由强到弱顺序排列，具体包括流动资产、投资、在建工程、固定资产、无形资产等。负债按到期日远近或偿付紧迫程度的顺序排列，具体包括应付职工薪酬、应付上级经费、应付下级经费、其他应付款、代管经费。净资产包括资产基金、专用基金、工会资金结转（余）、财政拨款结转（余）、预算稳定调节基金。

此外，为使报表使用者通过比较不同时点资产负债表的数据，掌握工会财务状况的变动情况及发展趋势，各级工会需要提供比较资产负债表。即资产负债表中的每个项目都要同时填列“年初余额”和“期末余额”。

三、资产负债表的编制

资产负债表各项目均需同时填列“年初余额”和“期末余额”两栏。

（一）“年初余额”的填列方法

对于资产负债表的月报和年报，“年初余额”栏内各项目都应根据上年年末资产负债表“年末余额”栏内各对应项目数字填列。

如果本年度资产负债表规定的各个项目的名称和内容与上年度不一致，应对上年年末资产负债表规定的各个项目名称和数字按照本年度的规定进行调整，将调整后的数字填入本表“年初余额”栏内。

（二）“期末余额”的填列方法①

各级工会在编制年度资产负债表时，将“期末余额”栏改为“年末余额”栏。

资产负债表“期末余额”栏内各项目，一般应根据本期末资产、负债和净资产类总账各科目的余额填列。年度资产负债表“年末余额”栏内各项目，根据本年末总账各科目的余额填列。

基层工会资产负债表“期末余额”栏各项目的填列方法如表 7-5 所示。

① 在此仅说明基层工会可能涉及的相关会计科目的填列方法。

表 7-5 基层工会资产负债表“期末余额”栏各项目的填列方法

资产类项目	“期末余额”的填列方法
（1）货币资金	根据“库存现金”“银行存款”科目的期末余额的合计数填列
（2）应收上级经费	根据“应收上级经费”科目的期末余额填列
（3）应收下级经费	根据“应收下级经费”科目的期末余额填列
（4）其他应收款	根据“其他应收款”科目的期末余额填列
（5）库存物品	根据“库存物品”科目的期末余额填列
（6）流动资产合计	根据资产负债表中“货币资金”“应收上级经费”“应收下级经费”“其他应收款”和“库存物品”项目金额的合计数填列
（7）固定资产原值	根据“固定资产”科目的期末余额填列
（8）累计折旧	根据“累计折旧”科目的期末余额填列
（9）固定资产净值	根据“固定资产”科目期末余额减去“累计折旧”科目期末余额后的金额填列
（10）无形资产原值	根据“无形资产”科目的期末余额填列
（11）累计摊销	根据“累计摊销”科目的期末余额填列
（12）无形资产净值	根据“无形资产”科目期末余额减去“累计摊销”科目期末余额后的金额填列
（13）长期待摊费用	根据“长期待摊费用”科目的期末余额填列
（14）待处理财产损溢	根据“待处理财产损溢”科目的期末借方余额填列；如“待处理财产损溢”科目期末为贷方余额，以“-”号填列
（15）资产总计	根据资产负债表中“流动资产合计”“固定资产净值”“无形资产净值”“长期待摊费用”和“待处理财产损溢”等项目金额的合计数填列
负债类项目	**“期末余额”的填列方法**
（1）应付上级经费	根据“应付上级经费”科目的期末余额填列
（2）应付下级经费	根据“应付下级经费”科目的期末余额填列
（3）其他应付款	根据“其他应付款”科目的期末余额填列
（4）代管经费	根据“代管经费”科目的期末余额填列
（5）负债合计	根据资产负债表中“应付上级经费”“应付下级经费”“其他应付款”和“代管经费”项目金额的合计数填列

续表

净资产类项目	“期末余额”的填列方法
（1）资产基金	根据“资产基金”科目的期末余额填列
（2）工会资金结转	根据“工会资金结转”科目的期末余额填列
（3）工会资金结余	根据“工会资金结余”科目的期末余额填列
（4）净资产合计	根据资产负债表中“资产基金”“工会资金结转”“工会资金结余”项目金额的合计数填列
（5）负债与净资产总计	根据资产负债表中“负债合计”和“净资产合计”项目金额的合计数填列

第三节 收入支出表

一、收入支出表概述

（一）收入支出表的概念

工会经费收入支出是反映工会某一会计期间全部收入、支出和结转结余情况的报表。各级工会至少应当编制月度、年度收入支出表，可以根据需要编制季度、半年度收入支出表。

和资产负债表一样，收入支出表也是各级工会必须编制和提供的主表之一，是反映工会某一会计期间全部收入、支出和结转结余情况的报表。和资产负债表不同的是，收入支出表中的数据是会计期间的累计数而不是时点数，因此，是动态的，是反映工会在某一会计期间收支总额的会计报表。

（二）收入支出表的作用

收入支出表可以提供工会各项收入来源的构成以及工会经费的支出结构等信息，报表使用者通过收入支出表了解到工会经费收入和使用情况，从而评价各级工会资金配置的重点和使用效率。与此同时，新制度中的收入支出表还能反映年初年末工会资金结转结余及其变动情况。此外，收入支出表同时提供“本月数”和“本年累计数”。所以，报表使用者可以进行前后期的对照比较，从而分析工会收入支出变化情况及其发展趋势。

二、收入支出表的格式

收入支出表的基本格式如表 7-6 所示。

表 7-6　收入支出表

工会 02 表

编制单位：　　　　　　　　　　____年____月　　　　　　　　　　单位：元

项　　目	本月数	本年累计数
一、年初资金结转结余		
（一）年初资金结转		
（二）年初资金结余		
二、资金结转结余调整及变动		
三、收入合计		
（一）会费收入		
（二）拨缴经费收入		
（三）上级补助收入		
（四）政府补助收入		
（五）行政补助收入		
（六）附属单位上缴收入		
（七）投资收益		
（八）其他收入		
（九）动用预算稳定调节基金		
四、支出合计		
（一）职工活动支出		
（二）职工活动组织支出		
（三）职工服务支出		
（四）维权支出		
（五）业务支出		
（六）行政支出		
（七）资本性支出		

续表

项　　目	本月数	本年累计数
（八）补助下级支出		
（九）对附属单位的支出		
（十）其他支出		
（十一）安排预算稳定调节基金		
五、本期收支差额		
六、年末资金结转结余		
（一）年末资金结转		
（二）年末资金结余		

由表7-6所知，收入支出表一般由表头和表体两部分组成。表头部分应列明报表名称、编制单位名称、编制日期、报表编号和计量单位。表体部分为收入支出表的主体，列示了收入、支出及结转结余的各个项目和计算过程。如表7-6所示，新制度中收入支出表的表体不仅具体区分了结转资金和结余资金，还新增了资金结转结余的调整及变动情况。

三、收入支出表的编制①

收入支出表应当按照收入、支出的构成和结转结余情况分类、分项列示。收入支出表编制遵循以下两个平衡等式：

收入合计-支出合计=本期收支差额

年初资金结转结余+资金结转结余调整及变动+本期收支差额=年末资金结转结余

为使报表使用者通过比较不同期间的收入支出结转结余情况，各级工会需要提供比较收入支出表。为此，收入支出表金额栏按“本月数”和“本年累计数”两栏分别列示。

收入支出表各项目均需同时填列“本月数”和“本年累计数”两栏。

（一）“本月数”的填列方法

收入支出表中的“本月数”栏反映各项目的本月实际发生数。各级工会

① 在此仅说明基层工会可能涉及的相关会计科目的填列方法。

在编制年度收入支出表时，应当将“本月数”栏改为“本年数”栏，将“本年累计数”栏改为“上年数”栏，反映上年度各项目的实际发生数。

如果本年度收入支出表规定的各个项目的名称和内容同上年度不一致，应按照本年度的规定对上年度收入支出表各项目的名称和数字进行调整，将调整后的数字填入本表“上年数”栏内。

收入支出表中的“本月数”栏内各项目，应根据本月各项目的实际发生额填列。年度收入支出表“本年数”栏内各项目，应根据本年度各项目的实际发生额填列。

基层工会收入支出表“本月数”栏各项目的填列方法如表 7-7 所示。

表 7-7 基层工会收入支出表“本月数”栏各项目的填列方法

项 目	“本月数”的填列方法
一、年初资金结转结余	1. 仅在编制年度收入支出表时填列 2. 根据各明细项目的合计数填列 3. 应当与上年年度收入支出表中“年末资金结转结余”的金额相等
（一）年初资金结转	1. 仅在编制年度收入支出表时填列 2. 根据“工会资金结转”科目的年初余额数填列 3. 应当与上年年度收入支出表中“年末资金结转”的金额相等
（二）年初资金结余	1. 仅在编制年度收入支出表时填列 2. 根据“工会资金结余”科目的年初余额数填列 3. 应当与上年年度收入支出表中“年末资金结余”的金额相等
二、资金结转结余调整及变动	根据“工会资金结转”“工会资金结余”科目下“年初余额调整”科目本期发生额的合计数填列。若为负数，以“-”填列
三、收入合计	根据本表中涉及的收入项目的合计数填列
（一）会费收入	根据“会费收入”科目的本期发生额填列
（二）拨缴经费收入	根据“拨缴经费收入”科目的本期发生额填列
（三）上级补助收入	根据“上级补助收入”科目的本期发生额填列
（四）政府补助收入	基层工会不涉及，不填
（五）行政补助收入	根据“行政补助收入”科目的本期发生额填列

续表

项 目	“本月数”的填列方法
（六）附属单位上缴收入	基层工会通常不涉及，不填
（七）投资收益	基层工会不涉及，不填
（八）其他收入	根据“其他收入”科目的本期发生额填列
（九）动用预算稳定调节基金	基层工会不涉及，不填
四、支出合计	根据本表中涉及的支出项目的合计数填列
（一）职工活动支出	根据“职工活动支出”科目的本期发生额填列
（二）职工活动组织支出	基层工会不涉及，不填
（三）职工服务支出	根据“职工服务支出”科目的本期发生额填列
（四）维权支出	根据“维权支出”科目的本期发生额填列
（五）业务支出	根据“业务支出”科目的本期发生额填列
（六）行政支出	基层工会不涉及，不填
（七）资本性支出	根据“资本性支出”科目的本期发生额填列
（八）补助下级支出	根据“补助下级支出”科目的本期发生额填列
（九）对附属单位的支出	基层工会通常不涉及，不填
（十）其他支出	根据“其他支出”科目的本期发生额填列
（十一）安排预算稳定调节基金	基层工会不涉及，不填
五、本期收支差额	根据本表中“收入合计”项目金额减去“支出合计”项目金额后的余额填列。如为负数，以“-”号填列
六、年末资金结转结余	1. 仅在编制年度收入支出表时填列 2. 根据各明细项目的合计数填列
（一）年末资金结转	1. 仅在编制年度收入支出表时填列 2. 根据“工会资金结转”科目的年末余额数填列
（二）年末资金结余	1. 仅在编制年度收入支出表时填列 2. 根据“工会资金结余”科目的年末余额数填列

（二）“本年累计数”的填列方法

收入支出表中“本年累计数”栏反映各项目自年初起至本期期末的累计实际发生数。

1. 月度收入支出表中“本年累计数”的填列

月度收入支出表中“本年累计数”栏内各项目，可以根据自年初至本期期末各项目的累计实际发生额填列，也可以根据上月收入支出表“本年累计数”加上本月收入支出表“本月数”后的金额填列。

2. 年度收入支出表中“上年数”的填列

各级工会在编制年度收入支出表时，应将“本年累计数”栏改为“上年数”栏。年度收入支出表“上年数”栏内各项目，应根据上年度收入支出表“本年数”栏内各对应项目数字填列。

第四节　会计报表附注

一、会计报表附注的概念

会计报表附注是对在资产负债表、收入支出表等报表中列示项目所作的进一步说明，以及未能在这些报表中列示项目的说明。会计报表附注的作用是帮助会计报表使用者和阅读者更好地理解会计报表的内容。会计报表附注一般用文字表述，需要说明的报表项目明细资料等也可以采用表格、图形等形式表达。

根据《工会会计制度》的新增规定，基层工会的年度会计报表至少应当披露附注。

二、会计报表附注应披露的主要内容

1. 基层工会的年度会计报表附注至少应当披露下列内容：

（1）遵循《工会会计制度》的声明；

（2）单位整体财务状况、预算执行情况的说明；

（3）重要会计政策和会计估计；

（4）会计报表中列示的重要项目的进一步说明，包括其主要构成、增减

变动情况等；

（5）重要资产处置、资产重大损失情况的说明；

（6）以名义金额计量的资产名称、数量等情况，以及以名义金额计量理由的说明；

（7）以前年度结转结余调整情况的说明；

（8）有助于理解和分析会计报表的其他需要说明事项。

2. 法律、行政法规和国家统一的会计制度另有规定的，从其规定。